KB143718

데일 카네기
대화론

The Quick & Easy Way to Effective Speaking
by Dale Carnegie
2023 ⓒ Kugil Publishing(Kugil Media) Co., Ltd.
All right reserved

이 책의 번역권은 (주)국일출판사에 있습니다.
저작권법에 의해 한국 내에서 보호를 받는 저작물이므로
무단전재와 무단복제를 금합니다.

당신의 말에 생명을 불어넣어라

Dale Carnegie

데일 카네기
대화론

데일 카네기 **지음** • 이은주 **옮김**

국일미디어

데일 카네기

대화론

초판 1쇄 인쇄 2023년 2월 1일
초판 1쇄 발행 2023년 3월 2일

지 은 이 데일 카네기
옮 긴 이 이은주
펴 낸 이 이종문(李從聞)
펴 낸 곳 (주)국일미디어

등   록 제406-2005-000025호
주   소 경기도 파주시 광인사길 121 파주출판문화정보산업단지(문발동)
영 업 부 Tel 031)955-6050 | Fax 031)955-6051
편 집 부 Tel 031)955-6070 | Fax 031)955-6071
평생전화번호 0502-237-9101~3
홈페이지 www.ekugil.com
블 로 그 blog.naver.com/kugilmedia
페이스북 www.facebook.com/kugilmedia
E-mail kugil@ekugil.com

• 값은 표지 뒷면에 표기되어 있습니다.
• 잘못된 책은 구입하신 서점에서 바꿔드립니다.

ISBN 978-89-7425-875-7(04320)
　　　978-89-7425-863-4(세트)

나는 1912년 뉴욕의 125번가에 있는 YMCA에 처음으로 대중연설 과정을 개설하고 강의를 시작했다.

　당시에는 대부분의 사람들이 연설을 기술이라기보다는 일종의 예술로 간주했다. 또한 그것을 가르치는 목적도 단순히 연설회장에서 유창하게 말을 잘할 수 있는 웅변가를 만들어내기 위한 것으로 생각했다. 강의를 듣는 사람들 중에는 생활 속에서 좀더 쉽고 자신 있는 태도로 말하고 싶어하는 보통의 직장인들이나 전문직 종사자들이 많았다.

　그러나 그들은 구태여 시간과 돈을 들여 말하는 기술이나 목소리를 내는 방법, 맛깔스럽게 말하는 법이라든가, 믿음을 주는 몸짓 등을 배울 필요가 있는지 확신하지 못했다.

　그럼에도 불구하고 내가 개설한 효과적인 화술에 대한 강좌는 결국 사람들이 원하는 바를 이룰 수 있도록 해주었으므로 선풍적인 인기를 끌게 되었다. 나의 생각은 대중연

설이 특별한 재능이나 소질이 있어야 하는 우아한 예술이
아니라, 보통의 지성인들이 의지만 있으면 습득하고 개발
할 수 있는 기술이라는 것이었다.

이 책은 나의 경험과 지식이 증가함에 따라 여러 차례
수정되었다.

나는 효과적인 화술이란 단순히 청중을 끌어들일 수 있
는 '말을 하는 것'이 아니고, 자신의 생각을 정확히 표현
하고 사람들이 공감할 수 있도록 전달하는 것이라고 생각
한다.

우리가 살아가면서 하는 모든 행위는 일종의 의사소통
의 방법이라고 볼 수 있지만, 인간만이 말하기를 통하여
자신을 다른 사람과 다른 독특한 존재라고 주장할 수 있
다. 모든 동물 중, 오직 인간만이 언어로 의사를 소통할 수
있고, 언어는 개인의 특성과 본질을 표현할 수 있는 가장
좋은 표현 수단이다.

하지만 자신이 뜻하는 바를 명확하게 밝히지 못하고, 우물거리거나 혼란스런 말만 하게 되면, 자신의 생각에 대해 다른 사람들의 이해를 구할 수 없게 된다.

업무적으로나 사회적으로 혹은 개인적인 일에 만족감을 얻는 길은, 주위 사람들에게 자신이 누구이며, 원하는 것이 무엇이며, 어떤 믿음을 가지고 있는가를 분명하게 전달할 수 있는 능력에 크게 좌우된다.

어느 시기에나 사람들이 서로 대화를 나눌 수 있는 통로를 열어놓아야 한다. 이 책이 완벽한 자신감을 가지고 쉽게 말하고 싶은 사람뿐 아니라, 자신의 충실한 내면을 좀 더 잘 표현하고 싶은 사람들에게 다같이 도움이 되었으면 하는 바람이다.

데일 카네기

|2장| 연설, 연사, 그리고 청중

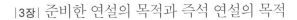

|3장| 준비한 연설의 목적과 즉석 연설의 목적

|5장| 효과적인 연설에 도전하기

1장
효과적인 화술의 기초

Chapter 01

기본 기술 익히기

 모든 기술은 몇 가지 원리와 다양한 기교를 가지고 있다.

이 장에서는 효과적인 말하기의 기본 원리와 이런 원리를 생생하게 만들 수 있는 자세에 대해 말하고자 한다.

성인들은 쉽고 빠른 방법으로 효과적인 화술을 익히고 싶어한다. 그 목표에 빨리 도달할 수 있는 단 한 가지 방법은 목표를 이루겠다는 바른 태도와 원리를 단단히 세워 줄 굳건한 기초를 닦는 것이다.

내가 처음 대중연설에 대한 강의를 시작한 것은 1912년, 타이타닉 호가 북대서양의 얼음바다 속으로 침몰한 해였다. 그 후로 75만 명 이상이 이 과정을 이수했다.

첫 학기를 열기에 앞서 열었던 예비모임에서, 그 자리에 참석한 사람들에게 무슨 목적으로 등록을 했으며 이 교육을 통해 얻고 싶은 게 무엇인지 말해보라고 했다. 다양한 이유가 나왔지만, 그 숱한 이유가 공통으로 원하는 기본 소망은 놀랍도록 똑같았다.

"다른 사람들 앞에 나가서 말할 일이 생기면, 너무 겁이 나고 바짝 얼어서 머릿속이 아득해지며 생각을 집중할 수가 없습니다. 결국 무슨 말을 하려고 했었는지를 까마득하게 잊어버리게 됩니다. 그래서 자신감 있고 침착한 모습으로, 일어서서도 생각할 수 있는 능력을 키우고 싶습니다. 논리 정연하게 생각하고 싶고, 직업적으로나 사회적인 모임에 나가서도 분명하고 확신에 찬 모습으로 말하고 싶습니다."

어디서 많이 듣던 소리가 아닌가? 당신은 이런 식으로 불만을 가져본 적이 없었는가? 여러 사람 앞에서 자신 있는 모습으로 설득력 있게 말하고 싶어 다소간의 돈을 지불할 용의가 없었는가?

물론 있었을 것이다. 당신이 이 책을 여기까지 읽고 있다는 것 자체가 효과적으로 말하는 능력을 키우고 싶어 한다는 증거다.

당신은 나와 만날 기회가 생긴다면 분명 이렇게 말할 것이다.

"카네기 선생님, 정말 제가 사람들 앞에 마주 서서 논리적으로 유창하게 말할 수 있을 만큼 자신감을 갖게 될까요?"

나는 거의 평생을 사람들이 이와 같은 두려움을 떨치고 용기와 자신감을 가질 수 있도록 도와준 사람이다. 그동안 내가 경험했던 수많은 기적 같은 이야기들을 다 쓰려면 정말 한도 끝도 없다. 그러므로 나는 자신 있게 대답할 수 있다. 이 책에서 가르쳐주고 충고하는 대로 열심히 연습하면 분명 당신도 말을 잘할 수 있다.

혹시 사람들 앞에 서면 앉아 있을 때처럼 차분히 생각을 할 수 없는 무슨 정당한 이유가 눈곱만큼이라도 있는가?

사람들 앞에 서서 말할 일이 생기면 가슴이 울렁거리고 몸이 떨려야 할 그럴 만한 이유가 있는가? 하지만 이런 증상은 다 치료될 수 있다.

훈련받고 연습하는 동안 대중에 대한 두려움은 사라지고 분명 자신에 찬 목소리로 자신의 주장을 말할 수 있게 될 것이다.

이 책은 그 목적을 이루는 데 도움을 주려고 쓴 책이다. 또한 이 책은 흔히 볼 수 있는 내용을 써놓은 교본도 아니다. 말하기의 기교를 잔뜩 늘어놓은 책이 아니고 음성 표현이나 발음을 분명하게 하는 법같이 생리적인 면을 강조한 책도 아니다. 다만 일생 동안 성인들에게 효과적인 말하기 과정을 가르친 결과물인 것이다. 일단 자신을 있는 그대로 받아들여라. 바로 그러한 전제가 당신이 원하는 바를 이룰 수 있도록 이끌어줄 것이다.

당신은 그저 이 책에서 제시하는 대로 열심히 따라 하면서, 말하게 되는 모든 상황에 적용시키고 끝까지 노력하면 되는 것이다.

이 책의 내용대로 만족스런 효과를 얻고, 빠른 속도로 척척 배워나가기 위해서는, 다음의 네 가지 지침을 명심해야 한다.

 ## 다른 사람의 경험을 마음속으로 받아들여라

아무리 눈을 씻고 찾아봐도, 태어나면서부터 대중연설가였던 사람은 아무도 없다. 대중연설이 일정한 법칙에 따른 웅변술과 정확한 발성법이 필요한 세련된 예술이라고 생각했던 시기에는, 대중연설가가 된다는 것이 지금

보다 훨씬 더 어려운 일이었다.

그러나 오늘날은 대중연설이 대화를 확대한 개념이라고 생각한다. 옛날식으로 우렁찬 목소리를 낸다든가 과장되게 표현하는 것은 씨가 먹히지 않는다. 저녁식사 모임에서건, 교회 예배시간에건 혹은 텔레비전이나 라디오 방송에서건, 우리는 솔직한 말투로 우리의 관심사에 대해 풍부한 상식을 동원해 이야기를 나누듯 열심히 얘기해주는 말을 듣고 싶어한다.

대중연설은 제한된 예술이 아니라면서도, 목소리를 잘 가다듬으면서 도무지 알쏭달쏭하기만 한 수사(修辭)법을 애써 몇 년 동안 익히다 보면 잘할 수 있게 된다고 써 있는 책이 많이 있다.

그러나 나는 일생 동안, 간단하지만 중요한 몇 가지 규칙만 따른다면 사람들 앞에서 말하는 것이 어렵지 않다고 가르쳐왔다. 1912년으로 거슬러 올라가 뉴욕의 125번 가에서 사람들을 처음 가르치기 시작했을 때, 나는 효과적인 연설 방법에 대해 내 수업에 들어왔던 수강생들보다도 아는 것이 별로 없었다. 난 그저 내가 졸업한 미주리 주의 워렌버그 대학에서 배운 대로 수강생들을 가르쳤다.

그러나 곧, 내가 잘못 가르치고 있다는 생각이 들었다. 나는 이미 사회 구성원으로서 직장생활을 하고 있는 성인들에게 마치 대학 신입생에게 하듯 가르쳤던 것이다.

나는 웹스터(Daniel Webster : 미국의 웅변가, 정치가—옮긴이 주)나 버크(Edmund Burke : 영국 사상가, 정치가—옮긴이 주) 혹은 피트(William Pitt the Elder : 영국의 정치가, 대영제국 건설에 크게 기여—옮긴이 주)를 들먹이며 그들을 따라하라고 가르치는 것은 소용없는 일이라는 것을 알게 되었다.

수업에 들어온 수강생들이 원한 것은, 회사에서 있을 다음번 회의 때 용기 있고 단호한 자세로 명쾌하고도 논리적인 보고를 하고 싶다는 것이었다.

나는 곧 교본을 집어던지고, 몇 가지 간단한 원리만 마음에 품은 채 연단에 똑바로 서서, 수업에 참가한 사람들이 자신 있는 태도로 보고할 수 있을 때까지 그 원리대로 가르쳤다. 이 방법은 효과가 있었다. 점점 더 많은 사람들이 내 강의를 들으러 왔다.

기회가 된다면 내 집과 세계 각국에 있는 강습소에 쌓아놓은 감사장 더미를 한번 보여주고 싶은 심정이다. 그 중에는 〈뉴욕 타임스〉지나 〈월스트리트 저널〉 등에 자주 등장하는 기업가를 포함하여, 미국 내 고위 공무원과 국회의원, 대학 총장, 연예계 저명인사들의 이름이 심심찮게 등장한다. 그뿐 아니라 가정주부, 목사, 선생, 아직 세상은 물론이고 그들이 속한 사회에서조차 이름이 알려지지 않은 젊은이들, 중역들, 중역이 될 사람들, 노동자, 기술이 있는 사람, 기술이 없는 사람, 조합원, 대학생, 여성 실업가 등 이루 다 거론할 수가 없다.

이 모두가 자신감을 갖고 대중 앞에서 스스럼없이 자기 자신을 표현하고 싶어했던 사람들이다. 그리고 그들은 결국 그 두 가지를 이룰 수 있었던 것에 감사하며 귀중한 시간을 내어 내게 감사편지를 쓴 것이다.

수많은 사람들을 가르쳤지만, 이 글을 쓰자니 특히 한 사람이 떠올랐다. 정말 너무나도 극적인 인상을 준 사람이었기 때문이다. 몇 년 전, 필라델피아의 유망한 사업가였던 D.W. 겐트(D.W. Ghent) 씨가 수업에 참가한 지 얼마 안 돼서 나를 점심에 초대했다. 그는 식탁 위로 몸을 쑥 내밀고 말했다.

"그동안 여러 모임에서 사람들 앞에 나가 말할 기회가 수없이 많았지만 그때마다 전 꽁무니를 빼기가 바빴습니다. 그런데 이번엔 대학 이사회의 이사장이 되었으니, 어쩔 수 없이 이사회를 이끌어야 합니다. 이렇게 늦은 나이에도 사람들 앞에서 자신 있게 말하는 법을 배울 수 있을까요?"

나는 그와 비슷한 위치에 있으면서 내 강좌를 들었던 사람들을 예로 들면서 그에게 확신을 심어주었다. 나는 그가 꼭 성공할 거라고 믿었다.

3년 후 우리는 제작자협회에서 다시 만나 점심을 먹었다. 처음 이야기를 나누었던 식당의 바로 그 식탁이었다. 나는 지난번에 그가 했던 말을 떠올리며 내 장담이 맞았는지 물었다.

그는 미소를 지으며 빨갛게 표시가 되어 있는 조그만 수첩을 주머니에서 꺼냈다. 수첩에는 수개월치 연설일정표가 적혀 있었다. 그리고 밝은 목소리로 말했다.

"이렇게 연설을 하러 다닐 정도가 되었습니다. 제 연설을 통해 사회에 조금이나마 도움을 줄 수 있다는 것이 기쁩니다. 제 인생에서 가장 멋진 일이죠."

그걸로 끝이 아니었다. 겐트 씨는 자랑스러워하며 더욱 놀랄 만한 이야기를 했다. 그가 소속되어 있는 교파가 필라델피아에서 교구회의를 열면서 영국의 수상을 연설자로 초대했다. 필라델피아 사람들은 미국에 모처럼 만에 오는 저명한 정치가를 소개할 사람으로 다름 아닌 겐트 씨를 지목한 것이다.

그는 불과 3년 전에 자신도 사람들 앞에 나서서 말하는 법을 배울 수 있겠느냐고 물었던 바로 그 신사였다!

또 다른 예도 있다. B. F. 굿리치 회사의 회장이었던 데이비드 M. 굿리치(David M. Goodrich)가 하루는 내 사무실을 찾아와서 말했다.

"난 평생 동안, 말만 하려고 하면 겁이 나 잔뜩 얼어야 했습니다. 그런데 저는 이사회의 회장이라서 회의를 이끌어야 합니다. 이사들은 하나같이 수년 동안 친하게 지내온 사람들이라 테이블 주위에 앉아서 얘기할 때에는 아무 문제가 없습니다. 그렇지만 일어서서 말을 꺼내려고만 하면, 겁이 나는 겁니다. 거의 입을 열 수가 없습니다. 벌써 얼마나 오래됐는지 모르겠습니다. 선생도 이런 고질병은 어떻게 못하실 겁니다. 워낙 오래된 일이니 말입니다."

"그렇군요. 그런데 제가 아무 도움도 못 드릴 거라고 생각하시면서, 왜 저를 만나러 오셨습니까?"

내가 이렇게 묻자 그가 대답했다.

"한 가지 이유가 있었습니다. 난 개인적인 회계문제를

처리해줄 회계사를 한 명 데리고 있습니다. 아주 수줍음이 많은 젊은이인데, 그의 사무실은 내 사무실을 통해서 들어가게 되어 있습니다. 벌써 몇 년 동안이나 그 회계사는 내 사무실을 지나는 동안, 바닥만 내려다보면서 입도 뻥긋 못하고 살금살금 걸어 다녔습니다. 그런데 그가 최근에 확 바뀌었습니다. 이제는 고개를 당당하게 들고 눈을 반짝거리면서, 자신 있고 생기 있는 목소리로 '안녕하십니까, 회장님' 하면서 지나간단 말씀입니다. 얼마나 놀랐는지 모릅니다. 그래서 이유를 물었더니 선생에게서 교육을 받았다고 말하더군요. 그 겁보 젊은이가 그렇게 크게 변한 걸 제 눈으로 똑똑히 보았기 때문에 선생을 만나러 온 것입니다."

나는 굿리치 씨에게 꾸준하게 교육을 받고 가르쳐준 대로 행하려고 노력만 한다면, 몇 주 내에 사람들 앞에서 말하는 걸 즐기게 될 것이라고 말해주었다.

"그렇게만 될 수 있다면, 난 이 나라에서 가장 행복한 남자가 될 겁니다."

그는 이렇게 말했었다.

그는 배우러 왔고, 크게 변했다. 3개월 후 나는 그에게 3천 명이 모이는 아스터(Astor) 호텔의 연회장에 와서 그가 우리 강좌에서 어떤 걸 배웠는지 말해달라고 부탁했다. 그는 마침 선약이 있다며 미안해하면서 거절했다. 그런데 다음날 그가 전화를 걸어왔다.

"어제는 죄송했습니다. 먼저 있던 약속은 취소시켰습니다. 가서 선생 말씀대로 얘기하겠습니다. 그래야 도리인 것 같습니다. 내가 교육을 받고 어떻게 달라졌는지 가르쳐줘서, 그중 한 사람이라도 인생을 비참하게 만들었던 두려움을 떨쳐버리고 위안을 받게 된다면 더 바랄 게 없겠습니다."

나는 그에게 2분간 얘기해달라고 부탁했다. 그런데 그는 3천 명 청중 앞에서 무려 11분간이나 연설을 했다.

교육하는 동안 이와 비슷한 사건들은 수도 없이 많았다. 교육을 통해 인생이 달라진 사람들은 너무도 많았고, 사업이나 직업이나 사회적으로 바라던 것 이상으로 성과를 얻어낸 사람도 많았다. 때로는 요긴한 순간에 단 한 번의 연설로 목적한 바를 이룬 사람도 있었는데, 마리오 라조(Mario Lazo)가 바로 그런 사람이었다.

몇 년 전, 나는 쿠바에서 날아온 전보 한 통을 받고 깜짝 놀란 일이 있었다. 전보 내용은 이랬다.

'연설하는 법을 배우러 뉴욕으로 가고자 함. 안 될 이

유가 있으면 답장 바람.'

그리고 이렇게 서명이 되어 있었다.

'마리오 라조.'

도대체 그가 누구란 말인가? 도무지 알 수가 없었다. 처음 들어보는 이름이었다.

마침내 뉴욕으로 날아온 라조 씨가 말했다.

"하바나 컨트리 클럽의 창립자가 50회 생일을 맞이하게 되었습니다. 그래서 기념식 날 저녁 때 그를 축하하는 대표연설을 하라는 부탁을 받았죠. 내가 비록 변호사이기는 하지만, 평생 사람들 앞에서 연설을 해본 적이 없습니다. 그런데 지금 그 생각을 하니 오금이 저리는 것 같습니다. 만약 실수라도 한다면, 내 아내가 실망할 것은 물론이고 사회적으로도 체면이 말이 아니게 될 겁니다. 게다가 제 고객들에게 우스운 꼴이 되고 말 테니 어쩌면 좋습니까? 그래서 저 멀리 쿠바에서부터 선생님의 도움을 받고자 날아온 겁니다. 시간은 겨우 3주가 남았을 뿐입니다."

그 3주 동안, 난 마리오 라조 씨가 한 가지 수업을 받고 나면 또 다른 수업을 받도록 해서 하루저녁에 서너 개씩 듣도록 했다. 마침내 3주가 지나, 그는 하바나 컨트리 클럽에 모여 있는 저명 인사들을 모아놓고 연설을 하게 되었다. 그런데 그가 어찌나 훌륭하게 연설을 했던지 〈타임〉지가 외국인 소식란에 "심금을 울리는 달변가"라며 마리오 라조의 연설 내용을 실었을 정도였다.

정말 기적 같은 얘기가 아닌가? 이것이야말로 두려움을 정복한 20세기의 기적이라고 할 수 있을 것이다.

목표를 세우고 집중하라

겐트 씨는 대중연설법을 배우게 돼서 얼마나 기쁜가를 말하면서, 그를 이끌어 준 나에게(다른 어떤 요소보다 훨씬 더) 큰 공을 돌렸다. 사실 그는 가르쳐주는 대로 열심히 노력했고 과제도 충실히 해냈다. 그렇지만 자신이 원하기 때문에 한 일이었고, 자신이 잘할 수 있을 거라고 믿었기 때문에 그렇게 할 수 있었던 것이다. 그는 미래의 자신의 모습을 마음속에 그려 넣고 그 모습을 현실로 만들기 위해 노력했다. 당신도 바로 그렇게 해야 한다.

자신감 있는 모습으로 더욱 효과적으로 말하려고 주의 깊게 노력한다면 분명 좋은 결과가 있을 것이다. 사람들 앞에서 당당하게 말할 수 있는 능력을 갖는 것이 당신에게 어떤 의미를 주는지 생각해보고, 그로 인해 어떤 사람들을 만나게 될 것인지 상상해보라. 한 사람의 시민으로서 사회나 교회 안에서 봉사할 수 있는 범위가 커 질 수도 있고, 사업을 하는 데도 영향력이 커질 수 있다. 다시 말해 당신은 지도력 있는 사람이 될 수 있는 것이다.

내셔널 현금등록기 회사(National Cash Register Company)의 회장이자 유네스코 회장이었던 S.C. 알린(S.C. Allyn)은 〈쿼터리 저널 오브 스피치(Quarterly Journal of Speech)〉라는 계간지에서 '사업에서의 말하기와 지도력'이라는 제목으로 이런 글을 썼다.

"우리 회사 역사를 보면 연단에서 훌륭한 연설을 해냄으로써 큰 주목을 받았던 직원들이 많이 있다. 수년 전 캔자스 작은 지사의 책임자이면서 독특한 연설을 했던 한 젊은 직원은, 현재 우리 회사의 부회장으로서 판매를 총괄하고 있다."

나는 이 부회장이 바로 현재 그 회사의 회장이라는 것을 알 수 있었다.

연설을 잘한다는 것이 얼마나 큰 성공을 가져다 줄지는 짐작도 할 수 없는 일이다. 수강생 중의 한 사람인 세

르보아메리카(Servo Corporation of America)의 회장인 헨리 블랙스톤(Henry Blackstone)은 이렇게 말했다.

"고위직에 오르고 싶은 사람들이 갖춰야 할 자산 중의 하나는 다른 사람들과 효율적으로 대화를 나누어 협력을 이끌어내는 능력이다."

사람들 앞에 서서 자신감 있는 모습으로 당신의 감정과 느낌을 청중과 나누는 것이 얼마나 뿌듯하고 기쁠지 생각해보라. 나는 세계 각국을 여러 차례 여행해 보았지만 힘 있는 말로 청중을 사로잡는 것보다 더 즐거운 일은 별로 없었다. 만약 당신이 대중 앞에서 자신 있게 연설할 수 있게 된다면, 매일매일 용기가 솟아오르고 힘이 날 것이다. 수강생 중 한 사람이 이렇게 말했다.

"시작하기 2분 전에는 시작하느니 차라리 얻어맞는 게 낫겠다는 생각이 들지만, 끝나기 2분 전에는 끝나느니 차라리 총을 맞는 게 낫겠다는 생각이 든다."

이제 청중 앞에 나가 연설하는 광경을 머릿속에 그려보자. 당신은 자신감을 가지고 앞으로 나가며, 연설이 시작되기를 기다리느라 방안이 조용해지는 것을 느낄 수 있을 것이다. 당신이 요점을 조목조목 얘기해나가는 동안 청중은 주의 깊게 열중할 것이고, 마침내 당신이 연단을 내려올 때에는 따뜻한 박수 소리가 들려올 것이다. 모임이 끝나면 사람들이 당신에게로 와서 인사하며 칭찬을 할 것이다. 장담하건대 당신은 평생 잊을 수 없는 마술 같은 전율을 느끼게 될 것이다.

하버드 대학에서 가장 뛰어난 심리학자인 윌리엄 제임스(William James) 교수는 당신의 인생에 큰 도움이 될 만한 여섯 문장을 적어놓았다. 이 여섯 개의 문장은 알리 바바의 보물 동굴을 열 수 있는 '열려라 참깨' 주문과 같다.

"대부분의 주제는, 당신이 열정을 가지고 노력할 때 당신을 구원할 수 있다. 결과를 생각하며 정성을 다하면, 확실한 결과를 얻을 수 있다. 좋은 사람이 되기를 소망한다면, 좋은 사람이 될 것이다. 부자가 되기를 원한다면, 부자가 될 것이다. 배우기를 원한다면, 배울 수 있을 것이다. 이런 일은 진심으로 원하고 전적으로 소망하며, 목표와 어울리지 않는 일에는 집착하지 않는 경우에만 이룰 수 있다."

효과적인 화술을 배운다는 것은, 단순히 정식으로 대중에게 말하는 법을 배우는 것 외에도 여러 가지 이점이 있다. 사실, 일생 동안 정식으로 말할 기회가 한 번도 오지 않을 수도 있다.

그러나 이 훈련을 통해 얻을 수 있는 이득은 다양하다. 우선, 대중연설은 자신감을 키울 수 있는 왕도이다. 일단 자신이 사람들 앞에 서서 똑똑하게 말할 수 있다는 것을 깨닫기만 한다면, 일대일로 대화할 때에도 당신은 더 큰 자신감과 확신을 가지고 대할 수 있을 것이다.

사람들이 효과적인 화술을 교육받고 싶어하는 이유는, 주로 많은 사람이 모인 자리에서 부끄럽고 움츠러들기 때문이다. 그러나 같은 교실에 있는 동료 강습생들 앞에서 똑바로 서서 자연스레 말할 수 있다는 것을 알게 되면, 지나치게 자신을 의식하느라 움츠러들었다는 것이 어처구니없는 일이었음을 깨닫게 된다.

강습생들은 새로운 모습으로 가족과 친구, 상사, 직장 동료, 거래처 직원, 고객 등 다른 사람들에게 감동을 주게 될 것이다.

수료생 중 많은 사람들, 그중에서도 굿리치 씨 같은 사람들은, 주위에서 눈에 띄게 성격이 달라진 사람을 직접 보고 나서, 등을 떠밀리다시피 하여 배우러 오게 된 사람이었다.

이런 사람들은 교육을 받으면 금방 눈에 띄게 달라지지는 않지만 나름대로 성격적인 영향을 받는다. 얼마 전

나는 애틀랜타 시의 외과의사이며 미국 의사협회 전임 회장을 지낸 데이비드 올맨(David Allman) 박사에게 정신적·육체적 건강이라는 관점에서 대중연설 교육이 주는 이익에 대해 물었다. 그는 웃으며 이런 처방을 내리는 게 최선의 답이 될 것 같다고 말했다.

"처방약은 필요 없음. 개개인이 해결해야 할 문제임. 할 수 없다는 것은 잘못된 생각임."

나는 책상에 올맨 박사의 메모처럼 적은 내 처방전을 붙여놓았다. 그러고는 매번 읽고 되새긴다.

다른 사람들이 당신의 생각과 진심을 받아들일 수 있도록 하는 능력을 최선을 다해 개발하라. 개인적으로나 모임에서나 또는 사회적으로 당신의 생각과 당신의 의도를 다른 사람들에게 간결하게 전달하는 법을 배워라.

이렇게 노력하는 동안 당신은—진정한 당신 자신은—전에는 사람들에게 전혀 줄 수 없었던 감동과 감화를 줄 수 있게 되었음을 알게 된다.

당신은 이 처방으로 이중의 이익을 얻을 수 있다. 말하는 법을 배우면서 자신감이 생기고, 인격적으로도 훨씬 좋은 모습으로 따뜻하게 성장할 것이다. 즉 당신은 감정적으로 성숙한 인간이 되면서 결과적으로 육체적으로도 더 건강하게 된다. 현대 사회에서 대중연설은 남자, 여자, 젊은이와 장년 모두를 위한 것이다. 그들이 업무적으로나 사업적으로 어떤 이득을 얻었는지 소상히 알지는 못한다. 그저 훌륭하게 각자의 역할을 잘하고 있다는 소식만 들었을 뿐이다. 그러나 건강면에서는 좋아졌다는 것을 안다. 사람이 많건 적건, 기회가 생기면 그 앞에서 말해보아라. 내 경험을 두고 하는 말인데, 점점 더 잘하게 될 것이다.

또한 전에는 전혀 느껴 보지 못했던 정신적으로 활력이 넘치고, 온전하고 세련된 사람이 된 것 같은 느낌을 갖게 될 것이다. 생각만 해도 근사한 일이다. 그러나 이러한 변화는 처방약으로는 결코 얻을 수 없다. 오직 당신 혼자만의 힘으로 이루어야 한다.

두 번째 지침은, 지금 당신이 두려워하는 것을 성공적으로 이루어내는 상상의 그림을 그리는 것이다. 그리고 사람들 앞에서 만족스럽게 말하는 능력을 통해 받을 수 있는 이득에 집중하라. 윌리엄 제임스는 이런 말을 했다. "결과를 소중히 다룬다면, 거의 확실하게 얻어낼 수 있을 것이다."

마음속에 성공한 모습을 그려라

한번은 라디오 프로그램에 나갔다가 이런 질문을 받았다. 내가 배운 가장 중요한 교훈 세 가지를 말해보라는 것이었다. 나는 이렇게 말했다.

"우선 무엇을 생각하느냐가 너무도 중요하다는 것입니다. 만일 내가 당신의 생각을 알 수 있다면, 당신이 어떤 사람인지 알 수 있습니다. 그것은 생각이 당신이라는 사람을 만들기 때문입니다. 생각을 바꾸면, 우리 인생이 달라질 수 있습니다."

두둑한 자신감을 가지고 능숙한 모습으로 당신의 의사를 전달하는 모습을 목표로 삼아 당신의 시각을 맞추어라. 지금부터는 이런 노력 끝에 성공할 가능성에 대해 긍정적으로만 생각하고, 안 될 것이라는 생각은 하지 말아야 한다. 사람들 앞에서 말하고자 하는 당신의 노력이 좋은 결과를 가져올 것이라고 믿고 전진해야 한다.

이런 능력을 개발하는 방향으로 모든 말과 행동을 개선시켜나가겠다고 굳게 마음먹어야 한다.

좀더 효과적으로 말하고 싶은 경우, 결심을 단호하게 하는 것이 얼마나 중요한지를 잘 증거할 수 있는 감동적인 이야기를 소개하겠다. 그 주인공은 경영자가 되기까지 줄곧 출세가도를 달려 마침내 기업계에서 모두가 인정하는 인물이 된 사람이다.

그러나 그가 대학에 다니던 시절, 많은 사람들 앞에서 처음 말하려고 일어났을 때에는 차마 입이 떨어지지 않아 벌벌 떨었었다. 그는 자신에게 주어진 5분이란 시간의 반도 채우지 못하고 얼굴이 창백해진 채, 눈물이 그렁그렁해서 황급히 강단을 내려오고 말았다.

그러나 그 젊은 학생은 실패에 그대로 주저앉지 않았다. 그는 말을 잘하는 사람이 되기로 결심한 순간부터 세계적인 경제 고문이 되어 정부를 위해 일할 때까지 그 결심을 늦추지 않았다. 그가 바로 클래런스 B. 랜달(Clarence B. Randall)이다. 그의 깊은 사고가 담겨 있는 『자유의 믿음 (Freedom's Faith)』이란 책을 보면, 대중연설에 대해 이렇게 말하고 있다.

"나는 제조자협회나 상공회의소, 로터리 클럽, 기금조달 모임, 동창회, 그리고 여타 점심 모임이나 저녁 모임에서 숱하게 연설을 했다. 1차 세계대전 때에는 미시간의 에스카나바에서 애국심을 호소하는 연설을 했고, 미키 루니(Mickey Rooney)와는 전국을 돌며 자선 강연을 다녔다. 제임스 B. 코넌트(James Bryant Conant, 1893.
3. 26~1978. 2. 11 : 미국의 교육자, 과학자, 하버드 대
학 총장―옮긴이 주) 하버드 대학 총장과는 교육에 대해
서 강연했고, 시카고 대학에서는 로버트 M. 허친스
(Robert M. Hutchins) 대법관과 함께 교육에 관한 강연
을 했다. 심지어는 더듬거리는 프랑스 말로 만찬회 후의
테이블 스피치를 한 적도 있다."

"난 청중이 어떤 것에 귀를 기울이는지, 어떻게 표현해
주었으면 하는지를 안다고 생각했다. 막중한 사업적 책
임감을 이겨낼 수 있는 사람이라면, 배우고 싶다는 의지
만 가지면 못 배울 것이 없다고 생각한다."

나는 전적으로 랜달 씨의 의견에 동의한다. 감동을 주
는 이야기꾼이 되려고 하는 과정에서 성공하고자 하는
의지는 아주 중요하다.

나는 당신의 마음을 들여다보고, 당신이 말하기에 대
해 얼마만한 욕구를 가지고 있는지, 어떤 밝은 생각과 어
두운 생각을 하고 있는지 탐지해내고 싶다. 그렇게만 된
다면, 말하는 기술을 익히고 싶다는 당신의 목적이 얼마
나 빨리 이루어질 수 있을지 거의 확실하게 예견할 수 있
을 것이다.

언젠가 미국 중서부 지역에서 있었던 강좌의 첫날, 건축가라는 한 남자가 일어서더니 자신은 미국 건축가협회의 대변인이 되기까지 노력하겠다고 침착하게 말했다. 그의 소망은 전국을 다니며 만나는 사람들에게 건축이라는 분야의 문제점과 성취에 대해서 이야기하는 것이었다.

조 하버스틱(Joe Haverstick)은 결심이 대단했다. 그는 가르치는 사람을 즐겁게 만드는 그런 학생이었다. 그는 아주 진지했다. 또한 단지 지역적 문제가 아니라 나라 전체에 대해서 다른 사람에게 말해주고 싶어했다.

그는 항상 진지했다. 수업시간마다 신중하게 연설 내용을 준비했으며, 몇 번이고 반복해서 연습했고, 비록 직업적으로 일년 중 가장 바쁜 시기였는데도 단 한 시간도 수업을 빼먹은 적이 없었다.

그렇게 강의를 열심히 들은 수강생이라면 으레 그렇듯, 그도 놀랄 만한 속도로 발전했다. 두 달 안에 학급에서 가장 뛰어난 학생이 되었다. 그리고 학급의 반장으로 뽑혔다.

1년 뒤, 버지니아의 노포크에서 그 학급을 가르쳤던 선생이 이런 글을 썼다.

난 오하이오로 돌아와, 어느 날 아침을 먹으면서 〈버지니아 파일럿〉이라는 신문을 펼칠 때까지 조 하버스틱에 대해서 까맣게 잊어버리고 있었다. 그런데 신문에는 조의 사진과 기사가 실려 있었다. 전날 밤, 그 지역 건축가들이 모인 성대한 자리에서 그가 연설을 했다는 기사였다.

또한 조는 단순히 전국 건축가협회의 대변인이 된 것이 아니었다. 그는 회장이었다.

이렇듯 성공하기 위해서는 다음과 같이, 노력을 가치 있는 결과로 만들어줄 수 있는 특성을 꼭 명심해야 한다. 소망은 열심히 하고자 하는 마음을 불러일으키고, 산을 평지로 만들 만한 인내력을 갖게 하며, 자신이 해낼 수 있다는 자신감을 갖게 한다.

줄리어스 시저(Julius Ceasar)가 골(Gaul)에서 대군단을 이끌고 해협을 건너 지금의 영국에 상륙했을 때, 그는 전투에서 승리하기 위해 어떻게 했을까? 아주 기발한 일이었다. 그는 도버의 석회암 절벽에 군대를 세워놓고는 군인들에게 60미터가 넘는 절벽 밑으로 넘실거리는 파도를 내려다보게 했다. 그들이 타고 온 배는 시뻘건 불길에 휩싸여 불타고 있었다. 적의 땅에서 본토로 돌아갈 마지막 고리가 끊어져버린 것이었으니, 후퇴할 수 있는 일말의 가능성도 없어진 셈이었다. 선택의 길은 오직 한 가지뿐이었다. 앞으로 전진해서 정복하는 것이다. 결국 그들은 해내고 말았다.

시저의 불굴의 정신이란 바로 그런 것이다. 이 정신을 당신 것으로 만들어서, 청중에 대한 공포를 정복하는 데 써야 한다. 부정적인 생각은 손톱만큼도 남기지 말고 모조리 이글거리는 불꽃 속에 던져버리고 갈팡질팡하던 과거로 도망가는 문은 무거운 철문으로 꽉 닫아놓아야 한다.

연습할 수 있는 기회를 놓치지 마라

1차 세계대전이 터지기 전 125번 가에 있는 YMCA에서 처음 강의를 연 뒤로 현재까지, 내 강의는 비교가 불가능할 정도로 거의 모든 것이 바뀌었다. 매해 새로운 아이디어가 시시각각 쏟아져 나왔으므로 진부한 것은 뒤로 밀려났다. 하지만 한 가지 형태는 변하지 않고 그대로 남아 있다. 강의 시간에는 누구나 한 번은 일어나야만 했고, 대다수가 두 번씩은 일어나서 학급 동료를 앞에 두고 이야기를 해야 했다. 왜 그랬을까? 실제로 사람들을 앞에 두고 말하는 연습을 하지 않고 대중 앞에서 말하는 법을 배운다는 것은, 물에 들어가지 않고 수영을 배우겠다는 것과 같기 때문이다. 당신이 이 책을 포함해 대중연설에 관한 책을 모조리 다 읽었다 해도 유창하게 말할 수는 없을 것이다. 이 책은 그저 안내서에 불과하다. 그러므로 이 책에서 말하는 대로 실제로 연습을 해야 한다.

조지 버나드 쇼(George Bernard Shaw, 1856. 7. 26~1950. 11. 2 : 아일랜드의 극작가, 문학비평가, 사회주의 선전 문학가. 1925년 노벨 문학상을 받았다―옮긴이 주)는 어떻게 그렇게 감격스런 연설을 할 수 있느냐는 물음에 이렇게 답했다.

"스케이트를 배우는 것과 똑같습니다. 자신 있을 때까지 바보처럼 끈질기게 연습했습니다."

젊어서 런던에서 살았던 쇼는, 꽤나 내성적인 사람이었다. 그는 누구네 집을 방문하려면 가끔 템스 강변의 임방크먼트 거리를 20여 분간이나 오르락내리락 거린 뒤에야 간신히 문을 두드릴 수 있었다. 그는 이렇게 고백했다.

"그저 겁쟁이라는 사실 때문에, 부끄러움 때문에 이토록 괴로워했던 사람은 아마 거의 없을 것이다."

마침내 그는 소심하고 겁 많고 두려워하는 성격을 가장 짧은 시간 내에 최선의 방법으로 확실히 바꾸자고 마음먹었다. 즉 자신의 약점을 가장 강한 장점으로 바꾸기로 결심한 것이다. 그는 토론회에 들어갔다. 그러고는 런던에서 열리는 공개 토론 모임에는 빠지지 않고 참석했으며, 언제나 일어서서 의견을 내놓았다. 그는 사회주의 운동에 온 마음을 쏟으며 자진해서 자신의 신념에 대해 말했다. 조지 버나드 쇼는 마침내 자신을 20세기 전반에서 가장 확신에 차고 뛰어난 연사로 만들었다.

나서서 말할 기회는 도처에 널려 있다. 모임에 들어가고, 부서를 대표하겠다고 나서면 당연히 말할 일이 생긴다. 부서 회의에서도 의자에 등을 기대고 앉아 있지 말라. 목소리를 높여라! 주일학교 교사 노릇이라도 하고, 스카우트의 지도자가 되어도 좋다.

능동적으로 참여할 수 있는 기회가 있는 어떤 모임이라도 들어가라. 주위를 둘러보면 사업적으로든, 사회적으로든, 정치적으로든, 직업적으로든, 하다 못해 이웃지간에도 앞에 나가 목소리를 높일 기회는 얼마든지 있다. 말하고, 또 말하고, 또다시 말해보지 않고는 당신이 어떻게 발전할 수 있는지 절대 알 수가 없다.

"전 잘 압니다. 그렇지만 고생문이 훤할 것 같아 겁이 납니다."

어떤 기업의 한 젊은 이사가 한 말이다.

"고생문이라고요! 그런 생각은 하지도 마십시오. 올바른 정신을 가지고 배워나가면 정복할 수 있다는 생각은 안 해보신 겁니까?"

내가 말했다.

"어떤 정신 말씀이십니까?"

"모험정신이라고 할 수 있습니다."

나는 그에게 대중연설을 통해 자신의 따뜻한 인품과 포부를 펼쳐 마침내 성공에 이르게 되는 법에 대해 간략하게 말해주었다.

"한번 노력해보겠습니다. 모험이라 여기고 밀고 나가겠습니다."

그가 말했다.

이 책에서 읽은 바대로 원리를 실행에 옮겨 나간다면, 당신도 모험의 길로 나가는 것이다. 자신이 정한 방향과 당신의 이상이 당신을 지탱시켜 준다는 사실을 알게 될 것이다. 그 모험 속에서 당신은 당신의 내면과 외면을 변화시킬 수 있다.

Chapter 02

자신감 개발

"카네기 선생님, 5년 전에 저는 선생님께서 공개 강좌를 열고 계신 호텔로 간 일이 있습니다. 회의장 문 앞까지 갔지만 들어갈 수가 없었습니다. 그 문을 열고 들어가 강의에 참가하게 되면, 머지않아 연설을 하게 된다는 걸 잘 알고 있었습니다. 손잡이를 잡은 손이 얼어붙은 것 같았습니다. 들어갈 수가 없었습니다. 결국 뒤돌아 서서 호텔을 나와버렸습니다. 그때 선생께서 공포를 그토록 쉽게 물리칠 수 있게 해 주신다는 걸 알았다면, 지난 3년간 허송세월하지 않았을 겁니다."

가슴속 깊이 간직했던 말을 한 이 남자는 책상이나 테이블에 서서 얘기한 것이 아니었다. 그는 약 2백 명이 넘는 청중을 앞에 두고 연설을 했다. 뉴욕에서 있었던 졸업식 연설이었다.

그가 말하는 것을 보면서, 나는 특히 그의 자신감 있는 확고한 태도에 깊은 인상을 받았다. 그가 새롭게 자신감 있는 표현력을 익힘으로써 회사를 이끌어 가는 능력도 엄청나게 커지리란 것을 알 수 있었다.

그를 가르쳤던 사람으로서, 그가 두려움을 보기 좋게 날려 버린 모습을 보자니 아주 흐뭇했다. 또한 5년이나 10년 전에 그 두려움을 정복했더라면, 얼마나 더 성공적인 인생이 되었을 것이며, 얼마나 더 행복했을까 하는 생각을 떨쳐버릴 수가 없었다.

에머슨(Emerson)은 "두려움은 세상 그 어떤 것보다 사람을 괴롭히는 존재"라고 말했다. 그가 얼마나 마음 아프게 살았는지 알 수 있었다. 그러니 내 자신이 온 인생을 바쳐 공포에서 사람들을 건져냈다는 것이 말할 수 없이 기뻤다.

1912년에 처음 강좌를 열었을 때만 해도, 이 교육이 공포와 열등감을 물리치는 데 세상 최고의 길이 되리라는 생각은 하지도 못했다.

대중 앞에서 말하기를 배우는 것은 내성적인 모습을 극복하고 용기와 자신감을 찾는 아주 자연스러운 방법임이 증명되는 셈이었다. 대중 앞에서 말하는 것은 공포와 맞붙어 싸우는 과정이기 때문이다.

오랫동안 사람들에게 말하기를 가르치면서, 몇 주만 연습하면 무대공포를 쉽게 극복하고 자신감을 키울 수 있는 좋은 방법들이 많이 생각났다.

 ## 사람들 앞에서 말하는 게 두렵다는 사실을 받아들여라

첫 번째 사실 :

남 앞에 나서서 말하기가 두려운 사람은 당신 혼자만이 아니다. 대학생들을 대상으로 한 조사를 보면, 연설과목을 듣는 전체 학생 중 80~90퍼센트가 학기 초에 대중공포증 때문에 고생한다고 밝히고 있다. 이 조사 결과는 내 강의에 들어오는 성인들을 대상으로 하면 훨씬 높아서, 거의 100퍼센트에 이른다.

두 번째 사실 :

대중공포증도 잘 쓰면 약이 된다! 주위에서 특별한 도전을 받게 되면 그에 대해 준비하는 자연스런 현상이 일어난다. 심장 박동이 빨라지고 호흡이 가빠진다고 해서 겁먹을 필요가 없다. 외부에서 자극이 오면 몸은 준비태세로 들어가게 마련이다. 이런 생리적 반응이 적절한 선에서 유지된다면, 생각하는 속도가 빨라지고, 말도 거침없이 나오게 되며, 평상시보다 훨씬 집중력 있게 말하게 될 것이다.

세 번째 사실 :

전문적으로 연설을 하는 사람들 중에서도 많은 수가 대중공포증이 전혀 없지는 않다고 고백했다. 이 현상은 보통 연설을 시작하기 바로 전에 나타나 몇 문장을 말할 때까지 지속된다. 이런 현상이 일어나면 사람들은 짐수레를 끄는 말이 아니라 경주마처럼 막힘 없이 연설하게 된다. 자신을 언제나 '아주 침착하다'고 말하는 사람들은 늘 냉랭하게 마련이어서, 열정이라고는 겨우 눈곱만큼 있을 뿐이다.

네 번째 사실 :

대중연설에 대해 두렵게 생각하는 가장 큰 이유는 그저 사람들 앞에 나서서 말하는 게 익숙하지 않기 때문이다.

"두려움이란 무지하고 확신이 없는 데서 오는 아주 마뜩찮은 현상이다."

로빈슨(Robinson) 교수는『정신의 형성(*The mind in the making*)』이라는 책에서 이렇게 말하고 있다.

사람들은 대부분, 대중연설에 대해 막연하게 생각하기 때문에, 결과적으로 걱정스럽고 두려운 일로 여기고 고민한다. 처음 시작한 사람에게는 낯선 상황이 골치 아플 뿐이겠지만, 조금 지나다 보면 말하는 것도 테니스나 자동차 운전을 배우는 것과 같다는 것을 알게 된다.

이런 두려운 상황들을 쉽고 간단하게 만들려면 연습하고 연습하고 또 연습해야 한다. 수많은 사람들이 경험한 것처럼, 연설을 성공적으로 마친 경험이 차츰 쌓이게 되면, 대중연설은 고통이 아니라 즐거운 일임을 알게 될 것이다.

훌륭한 교수이자 유명한 심리학자인 앨버트 E. 위갬(Albert E. Wiggam)이 두려움을 극복한 과정을 읽고 나는 큰 감명을 받았다. 그는 고등학교 시절 앞에 나가서 5분 동안 웅변을 해야 했을 때, 생각하는 것만으로도 거의 까무러칠 것 같았다고 한다.

그는 이렇게 쓰고 있다.

날짜는 점점 다가오고 있었다. 나는 정말 병이 나기 시작했다. 사람들 앞에서 말을 해야 한다는 생각이 떠오를 때마나 어찌나 끔찍하게 머리가 아팠던지, 피가 머리로 솟구치고 얼굴이 화끈 달아올랐다. 그러면 교실 밖으로 나가 차가운 학교 건물 벽에 뜨거운 볼을 대고 한참이나 가라앉혀야 했다. 대학에 가서도 증상은 나아지지 않았다.

한번은, '아담과 제퍼슨은 이제 더 이상 없습니다'로 시작되는 낭독문을 철저하게 암기했던 적이 있었다. 그러나 막상 앞으로 나가니, 내가 어디에 서 있는지도 모를 정도로 정신이 아찔해졌다. 간신히 헐떡이며 "아담과 제퍼슨은 이제 더 이상 없습니다"라고 첫 문장을 말했다. 그러나 더 이상 말이 나오지 않았다. 그래서 인사를 하고…… 요란한 박수를 받으며 묵묵히 자리로 돌아와 앉았다.

사회자가 일어서더니 "에드워드, 정말 슬픈 소식이군요. 하지만 어떠한 상황이 되더라도 최선을 다해 견뎌냅시다"라고 말했다. 다시 와자한 웃음소리가 터졌고, 차라리 죽는 게 나을 것 같은 심정이었다. 그 후로 여러 날을 몸져누웠었다.

나는 내가 대중연설가가 되리라고는 꿈에도 생각하지
못했다.

대학을 졸업하고 1년 뒤, 앨버트 위갬은 덴버에서 살
고 있었다. 1896년의 정치상황은 '은의 자유주조'를 두
고 뜨겁게 달아올라 있었다. 하루는 은의 자유주조를 선
전한 팸플릿을 보게 되었다. 그는 브라이언과 그의 추종
자들이 터무니없는 약속으로 사람들을 현혹시키는 것을
보고 분노를 터뜨리게 된다.

결국 위갬은 시계를 저당 잡힌 돈으로 고향 인디애나
로 돌아갈 여비를 마련했다. 일단 고향으로 돌아가자, 위
갬은 건전한 통화에 대해서 자신이 연설하겠다고 자청하
고 나섰다. 연설회장에는 그의 학교 동창생들이 많이 와
있었다. 그때의 일을 위갬은 이렇게 적고 있다.

연설을 시작하려니, 아담과 제퍼슨에 대해 낭독하려고
했던 그림이 주마등처럼 스쳐 갔다. 나는 숨이 막히면서
말을 더듬었고 다 끝장난 듯싶었다. 그러나 천시 더퓨
(Chauncey M. Depew, 1834. 4. 23~1928. 4. 5 : 미국
의 정치가. 그는 연설과 재치 있는 만찬담화로 유명하다─

옮긴이 주)가 말했던 것처럼, 청중이나 나나 어쨌든 도입부는 그럭저럭 지나갔다. 그러자 그 조그만 성공에 용기를 얻어, 나는 약 15분 정도를 막힘 없이 얘기해나갔다. 그러나 나중에 보니, 놀랍게도 무려 한 시간 반이나 연설을 했던 것이다.

그 결과, 몇 년 지나지 않아 나는 놀랍게도 세계적으로 유명한 전문 대중연설가가 되어 있었다. 윌리엄 제임스(William James)의 말대로 성공의 성질이 어떤 것인지 직접 경험하게 된 셈이었다.

그렇다, 앨버트 E. 위갬은 사람들 앞에서 말하기를 두려워하는 것을 극복하는 가장 확실한 방법이 바로 성공적인 경험을 많이 하는 것이라는 사실을 안 것이다.

대중 앞에서 연설한다고 할 때 어느 정도는 떨리는 게 당연한 일이다.

그러나 대중공포에 적당히 기대는 법을 배운다면 훨씬 말을 잘하게 될 것이다.

만일 정신이 아득해지고, 말이 막히거나 주체할 수 없는 경련이 일어나고, 온몸이 얼어붙는 듯 딱딱해지는 등 어떻게 해볼 도리가 없을 정도로 심각한 대중공포증이 몰려와서 연설의 감동을 심각하게 줄인다고 해도 실망할 것 없다.

이런 현상은 처음 시작하는 사람들 대부분이 겪는 일이다. 열심히 노력하면, 대중공포증은 방해가 아니라 도움이 되는 수준으로 곧 감소하게 된다.

적절한 방법으로 준비하라

몇 년 전, 뉴욕 로터리 클럽 만찬회장 연설의 주인공은 저명한 정부관리였다. 그는 자신의 정부부처 활동에 대해 연설하기로 되어 있었다.

그의 연설이 시작되자마자 청중은 그가 연설을 준비하지 않았다는 것을 알 수 있었다. 처음에 그는 즉석 연설을 할 셈인 것 같았다.

그러나 잘 안 되는지, 주머니에서 고철덩어리 장갑차마냥 어수선한 메모를 한 뭉치 꺼내놓았다. 그러고는 잠시 메모를 더듬거리더니, 점점 더 당황하면서 말이 두서가 없어지기 시작했다. 말을 꺼내면 꺼낼수록 그는 더 당황하고 쩔쩔맸다.

계속 횡설수설하고, 미안하다고 했다가는 메모에 대해 변명을 늘어놓다가, 떨리는 손으로 물을 마시며 바짝 마른 입술을 축였다. 준비가 안 된 탓으로 두려움에 완전히 망가진 남자를 본다는 것이 참으로 민망했다.

그는 결국 자리에 주저앉고 말았다. 내가 본 중에 가장 처참한 연설자였던 것 같다. 그의 연설은 마치 루소가 연애편지를 쓰는 것 같은 방식이었다. 어떻게 말해야 좋을지 모르고 시작해서, 자신이 무슨 말을 했는지도 모르고 끝내 버렸던 것이다.

1912년 이후로, 나는 직업상 매해 약 5천 회 이상의 연설을 평가하게 되었다. 그 경험을 바탕으로 에베레스트 산처럼, 다른 무엇보다도 뚜렷한 교훈을 갖게 되었다. 준비한 사람만이 자신 있게 연설할 수 있다. 허술한 무기를 들고 탄약도 없이 두려움이라는 폭풍의 요새를 어떻게 정복할 수 있겠는가? 링컨은 이렇게 말했다.

"말할 게 없는데도 부끄러운 줄 모르고 말할 정도로는 늙지는 않으리라고 나는 믿는다."

자신감을 키우고 싶다면, 한 가지를 확실하게 하라. 사도 요한은 이렇게 말했다.

"완전한 사랑은 두려움을 몰아낸다."

준비를 완벽하게 하는 것도 마찬가지다. 다니엘 웹스터는 준비가 덜 된 상태로 청중 앞에 서는 것은 옷을 덜 입고 나가는 것과 같다고 말했다.

point 1 | 절대 단어 하나하나씩 암기하지 마라

'완벽한 준비'라는 것은 꼭 원고를 외워야 한다는 뜻일까? 누군가 나에게 이런 질문을 한다면 나는 우렁차게 아니라고 말하겠다. 많은 연사들이 청중 앞에서 정신이 아득해지는 창피를 당할까 봐 걱정하다가, 오히려 암기라는 덫에 빠지고 만다. 일단 이런 종류의 정신적 제물이 되어 잘못된 방법에 집착하게 되면, 연설자는 시간만 죽이는 어리석은 짓을 저지르는 셈이고 막상 연단에 섰을 때는 감동할 청중이 아무도 없다.

미국 뉴스계의 중진급 해설가인 H. V. 칼텐본(H. V. Kaltenborn)은 하버드 대학 시절, 연설 대회에 참가하게 되었다. 그는 '젠틀맨, 더 킹(Gentleman, the King)'이라는 제목의 짧은 글을 준비하고 있었다. 그러고는 단어 하나하나씩 몽땅 외우고 수백 번이나 연습을 했다.

대회 당일이 되어 그는 '젠틀맨, 더 킹'이라는 제목을 말했다. 그런데 갑자기 막막해졌다. 그저 막막하기만 한

게 아니라, 앞이 캄캄해졌다. 더럭 겁이 났다. 할 수 없이 생각나는 대로 이야기를 시작했다.

마침내 심사위원들이 일등상을 그에게 주었을 때 칼텐본은 말도 못하게 놀랐다. 이 일을 계기로, 칼텐본은 절대로 연설문을 읽거나 외우지 않게 되었다. 그가 방송국에서 출세하게 된 성공의 비밀은 바로 그것이었다. 그는 약간의 메모를 준비하고 스크립트(영화)나 방송의 대본이나 각본을 읽지 않는 모습으로 자연스럽게 청취자에게 얘기를 전했다.

무조건 써서 외우는 사람은, 시간과 에너지를 낭비할 뿐 아니라 불행을 자초하는 바보다. 우리는 살면서 자연스럽게 말한다. 미리 생각했다가 말하지 않는다. 생각하는 것은 개념뿐이다. 개념이 명확하다면, 말은 우리가 숨 쉬는 공기처럼 자연스럽게 무의식적으로 튀어나오게 마련이다.

윈스턴 처칠(Winston Churchill, 1874. 11. 30~1965. 1. 24 : 영국의 정치가, 저술가, 웅변가—옮긴이 주) 같은 사람도 혹독한 경험을 통해 배운 일이 있다. 젊어서의 처칠은 연설문을 써서 외웠다.

그러던 어느 날, 처칠이 영국 의회에서 암기한 연설을

시작하려는 찰나, 마치 정신이 나간 듯 앞이 아득해졌다. 아무것도 생각이 나지 않았다. 그는 당황하고 창피했다! 그저 마지막 문장을 끝에서 끝까지 되뇌었다. 그러고는 다시 아득해지면서 얼굴이 벌겋게 달아올랐다. 그냥 자리에 앉았다. 그날부터, 윈스턴 처칠은 외우는 연설을 하지 않았다.

한마디 한마디를 외운다면, 청중과 맞닥뜨렸을 때 잊어버리기가 쉽다. 혹 외운 것을 잊어버리지 않는다 해도, 기계적으로 말하게 된다. 왜일까? 바로 가슴에서 나오지 않고 기억에서 나오는 말이기 때문이다.

개인 간에 대화를 나눌 때, 우리는 말하고 싶은 내용을 생각하면 곧바로 말이 나오는 것이지 단어를 생각하는 것이 아니다. 줄곧 그렇게 살아왔는데 어째서 이제 바꾸려고 하는가? 말할 것을 쓰고 외운다면, 반스 부슈넬(Vance Bushnell) 꼴 나기가 쉽다.

반스는 프랑스에 있는 보 아트스쿨(Beaux Arts School)을 졸업했고, 후에 세계에서 가장 큰 생명보험 회사 중 하나인 이퀴터블 라이프 어슈어런스 소사이어티(Equitable Life Assurance Society)의 부회장이 되었다.

그는 몇 년 전, 웨스트 버지니아의 화이트 설퍼 스프링스(White Sulphur Springs)에서 미국 각지의 이쿼터블 라이프를 대표해서 모인 2천 명 앞에서 연설해달라는 요청을 받았다. 요청을 받았을 당시, 그는 생명보험 회사에 다닌 지 2년밖에 되지 않았지만, 아주 높은 성과를 올리고 있었으므로 20분의 연설시간이 배정됐다.

반스는 아주 기뻤다. 명성을 높일 수 있는 좋은 기회 같았다. 그렇지만 불행하게도 그는 연설을 써서 외웠다. 그러고는 거울 앞에서 40번이나 연습했다. 모든 것을 아주 맛깔스럽게 준비했다. 문장이나, 동작 하나하나, 얼굴 표정까지 완벽했다. 반스는 흠잡을 데 없이 준비가 되었다고 생각했다.

그렇지만, 앞에 나가 연설을 시작하려는 순간, 갑자기 두려움이 몰려왔다. 그는 입을 열었다.

"제가 이 프로그램에서 맡은 부분은……."

더 이상 생각이 나지 않았다. 그는 당황해서 뒤로 두 걸음 물러났다가 처음부터 다시 시작하려고 했다. 그러나 이번에도 아무 생각이 나지 않았다. 그는 다시 두 번 뒷걸음질쳤다가 다시 시작했다. 그는 이 동작을 세 번 반복했다. 연단은 1.2미터 정도 높이에, 뒤쪽에는 난간이 없었고, 뒷벽과 연단 사이에는 1.5미터 정도의 공간이 벌어져 있었다. 결국, 네 번째로 뒷걸음질치던 그는 연단 밑으로 거꾸로 처박혀 버렸다. 청중은 배꼽을 잡고 웃었다. 한 사람은 웃다가 의자에서 굴러 떨어져 복도를 데굴데굴 굴렀다. 이쿼터블 라이프 역사상 그토록 재미있는 장면을 연출한 사람은 아무도 없었다.

그런데 놀랍게도 청중은 그게 연출된 일이라고 생각했다. 이쿼터블 라이프에서 오래도록 몸담았던 사람들은 아직도 그 일을 이야기한다.

그렇다면 그 난리를 치렀던 반스 부슈넬은 어떨까? 반스 부슈넬 자신도 그 일이 자기 인생에서 가장 창피한 일이었다고 말한다. 어찌나 참담한 심정이었던지 반스는 사표를 내고 말았다.

그러나 반스 부슈넬의 상사들은 사직서를 찢어버리라고 설득했다. 상사들은 반스 부슈넬이 자신감을 되찾도록 도와주었다.

몇 년 뒤, 그는 회사에서 가장 감동적인 연설을 하는 연사가 되어 있었다. 그러나 다시는 암기해서 연설하지 않았다. 그의 이야기가 주는 교훈을 잊지 말자.

외워서 하는 연설을 수도 없이 들어봤지만, 외운 내용을 쓰레기통 속에 거침없이 던져버린 것보다 더 생동감 있고 감동적이며 인간적인 연설을 한 사람은 본 적이 없다. 만일 외우지 않았다면 요점을 잊어버릴 수도 있을 것이다. 심하게는 횡설수설할 수도 있겠지만 적어도 인간미는 잃지 않는다.

에이브러햄 링컨이 한번은 이런 말을 했다.

나는 미리 준비된 설교를 좋아하지 않는다. 내가 보고 싶은 것은 전쟁터에 나간 벌같이 생생한 모습이다.

링컨은 자유스럽고 흥분된 연설을 듣고 싶어했던 것이다. 단어를 하나하나 떠올리는 연사는 벌이 싸우는 것 같은 생생함을 가질 수 없다.

point 2 | 먼저 개념을 모으고 정리하라

그렇다면 연설은 어떻게 준비하는 게 좋은가? 간단하다. 특별한 경험을 통해 인생에 대해 배웠던 교훈을 찾아보고, 이런 경험에서 나온 생각과 개념과 확신을 정리하라. 진정한 준비라는 것은 당신이 가진 이야깃거리를 골똘히 생각하는 것이다. 찰스 레이놀드 브라운(Charles Reynold Brown) 박사는 몇 년 전에 예일 대학에서 아주 인상적인 강의를 했다.

"당신이 가진 이야깃거리가 감칠맛 나도록 풍부해질 때까지 곰곰이 생각하라. 그리고 떠오른 개념을 빠짐없이 종이에 적어라. 개념을 확인시켜줄 정도의 몇 단어면 된다. …… 종이 위에 개념을 적어놓으면, 연결되지 않은 단편을 정돈해 체계를 세우기가 쉬워진다."

그렇게 어려운 얘기는 아닌 것 같다. 그렇지 않은가? 목표를 두고 조금만 집중력을 가지고 생각하면 된다.

point 3 | 친구들 앞에서 연습하라

대략적인 틀을 잡았으면 과연 연습이 필요할까? 물론이다. 반드시 해야 한다. 틀림없이 성공할 수 있는, 쉽고 효과적인 방법이 있다. 친구들이나 동료들과 같이 말할 때 항상 연설하기로 생각한 개념에 대한 이야기를 나누어라. 야구 경기가 어찌됐느니 하는 대신에, 점심 식탁에 기대고 이렇게 말하는 것이다.

"어이, 조. 지난번에 좀 이상한 일이 있었는데 말이야. 그 얘기를 해줄게."

조는 아마도 재미있게 들을 것이다. 그가 어떤 반응을 보이는지 관찰하라. 그가 대꾸하는 말에 귀 기울여라. 쓸

모 있는 얘기를 해줄지도 모른다. 그는 당신이 연습하고 있다는 것도 모를 테지만, 그게 중요한 게 아니다. 그는 아마도 이야기가 재미있었다고 얘기할 것이다.

위대한 사학자 알란 네빈스(Allan Nevins, 1890. 5. 20~1971. 3. 5 : 미국의 역사가, 작가, 교육자—옮긴이 주)도 비슷한 조언을 하고 있다.

"당신이 정한 주제에 관심 있어 할 만한 친구를 골라, 아는 대로 다 얘기를 나누어라. 이런 과정을 통해서 놓치고 있었던 부분이나, 깨닫지 못했던 쟁점 사항, 연설을 어떻게 하면 가장 효과적일지를 알게 된다."

마음속에 성공한 모습을 그려라

앞에서, 대중연설을 연습하는 데 올바른 태도를 세우기 위해 개괄적인 표현으로 이렇게 말했던 것을 기억할 것이다.

똑같은 규칙이 성공적인 연설을 할 수 있는 기회를 만든다는 분명한 과제에도 적용될 수 있다. 과제를 실현하기 위한 세 가지 방법을 여기에 적어놓았다.

point 1 | 주제에 당신 자신을 맡겨라

일단 주제를 정하면, 구상에 따라 잘 정리한 대로 친구들과 '치밀한 논쟁'을 했다고 해서 준비가 다 끝난 것이 아니다. 당신이 정한 주제를 당신 자신이 중요하게 받아들여야 한다. 역사적으로 진정한 위인들에게는 영감(靈感)이 있듯이 당신도 자신의 신조에 대한 믿음이 있어야 한다.

어떻게 하면 자신의 주장에 대해 믿음의 불을 지필 수 있을까? 그것은 자신이 정한 주제에 대해 모든 문구를 짚어보고 깊은 뜻을 음미해서, 청중을 어떻게 더 나은 인생으로 이끌어줄 수 있는가를 자신에게 물어보는 것이다.

point 2 | 부정적인 생각을 일으킬 만한 자극제는

  관심 밖으로 멀리 치워버려라

예를 들어서, 문법적으로 틀린다거나 갑자기 중간에 말이 막히게 될까 봐 걱정하는 것은 시작도 하기 전에 기운 빠지게 하는 부정적인 생각이다. 막 당신 차례가 되기 직전이라면, 특히 그런 생각은 하지 말아야 한다. 다른 연사가 말하는 것을 집중해서 듣고, 진심에서 우러난 호감을 보낸다면 지나친 무대공포증은 없어질 것이다.

위대한 대의를 위해 자신의 일생을 바쳐온 사람이 아니고서는, 모든 연설자들은 자신이 정한 주제에 대해 회의를 갖게 마련이다. 그는 청중에게 흥미로울지 어떨지에 상관없이, 주제가 자신과 어울리는지 스스로에게 물을 것이다. 그러고는 주제를 바꾸고 싶은 생각에 안달이 날 것이다. 이런 일이 닥치면, 부정적인 생각은 대부분 자신감을 완전히 날려버릴 수 있으므로, 당신은 스스로 활기차게 얘기해야 한다.

당신의 주제가 자신과 너무도 잘 어울리는 것이라고 명확하고 솔직하게 말하라. 그 주제는 바로 당신의 경험에서 나오고, 당신의 삶에서 생각해 낸 내용이기 때문이다. 이 특별한 얘기를 청중에게 할 자격이 있는 사람은 그 방 안에서 바로 당신뿐이며, 또한 최선을 다할 것이라고 자신에게 말하라.

낡아 빠진 자기 암시 요법 같은가? 그럴 수도 있다. 하지만 현대의 실험심리학자들도 자기 암시에 근거를 둔 동기는, 흉내만 내는 경우라 할지라도 빠르게 배울 수 있는 강한 동기를 부여한다고 했다. 그럴진대, 진실에 근거를 두고 하는 활기찬 말이라면 그 효과가 어떻겠는가?

자신 있게 행동하라

미국이 배출한 가장 유명한 심리학자인 윌리엄 제임스 (William James, 1842. 1. 11~1910. 8. 26 : 미국의 철학자, 심리학자―옮긴이 주) 교수는 이렇게 쓰고 있다.

행동은 감정을 따라 가는 것같이 보인다. 그렇지만 사실 행동과 감정은 같이 가는 존재다. 좀더 직접적으로 의지의 영향을 받는 행동을 조절하는 것으로 간접적인 영향을 받는 감정을 조정할 수가 있다.

그러므로 만일 자발적으로 터져나오는 신명이 없다면, 쾌활해질 수 있는 최고의 길은, 마치 진작부터 유쾌했던 것처럼 기운차게 말하고 행동하는 것이다.

그러나 그런 행동으로도 기분이 나아지지 않는다면, 무슨 방법을 쓴다 해도 안 될 것이다. 그러므로 모든 의지를 총동원해서 마치 용감했던 것처럼 용감하게 느끼고 행동하라. 그러면 용기를 낸 의지가 공포를 물리친다.

제임스 교수의 조언을 자신에게 적용하라. 청중을 마주하고 있을 때 용기를 내서, 마치 이미 용기를 가지고 있는 것처럼 행동하라. 물론, 준비가 안 되어 있는 상태라면 세상에 있는 어떤 행동으로도 도움이 안 될 것이다. 하지만 무엇에 대해서 말할 것인지 자기 자신은 안다는 것을 인정하고, 활기차게 앞으로 나가 숨을 깊게 들이마셔라.

사실, 청중을 대면하기 전에는 늘 30초 동안 깊게 숨을 들이마시는 게 좋다. 몸속의 산소량이 증가하게 되면 몸에 활기가 돌고 용기가 날 것이다. 위대한 테너 가수 장 드 레케(Jean de Reszke)는, 힘껏 숨을 들이마신다면 초조감을 뭉개버릴 수 있다고 말하곤 했다.

가슴 가득 숨을 들이마시고 청중의 눈을 똑바로 들여다봐라. 그리고 거기 모여 있는 사람들이 하나같이 당신에게 돈을 꾼 사람들이라 여기고 배짱 있게 연설을 시작하라. 사람들이 빚 갚을 날을 연기해달라고 간청하려고 모였다고 상상하라. 심리적으로 큰 도움이 될 것이다.

이게 말이 되는 소리인지 의심스러우면, 미리 이 책에 써 있는 방법대로 연습했던 수강생 중 누구라도 붙잡고 몇 분만 얘기를 나눈다면 당장 알게 될 것이다.

그런 사람을 만날 수가 없다면, 언제나 용기의 상징으로 그려졌던 어느 미국인의 말을 들어보라. 그는 정말 소심한 남자였지만 자신감을 갖는 법을 배우고는, 용감한 사람이 되었다. 그가 바로 청중들을 감동의 도가니로 몰아넣었던, 미국의 위대한 대통령 시어도어 루스벨트(Theodore Roosevelt, 1858. 10. 27~1919. 1. 6 : 미국의 26대 대통령(1901~1909), 작가, 탐험가, 군인―옮긴이 주)다. 그는 자서전에서 이렇게 밝히고 있다.

나는 좀 병약하고 우물거리던 소년이었다. 젊었을 때도 소심하고 내 능력을 믿지 못하는 편이었다. 그래서 난 그저 몸만이 아니라 마음과 정신까지도 혹독할 정도로 열심히 단련시켰다.

그가 자신이 어떻게 목적을 이루었는지를 쓴 내용이다.

어렸을 때 메리엇(Frederick Marryat, 1792. 7. 10~1848. 8. 9 : 영국의 군인, 소설가, 해군 장교. 바다에서의 다양한 경험을 풍부하고 재미있게 되살린 작품을 씀―옮긴이 주)의 책에서 어떤 단락을 읽고 깊은 감명을 받았다.
그 단락은, 영국의 어떤 작은 군함의 선장이 주인공에게 공포를 극복하는 방법을 말하는 대목이다. 선장은 처음으로 실전에 배치된 사람은 대부분 공포에 떨게 마련이라고 말했다. 그럴 때는 손을 꽉 잡고 마치 두렵지 않은 것처럼 행동하라는 것이다. 이렇게 반복하다보면, 거짓으로 꾸며낸 일이 결국 진실이 된다. 그래서 실제 상황이 닥치더라도 연습한 대로 두려움을 느끼지 못하게 된다.

이것이 내가 따라했던 이론이다. 처음에 나는 회색곰에서부터 심술 사나운 말과 총잡이들까지 무서운 게 너무 많았다. 그렇지만 두렵지 않은 것처럼 행동하면서 점차로 두려움을 물리칠 수 있었다. 누구나 시도해보기만 한다면 같은 경험을 얻을 수 있을 것이다.

대중연설의 공포를 물리친다면 우리는 어떤 일을 하든 그 가치를 아주 멋지게 향상시킬 수 있다. 이 도전에 대한 답을 찾은 사람은 그것만으로도 더 나은 사람이 된다. 사람들 앞에서 말하는 것이 두렵다는 생각을 이긴다면 인생은 더욱 값지고 충만해질 것이다.

어떤 세일즈맨은 이렇게 표현했다.

"같은 강의실에 있는 교습생들 앞에 서서 몇 번 연습한 뒤로, 난 누구라도 다 구워삶을 수 있을 것 같은 자신이 생겼다. 어느 날 아침 특히 까다롭다는 구매과 직원에게로 갔다. 그리고 그가 '싫다'라고 말하기 전에, 가져간

견본품을 그의 책상에 죽 펼쳐놓았다. 그날 그는 내가 받아본 주문 중에서 최고로 많은 주문을 했다."

한 가정주부는 우리 강사에게 이렇게 말했다.

"난 계속 대화를 이끌 자신이 없어서 이웃을 초대하지 못했어요. 몇 강좌를 들은 후 사람들 앞에서 발표를 해보고는, 큰 도박을 하듯 처음으로 파티를 열었습니다. 대성공이었어요. 재미있는 얘기가 끊임없이 이어졌답니다."

졸업 강좌에서, 한 점원은 이렇게 말했다.

"고객을 만나기가 두려웠었습니다. 왠지 송구스런 느낌이 들었거든요. 교실에서 몇 차례 연습해본 뒤로는, 말하는 게 좀 자신 있어졌습니다. 이 말하기 강좌를 들은 첫 달보다 45퍼센트나 많이 팔았습니다."

그들은 두려움이나 염려를 정복하는 일이 쉬워지자 전에는 실패하던 일을 쉽게 성공시킬 수 있다는 사실을 알게 되었다. 대중 앞에서 말한다는 것은, 매일 일어나는 일들을 자신감 있고 확실하게 대처한다는 뜻이다. 달리 말해서, 살다 보면 생기게 마련인 어려움과 골칫거리를 좀더 능숙한 솜씨로 다루게 된다는 뜻이다. 또한 전에는 도저히 어찌해볼 수 없었던 상황들이, 이제는 당신의 인생을 즐겁게 해줄 수 있는 밝은 도전으로 다가올 것이다.

Chapter **03**

빠르고 쉬우면서도 효과적인 화술

최근에 한 친구가 주로 가정주부들을 대상으로 하는 어떤 프로그램을 한번 보라고 내게 권해주었다. 시청률이 꽤 높은 프로였는데, 방청객들이 쇼에 참가하는 모습이 내 흥미를 끌 것이라고 친구는 생각한 모양이었다.

그런데 정말 그랬다. 여러 번 보다 보니, 사회자가 방청객을 참여시켜 그들 자신에 대한 얘기를 털어놓게 하는 부분이 아주 재미있었다. 방청객들은 분명 전문 이야기꾼이 아니었다. 대화법에 대해 교육을 받은 적도 없었다. 개중에는 문법이 엉망이거나 발음이 영 어색한 사람도 많았다. 그런데도 다들 재미있게 얘기를 했다. 일단 말하기 시작하면 카메라에 대한 두려움을 털어버리고 다른 방청객들의 이목을 집중시키고 있었다.

대체 어떻게 된 일일까? 나는 여러 해 동안 이 프로그램을 지탱해 왔던 방법에서 그 답을 찾을 수 있었다. 전국에 있는 모든 시청자들의 주목을 받고 있는 이 평범한 보통 사람들은 자신에 대해 얘기하고 있었다. 가장 당황했던 순간과 가장 기뻤던 기억, 아내와 남편을 만나게 된 인연 등에 대해 얘기했다.

그들은 서론이나 본론, 결론에 대해 걱정하지 않았다. 말투를 꾸며내느라 애쓰지도 않았고 문장 구조에 막혀 말을 못하는 일도 없었다. 그런데도 방청객들에게 큰 공감을 이끌어내며, 완전히 빠져들게 만들었다. 이것이야말로 빠르고 쉽게 대중연설법을 배우고자 하는 사람들이 익혀야 할 세 가지 중 첫 번째 규칙을 증명하고 있었다.

 ## 경험이나 학습을 통해 말할 자격을 얻은 것에 대해 말하라

사는 것처럼 치열하게 산 사람들이 자신의 개인적 경험을 말하는, 텔레비전의 그 이야기 프로그램은 재미가 있었다. 사람들은 자신이 아는 것을 얘기했다. 그들에게 공산주의에 대한 걸 물어봤다거나 미국의 정치 구조를 묘사하라고 했다면, 프로그램이 얼마나 따분했겠는가. 이루 다 헤아릴 수 없이 많은 연설자들이 수많은 모임과 공식 연설회장에서 이와 똑같은 실수를 저지른다.

연사가 수박 겉 핥기 식으로 알거나 혹은 전혀 모르는 문제에 대해 얘기할 때에는 십중팔구 얘기가 청중에게 먹히지 않는다. 그런 연사들은 애국심이나 민주주의라든가 정의 같은 주제를 선택한 뒤에, 한동안 인용할 만한 내용이 없는지 정신 없이 이 책 저 책을 들춘다. 그것으로도 성이 안 차서 다른 연설자들은 뭐라고 했는지도 쑤셔보고, 대학 때 들었던 것 같기도 한 정치학에 대해 생각나지도 않는 기억을 짜내느라 애를 태운다.

그리고 결국 갖다 붙이기에 급급한 그런 연설을 하게 마련이다. 이런 연설자들은 고차원적인 개념을 땅 위의 일상으로 끌어내리기 전에는 결코 청중의 갈채를 받을 수 없다.

데일 카네기 강사들의 지역모임이 있었던 시카고의 콘라드 힐튼 호텔에서 몇 년 전에, 한 학생이 이렇게 연설을 시작했다.

"자유, 평등, 박애. 이것은 인류가 가진 사전에서 찾을 수 있는 가장 위대한 개념입니다. 자유가 없다면, 사람은 살아도 살았다고 할 수가 없습니다. 만일 행동의 자유가 사방으로 억압받고 있다면 어떻겠는지 상상해보십시오."

그가 여기까지 얘기했을 때, 강사가 사려 깊은 태도로 그의 말을 중단시키고는 어떤 계기로 그런 믿음을 갖게 되었냐고 물었다. 그런 연설을 하게 된 어떤 증거가 될 만한 일이나 개인적인 경험이 있느냐는 얘기였다. 그러자 그는 정말 놀라운 얘기를 들려주었다.

그는 프랑스 반군 출신이었다. 그와 그의 가족들은 나치 치하에서 멸시를 견디며 살아야 했다. 그는 생생한 목소리로 비밀 경찰에게서 탈출한 이야기와 어떤 경로를 통해 미국까지 오게 되었는지를 자세히 얘기했다. 그는 이런 말로 끝을 맺었다.

"오늘 미시간 가를 지나 이 호텔로 오면서, 나는 꿈에 그리던 대로 자유롭게 다닐 수 있었습니다. 호텔에 들어오면서 신분증을 내밀 필요가 없었고 모임이 끝나면 시카고의 어디든 내가 원하는 대로 갈 수가 있습니다. 여러분, 자유는 싸워서 쟁취할 만한 소중한 것입니다."

청중은 모두 자리에서 일어나서 열렬한 박수를 보냈다.

point 1 | 인생에서 배운 바를 말하라

연사가 인생을 통해 배운 교훈을 말하면 청중은 주목하게 마련이다. 그렇지만 경험상으로 보건대, 연사들은 별로 그렇게 생각하지 않는 것 같다. 연사들은 자신의 이야기가 너무 평범하고 제한적이라고 생각하며 말하기를 꺼린다. 그보다는 저 높은 곳에 있는 일반적인 생각이나 철학적 원리에 집착하기 때문에, 불행하게도 공기가 너무 희박해서 보통 사람들이 호흡하기 힘들게 만든다. 사람들이 듣고 싶어하는 것은 이야기인데 정작 연사는 논설을 발표한다는 식이다. 그렇다고 편집장이나 신문사 사장에게서 부탁을 받고 글을 쓰는 사람의 논설까지 지긋지긋하다며 싫어 하는 사람은 없다.

요점은, "당신이 당신의 인생에서 배운 바를 말하면 열심히 들어주겠습니다"라는 것이다.

에머슨은 이렇게 말했다.

"아무리 미천한 사람의 말이라도, 나는 항상 들을 준비가 되어 있다. 왜냐하면 사람은 누구나 배울 점을 갖고 있다고 생각하기 때문이다. 나는 철의 장막을 치고 떠드는 말보다는 농익은 이야기를 듣는 게 더 좋다. 누군가 자신의 인생에서 배운 바를 얘기할 때에는, 그 이야기가 별 볼일 없고 교훈이 별로 없더라도 결코 지루해하지 않았다고 생각한다."

실례를 들어보자. 몇 년 전, 우리 강사 중 한 사람이 뉴욕시티 은행의 중역들을 모아놓고 대중연설에 대해 강의한 적이 있다. 그런 부류의 사람들은 시간에 쫓기게 마련이어서, 연설을 준비할 시간이나 준비한 내용에 확신을 가질 시간이 모자라기 일쑤였다.

그러나 그들은 평생을 살아오면서 자신의 개인적인 생각을 축적하고 있었을 것이고, 확신을 키웠을 것이며, 사물을 자신의 독특한 시각으로 관찰해서 독자적인 경험을 하며 살았을 것이다. 결국 40여 년 동안이나 이야깃거리를 만들면서 살아왔다고 할 수 있다. 그런데도 그걸 깨닫지 못하는 사람이 많았다.

금요일 강의 시간이 되자 주택지구의 은행에서 근무하는 어떤 은행가는(편의상 잭슨 씨라고 부르기로 하자) 4시 30분이 되자 강좌에 가서 무슨 말을 해야 하나 걱정하기 시작한다. 그는 사무실을 나와 신문 가판대에서 〈포브스〉 지를 한 권 사들고, 강의실까지 전철을 타고 오는 동안 '10년 안에 성공해야 한다'는 제목의 기사를 읽는다.

그러나 그가 기사를 읽은 것은 특히 관심이 있어서가

아니라, 주어진 시간을 채울 이야깃거리를 만들기 위해서였다.

한 시간 후, 그는 강의실에서 확신 있는 태도로 일어나 자못 흥미롭다는 듯 기사의 내용을 이야기했다.

결과는 어떻게 되었을까? 뻔한 일 아닌가?

그는 미처 기사의 내용을 소화하지 못했고 자기 것으로 흡수해서 말하지도 못했다. '그저 말해보려고 했다'고 하는 것이 정확한 표현일 것이다. 그는 말을 해보려고 했다. 그의 말 속에는 진정한 메시지가 없었다. 그의 태도나 말투로 보아 명백한 일이었다. 그런데 어떻게 듣는 사람이 말하는 사람보다 더 감동을 받을 수 있겠는가?

그는 계속 기사의 내용을 들추면서, 저자는 이랬고 저랬고 하는 식으로 얘기를 했다. 〈포브스〉의 기사를 지겹도록 늘어놓으면서도, 불행하게도 잭슨 자신에 관한 이야기는 거의 없었다.

그가 이야기를 마치자, 강사가 물었다.

"잭슨 씨, 이 기사를 쓴 미지의 인물에 대해서 우리는 아무 관심도 없습니다. 그 사람은 여기 없으니까요. 그는 우리 눈에 보이지도 않습니다. 진정으로 우리가 궁금한 것은, 당신이 어떤 분이고 어떻게 생각하는가 하는 것입니다. 다른 사람이 말한 것 말고 당신에 대해 말씀해보십시오. 잭슨이란 사람의 모습이 나와야 합니다. 다음 주에 같은 주제를 놓고 다시 말씀해보시겠습니까? 이 기사를 다시 읽고, 저자와 당신의 생각이 같은지 아닌지 자신에게 물어보십시오. 그 결과 당신도 같은 생각을 한다면, 당신의 경험에 비춰 설명을 해보십시오. 저자와 의견이 같지 않다면, 이유가 무엇인지 말씀해보십시오. 이 기사를 당신의 개인적인 얘기를 시작할 수 있는 출발점으로 하는 겁니다."

기사를 다시 읽은 잭슨 씨는 자신은 저자의 의견에 전혀 동감하지 않는다고 결론 내렸다. 그러고는 자신이 그와 생각이 다른 이유를 증명할 만한 예를 찾아 기억을 더듬었다. 그래서 은행의 중역으로서의 개인적 이야기들을 가지고 자신의 생각을 배열하고 확장시켰다.

다음 주에 다시 온 그는 자신의 개인적 배경을 바탕으로, 확신이 가득 담긴 이야기를 할 수 있었다. 기사의 내용을 재탕하는 대신, 그는 자신의 마음속에 있던 보석을 꺼내 보였고, 그 자신이 생각해낸 말을 했다. 어떤 연설이 교실에 있던 사람들에게 더 강한 인상을 주었는지를 판단하는 것은 여러분의 몫으로 남겨두겠다.

나는 우리 강사들에게, 연설을 배우러 온 사람들을 처음 가르칠 때 가장 어려운 문제점이 뭐라고 생각하는지 종이에 써보라고 한 일이 있었다. 종이에 적혀 있는 내용을 살펴본 결과, '적당한 이야깃거리를 찾게 하는 것'이 처음 배우러 온 사람들을 가르칠 때 가장 자주 접하게 되는 문제라고 했다.

그렇다면 적당한 이야기가 뭘까? 우선 자신의 경험이나 심사숙고한 생각 속에서 나온 얘기라면 적당한 이야깃거리가 될 수 있다. 그중에서도 이야깃거리는 어떻게 찾을 수 있을까? 일단 기억을 되짚어보고 살아오는 동안 겪었던 의미 있는 일들을 찾아보면 생생한 이야깃거리가 나올 것이다.

수년 전, 수강생들에게 어떤 이야기가 재미있는가를 조사한 일이 있었다. 그 조사에서 개인의 배경을 바탕으로 한 이야기를 할 때 듣는 사람들은 가장 재미있어 한다는 결과가 나왔다.

자라면서 배운 이야기들 가족에 관한 얘기, 어린 시절의 기억, 학창시절의 얘기는 반드시 주목을 받는다. 왜냐하면 우리들 대부분은 다른 사람들이 살아가는 동안 어떤 고난을 만나고 어떻게 극복했나를 듣고 싶어한다.

가능하다면, 예전에 있었던 일을 명백한 예로 들어 이야기하라. 연극이나 영화나 소설에서 주인공이 지난날 세상의 어려움을 헤쳐나갔던 이야기가 인기 있다는 것은, 이런 소재가 이야깃거리로도 재미있다는 것을 증명하는 셈이다.

그렇지만 자신이 예전에 겪었던 일이 다른 사람에게도 재미있으리라고 어떻게 확신할 수 있을까? 한 가지만 확인하면 된다. 수년이 지난 후에도 기억 속에 생생하게 살아 있는 이야깃거리가 있다면, 듣는 사람도 재미있게 들을 것이다.

출세하기 위해 젊은 시절 노력했던 얘기 이런 얘기를 좋아하는 사람이 아주 많다. 출세하기 위해 당신이 어떻게 했는지를 조목조목 말한다면 사람들은 재미있게 듣는다. 어떻게 해서 특별한 직업을 갖거나 전문가가 되었나? 일하는 데 어려운 점은 무엇인가? 경쟁이 치열한 세상에서 성공하기 전에 겪었던 좌절이나 포부, 그리고 성공했던 일에 대해 말하라. 대부분의 사람들은 나름대로 진정한 삶을 가꾸어 왔으므로 그런 이야기를 겸손하게 털어놓는다면 틀림없는 소재가 된다.

취미나 여가 활동 개인적 기호에 바탕을 둔 이런 얘기는 듣는 이들의 주의를 끌기가 쉽다. 당신이 정말 즐거워하는 것에 대해서 말하는데 재미없을 리가 없다. 당신이 가진 특별한 취미에 쏟아 붓는 자연스런 열정이 듣는 사람에게까지 전달될 것이다.

특별한 분야의 지식 한 분야에서 오랫동안 열심히 일한 사람은 전문가가 될 수 있다. 직업이나 전문 분야에서 수년 동안 경험하고 연구해왔다면 존경이 담긴 관심을 얻을 수 있을 것이다.

특별한 경험 위인을 만난 적이 있는가? 전쟁통에 총알세례를 받은 적이 있는가? 인생에서 정신적인 위기를 겪은 적이 있는가? 이런 경험들은 최고로 좋은 연설거리다.

믿음이나 신념 오늘날 세계가 직면하고 있는 불가결한 문제에 대해 당신은 당신 입장에서 오랫동안 머리가 깨져라 생각했을 것이다. 중요한 이슈에 대해 많은 시간 동안 연구하느라 전념한 사람이라면, 말할 자격이 충분하다. 그렇지만 그때에는, 자신의 신념에 대해 분명한 예를 들어 명확하게 얘기해야 한다. 자칫 일반적인 말만 잔뜩 늘어놓으면 사람들은 재미없어 한다.

무심코 읽은 한 줄의 뉴스기사를 가지고 이런 주제에 대해 얘기하려 하지 마라. 듣는 사람보다 그저 조금 더 알고 있는 수준이라면 말하지 않는 게 낫다. 반대로, 어떤 주제에 대해서 수년간 열심히 전념했다면, 말할 자격이 충분하다. 반드시 써 먹어라.

앞에서 지적했듯이, 연설을 준비한다는 것은 단순히 기계적으로 할 말을 종이에 적어 내려가거나 문장을 줄줄 외우는 게 아니다.

대충 읽은 책이나 뉴스기사에서 간접적으로 얻은 생각을 거론하는 것도 아니다. 당신의 생각과 마음을 깊숙이 파고들어가, 인생을 사는 동안 경험 속에서 축적된 기본적인 신념 중 그 어떤 것을 밖으로 끄집어내야 하는 것이다. 과연 쓸 만한 게 있을까 의심하지 마라. 분명히 있다. 당신이 찾아내기를 기다리며 무궁무진하게 쌓여 있다.

당신 자신에 대한 얘기들이 너무 개인적이라서 청중에

게 하찮게 들릴 것 같다고 업신여기지 마라. 그런 얘기들은 전문적인 강사들이 해주는 말보다 훨씬 더 재미있고 감동적일 것이다.

말할 권리를 얻은 것에 대해 말할 때 비로소 빠르고 쉽게 말하는 법의 두 번째 조건인, 다음 조건으로 들어갈 수 있다. 두 번째 조건은 다음과 같다.

스스로가 자신의 주제에 흥미를 가져야 한다

당신이나 내가 말할 자격을 얻은 얘기를 한다고 다 흥분되는 것은 아니다. 예를 들어서, 자기가 할 일은 자기가 해야 한다는 신념이 철두철미한 나 같은 사람은, 설거지에 대해 할 말이 많다. 그런데도 설거지에 대한 얘기를 하자면 별로 재미가 없다. 사실, 설거지에 대해서는 거의 아무 생각이 나지 않기도 한다.

그러나 가사에 있어서 전문가라 할 수 있는 가정주부들은 설거지라는 같은 주제에 대하여 당당하게 말한다. 그들은 말하는 사이에 서로가 자극을 받아 해도해도 끝이 없는 설거지라는 노동에 대해 분개하며 침을 튀기면서 열변을 토한다. 그뿐 아니라, 이런 잡다한 일에 대해 자신이 생각해낸 독창적인 방법을 말하기도 하는데, 정말 재미있다. 결과적으로, 설거지라는 주제에 대하여 효과적으로 말한다는 것이다.

그러므로 자신이 대중 앞에서 열변을 토할 가치가 있다고 느끼는 주제에 대해 과연 그럴지 어떨지 판단해볼 수 있는 한 가지 방법이 있다. 누군가 나서서 정면으로 당신의 의견에 반박한다면, 당신은 자신을 방어할 만큼 확신 있고 진지한 태도로 강력하게 말할 수 있어야 한다. 만약 그렇다면, 당신에게 적당한 주제를 고른 셈이다.

나는 1926년에 스위스의 제네바에서 열렸던 국가연합의 일곱 번째 학기에 다녀온 적이 있다. 최근, 그때 적어두었던 메모 몇 개를 발견하게 되어 그중 한 문장을 소개하겠다.

"맥빠지게도 서너 명이나 원고를 줄줄이 읽고 난 후에야, 캐나다에서 온 조지 포스터 선생님 차례가 되었다. 난 그가 종이나 메모를 가지고 있지 않다는 것을 알고는 기절할 만큼 기분이 좋아졌다. 그는 쉼 없이 몸짓을 섞으며 말했으며, 자신의 가슴속에 있던 말을 했다. 그가 확

실한 자신감을 가지고 진실하게 말하려 노력한다는 사실
은, 창밖으로 보이는 제네바 호수처럼 명백했다. 내가 가
르치는 동안 주장했던 본질이 그의 말 속에 아름답게 녹
아나고 있었다."

난 가끔씩 조지 선생이 연설하던 모습을 떠올려 본다.
그는 진실했다. 거짓이 없었던 것이다. 마음으로 느껴서
품어 나오는 생각을 이야깃거리로 고르는 것만이 이런
진정을 분명하게 전할 수 있다. 미국에서 가장 정력적인
연설자 중의 한 사람인 풀톤 J. 쉰(Fulton J. Sheen) 주교
는, 일찍이 자기 인생에서 이런 교훈을 배웠노라고 했다.

다음은 쉰 주교가 『가치 있는 인생(*Life Is Worth
Living*)』이라는 책에서 밝힌 내용이다.

대학 때 나는 토론 팀에 뽑혔다. 노틀담 토론대회가 있
기 전날 밤, 토론 팀의 담당교수에게 꾸중을 들었다.

"자넨 정말 바보천치야. 이 대학 역사상 자네보다 못한
토론자는 단 한 명도 없었어."

나는 변명하고 싶었다.

"그렇다면 교수님, 그렇게 멍청한 절 왜 토론 팀으로 뽑
으신 겁니까?"

교수님이 대답하셨다.

"자네가 말을 잘해서가 아니고 생각할 줄 알기 때문이야. 연설 내용을 한 구절씩 끊어서 연습해보게."

나는 한 시간 동안 몇 번이고 다시 되뇌어서 한 문장을 반복했다. 결국 교수님이 다시 물으셨다.

"뭐가 잘못되었는지 알겠나?"

"모르겠습니다."

다시 한 시간 반, 두 시간, 두 시간 반 동안 계속하다가, 결국에는 기진맥진해졌다. 교수님이 물으셨다.

"아직도 뭐가 잘못됐는지 모르겠나?"

두 시간 반이라는 시간이 지나고서야, 깨달을 수 있었다. 난 이렇게 말씀드렸다.

"예. 전 진실하지 못했습니다. 제 가슴속에 있는 말이 아니었습니다. 그런데도 마치 그런 것처럼 말했습니다."

이 일을 계기로, 쉰 주교는 평생을 간직할 교훈을 얻었다. 그는 자신의 주제에 눈을 뜨고, 토론에 자기 자신의 생각을 집어넣었다. 그제야 교수님이 말씀하셨다.

"자, 이제 말할 준비가 되었네!"

수강생 중에 하나가 이렇게 말했다.

"저는 재미있는 일이 하나도 없어요, 그저 하루하루가 지루할 뿐입니다."

우리 강사들은 그런 경우에 당연히 그가 여가시간에 무엇을 하는지 물어보게 되어 있다. 어떤 사람은 영화를 보러 가고, 어떤 이들은 운동경기를 보러 가며, 개중에는 장미를 키우는 이도 있었다.

그중 어떤 사람은 성냥갑을 모은다고 했다. 강사가 이 특이한 취미에 대해서 계속 물어보자, 그는 점차 생기가 나기 시작했다. 곧 그는 손짓까지 섞어가며 수집품을 모아둔 장식장에 관해 설명하기 시작했다. 그뿐 아니라 자신은 세계 대부분의 나라에서 가져온 성냥을 갖고 있다고 말했다. 그가 흥이 나서 얘기하는 중간에, 강사가 말을 끊었다.

"어째서 여태 이런 얘기를 안 하셨죠? 아주 재미있는데 말이에요."

그는 다른 사람이 재미있어 할 것 같지 않았다고 말했다! 그 남자는 수년 동안이나 자신의 취미를 열정적으로 즐겼던 것이다. 그런데도 말할 만한 소재거리로 적당하지 않은 것 같다고 생각했다.

강사는 남자에게 이야깃거리가 흥미 있는지 어떤지 평

가하는 한 가지 길은, 그 일에 자신이 얼마나 빠져 있는지 스스로 물어보는 것이라고 말해주었다. 그날 그는 진정한 수집가답게 열정적으로 말했고, 후에 듣기로는 지역적으로도 상당한 신임을 얻어 다양한 오찬 모임에 다니면서 성냥갑 수집에 관한 얘기를 해주었다는 것이다.

이 실례는 사람들 앞에서 말하는 법을 바르고 쉽게 배우기를 원하는 사람들을 이끄는 세 번째 요점으로 바로 연결시킬 수 있다.

청중과 이야기나누고 싶다는 열망을 가져라

말하기라는 모든 상황에는 말하는 사람, 연설이나 말하는 내용, 그리고 듣는 사람이라고 하는 세 가지 요소가 있다. 여기에서는 두 가지 규칙으로 주로 연설을 하는 사람에 대한 얘기를 다루었다.

그래서 여기까지는 말하는 상황에 대한 언급은 없었다. 말하는 상황이 활기를 띠려면 청중에게도 생기가 넘쳐야 한다. 연설 내용은 아마도 연설자가 흥미를 갖는 주제와 관련된 내용으로 잘 준비되어 있을 것이다. 그렇지만 완전히 성공하기 위해서는 연설 속에 다른 요소가 반드시 들어 있어야 한다.

연사는 청중으로 하여금 연사의 이야기가 자신들에게 중요한 얘기인 것처럼 느끼게 만들어야 한다. 연사는 주제에 도취될 뿐만 아니라, 이 도취된 감정을 듣는 사람들에게도 열정적으로 전달해야 한다. 역사적으로 설득력 있는 웅변을 한 대중연설자들은 모두 판매술이라고나 할까, 혹은 전도적 역량이라고 부를 수 있는 이런 특징을 갖고 있었다.

감동을 주는 연사는 듣는 사람들도 그가 느끼는 것을 느끼고, 그의 견해에 동감하기를 바란다. 또한 자신의 생각이 그들에게도 맞다고 느껴지기를 원하고, 자신의 얘기를 자신과 함께 즐겁게 체험하기를 원한다.

그는 듣는 사람 중심이지 자기 중심이 아니다. 또한 자신의 연설이 성공하고 실패하는 것은 자신이 결정할 일이 아니라, 그의 말을 경청하는 사람들의 마음과 가슴속에서 결정될 문제라는 것을 안다.

나는 미국 은행협회 뉴욕 지부에서 절약운동 기간 동안 은행 직원들에게 저축을 권유하는 연설을 가르친 적이 있다. 그런데 특히 그중 한 남자가 청중의 관심을 끌지 못했다.

나는 우선 첫 번째 단계로 그의 가슴에 주제에 대한 열망이 가득 차서 마음이 뜨거워져야 한다고 말했다. 그리고 주제에 대해 열정적인 생각이 끓어오를 때까지 잘 생각해보라고 말했다. 그래서 뉴욕에서 유언에 관한 검인 법원 기록을 보면 85퍼센트 이상의 사람들이 죽으면서 아무것도 남기지 않았고, 3.3퍼센트만이 1만 달러 이상을 남겼다고 되어 있는 점을 상기시켜주었다.

그는 자신이 하는 일이 여유가 없는 사람에게 호의를 베풀어달라고 간청하는 것이 아니라는 사실을 마음속에 되새겼다. 그리고 마음속으로 이렇게 말했다.

"난 이들이 늙었을 때 굶거나 헐벗지 않고 편안하게 살수 있게 하려는 것이며, 뒤에 남은 아내와 아이들이 안정되게 지내도록 도와주려는 것이다."

그는 사회를 위해 봉사한다는 위대한 사명감을 자신에게 각인시켜야 했다. 즉, 십자군의 전사가 되어야 했다.

그는 이런 사실들을 곰곰이 생각했다. 그리고 마음 깊이 새겼다. 일단 중요성을 인식하게 되자, 열정이 끓어올랐고, 결국 사명감을 가질 수 있게 되었다. 그러고 나니, 연설하러 나가야겠다는 자신감이 줄줄 흘러 넘쳤다. 사람들을 돕고 싶다는 강한 욕망으로, 청중에게 검소하게 살면 왜 좋은지를 납득시켰다. 더 이상 사실만으로 무장한 연사가 아니었다. 그는 가치 있는 대의를 위해 사람들을 전향시키려는 전도자가 되어 있었다.

나도 사람들에게 대중연설을 가르치는 동안, 꽤 교본에 나오는 규칙에 집착하던 때가 있었다. 낭독하는 듯이 딱딱한 연설 방법을 버리지 못한 선생들에게서 배운 버릇이 여전히 남아 있었기 때문이었다.

연설을 처음 가르쳤던 그날을 절대 잊을 수가 없다. 나는 팔을 밑으로 축 늘어뜨린 채, 손바닥이 뒤쪽을 향하는 반쯤 주먹 쥔 자세로, 엄지손가락은 다리에 붙이고 있었다. 나는 그림 같은 동작으로 팔을 들어올리고, 손목을 우아하게 돌리면서 먼저 집게손가락을 펴고, 다음으로는 가운뎃손가락을 펴며, 마지막으로는 새끼손가락을 펴야 한다는 식으로 배웠다.

미학적이고 장식적인 일련의 모든 동작은, 연기가 끝나면 다시 곡선을 그리는 동작을 되풀이해서 무릎 옆으로 붙이는 걸로 끝났다. 이 모든 동작은 뻣뻣하고 꾸며낸 티가 났다. 감각적이거나 진실한 면이라고는 전혀 없었다.

선생은 내 개인적 특성이 연설 속에 들어가도록 가르쳐주지 않았다. 역동적이면서도 살아 있는 사람이 평범하게 의견을 내놓는 것처럼 연설하라고 가르치지도 않았다.

이렇게 기계적인 훈련과는 반대되는 세 가지 중요한 규칙에 대해서도 다음에서 설명하겠다. 이 세 가지는 감동적인 연설을 연습한다는 내 전체적 원리의 기본이 된다. 그러므로 이 책을 읽는 동안 반복해서 설명하게 될 것이다. 다음에서는 이 각각의 규칙에 대해 좀더 자세히 설명하겠다.

2장
연설, 연사, 그리고 청중

Chapter 04

말할 자격 갖추기

 2장에서는 모든 연설에 적용되는 연설의 세 요소에 대해 논해보겠다.

첫째, 연설. 연설의 내용이 우리가 가진 경험의 날실과 씨실로부터 어떻게 재창조되어야 하는지에 대해 배우겠다.

둘째, 연사. 연설을 활발하게 만들 수 있는 정신과 몸, 육체의 특성에 대해 말한다.

셋째, 청중. 연설을 듣는 대상이고 연설자의 의도가 제대로 전달되었는지 아닌지를 심판하는 최후의 심판자다.

수년 전, 심리학 박사와 젊은 시절 영국 해군으로 복무했던 다소 우락부락한 남자가, 뉴욕에서 열었던 강의를 함께 들은 적이 있었다. 한 남자는 대학 교수라는 그럴듯한 직함을 갖고 있었던 반면에, 한 남자는 작은 뒷골목에서 트럭운송업을 경영하고 있었다.

그런데도 트럭운송업을 하는 남자가 하는 말이 교수의 말보다 훨씬 재미있었다. 왜일까?

교수는 아름다운 영어를 사용할 줄 알았다. 그는 문화적으로도 세련된 도시인이었다. 그의 말은 항상 논리적이고 명확했다.

그렇지만 그가 하는 말 속에는 한 가지 중요한 게 빠져있었다. 바로 구체적이지 못했다는 것이다. 그는 항상 막연하고 일반적인 얘기들만 늘어놓았다.

그는 개인적인 경험을 예로 드는 적이 한 번도 없었다. 그의 말은 논리라는 가느다란 줄로 연결된 추상적인 개념들을 열거하는 데 지나지 않았다.

반면에, 트럭운송업을 하는 남자의 말은 확실하고 구체적이었으며 생생하게 살아 있었다. 그는 매일 자신에게 일어나는 일들에 대해 얘기했다. 한 가지 소재를 말할 때면, 사업하는 과정에서 일어났던 일을 예로 들어가며 자세히 설명했다. 함께 일하는 직원들에 대해 설명해주었고 규정을 지키느라 어려운 점을 이야기했다. 박력 있고 기운찬 그의 표현은 너무나 재미있어서 듣는 사람의 귀에 쏙쏙 박혔다.

앞의 예를 든 이유는, 교수나 운송업을 하는 남자의 전형적인 모습을 들먹이기 위해서가 아니라, 말을 풍부하고 화려하게 함으로써 사람들의 주목을 끄는 힘을 설명하기 위해서다.

준비과정에서 다음의 네 가지에 주의한다면 청중에게서 확실한 주목을 받을 수 있을 것이다.

주제를 한정시켜라

일단 이야기의 소재를 찾으면, 그 범위를 정하고 엄격하게 지켜야 한다. 무궁무진한, 하고 싶은 말은 다 하겠다는 잘못된 생각은 버려야 한다.

어떤 젊은이는 2분이라는 시간 동안 'BC 500년 전의 아테네부터 한국전쟁까지'라는 주제로 연설을 하겠다고 했다. 이 얼마나 어리석은가? 그는 제한시간까지 미처 도시 이름도 다 말하지 못하고 끝냈다. 한 가지 주제에 너무 많은 얘기를 하고 싶다는 욕심 때문에 생긴 일이었다.

나는 한없이 긴 얘기를 늘어놓으려 하다가 실패한 사람을 셀 수도 없이 많이 보아왔다. 왜 그럴까? 사람들은 지루한 얘기를 들으면 정신이 산만해지기 때문이다.

만일 당신이 세계연감을 읽듯이 말한다면 얘기를 듣던 사람들은 곧 딴 생각을 하게 될 것이다. 옐로스톤 국립공원으로 놀러갔던 일과 같은 간단한 주제를 놓고 생각해보자. 사람들은 대부분 하나도 빼놓고 싶지 않다는 생각에, 공원에서 보았던 경치에 대해 이것저것 모든 것을 말하려고 한다. 그럴 경우, 듣는 사람들은 아찔한 스피드로 이곳저곳을 쭉 훑어보는 기분이 된다. 결국, 머릿속은 이름 모를 폭포와 산, 간헐온천 등으로 뒤죽박죽이 된다.

그러나 만일 야생동물이나 뜨거운 온천물 같은 특정 부분에 대해서만 얘기한다면 그 얘기는 말할 수 없이 인상적일 것이다. 그렇게 한다면 얘기를 듣는 사람들도 여유를 갖고 옐로스톤을 생생히 묘사해볼 수 있을 것이다.

판매술이라든가 빵을 만드는 일 혹은 면세품이나 탄도미사일 등 어떤 주제를 놓고 말해도 마찬가지다. 시작하기 전에 먼저 소재의 한계를 잘 가린 후, 정해진 시간에 알맞을 정도로 주제의 범위를 좁혀야 한다.

5분 미만의 짧은 연설에는 한두 가지만 얘기하는 것이 좋다. 30분 가량 되는 긴 연설도 네댓 가지 이상의 개념을 다룬다면 성공하기가 힘들다.

힘을 예비하라

표면으로 떠오르는 생각을 말하는 것이, 사실을 깊이 파고 들어가는 것보다 훨씬 전달하기 쉽다. 그렇지만 쉬운 방법만 택한다면 큰 감동을 주기 어렵다. 일단 주제의 범위를 좁힌 뒤에, 이해력을 높이고 주제에 대한 설득력을 얻기 위해 자신에게 물어보라.

"나는 왜 이렇게 믿는가? 이 일이 실제로 적용된 예를 본 적이 있는가? 내가 증명하고 싶은 것은 정확하게 무엇인가? 이 일은 어떻게 발생한 것인가?"

이런 질문을 짜내고 답을 생각하다 보면 당신은 비축된 힘을 갖게 되고, 그 힘은 듣는 사람에게도 전달되어 이야기에 집중해서 듣게 만든다.

식물교배의 귀재라 불리는 루터 버뱅크(Luther Burbank, 1849. 3. 7~1926. 4. 11 : 미국의 식물육종학자—옮긴이 주)의 말에 따르면 정말 훌륭한 식물 한두 가지를 얻기 위해서는 적어도 100만 개의 식물표본이 필요하다고 한다. 말하는 것도 마찬가지다. 주제에 대해 100여 가지의 소재를 모은 뒤에, 90가지는 추려서 버려야 한다.

"나는 항상 내가 말하려는 얘기의 10배 정도 되는 분량의 정보를 수집하려고 합니다, 어떤 때는 100배 정도를 수집할 때도 있죠."

베스트셀러인 『인사이드(*Inside*)』를 쓴 존 건터(John Gunther, 1901. 8. 3~1970. 5. 29 : 미국의 저널리스트, 작가―옮긴이 주)가 책을 쓰거나 연설하는 준비과정을 두고 한 말이다.

다음의 특이한 일화는 그의 말이 사실임을 증명한다. 1956년에 건터는 정신병원에 관한 연재기사를 쓰고 있었다. 그는 병원을 방문해서, 병원의 관리자나 환자를 돌보는 사람들 그리고 환자를 차례로 만나고 다녔다.

내 친구 중 하나가 그와 동행하면서 정보를 수집하는 일을 도와주고 있었다. 그 친구는 건터와 함께 수도 없이 병원 계단을 오르락내리락거리고, 복도를 쓸고 다녔으며, 이 빌딩 저 빌딩으로, 다음날 그 다음날도 정신 없이 돌아다녀야만 했다고 한다. 건터는 메모를 여러 권 했다. 사무실로 돌아와서는 정부와 주 당국의 보고서, 개인적으로 병원에서 수집한 자료, 그리고 위원회의 통계치를 책상 위에 잔뜩 쌓아 두었다.

친구는 내게 이렇게 말했다.

"그러더니 결국에는 겨우 짤막한 기사 네 개를 썼다네. 정말 단순하고 일화로 가득 차서 연설하기에 딱 좋은 그런 글을 말이야. 종이 위에 타이프한 글은 거의 몇 그램도 나가지 않을 것이네. 공책에 가득 찬 메모와 그밖의 조사한 다른 것들을 다 합치면 거의 10킬로그램 가까이나 나갈 텐데, 그걸로 겨우 몇 그램을 써 냈다네."

건터는 금맥을 뒤지고 다닌 셈이었다. 그러니 작은 것 하나도 소홀히 넘어갈 수가 없었던 것이다. 노련한 베테랑이면서도 작은 일에조차 온 정성을 다해 모래를 체로 거르는 작업을 통해 금가루를 얻어낸 것이다.

외과의사로 일하고 있는 내 친구가 이런 말을 했다.

"맹장을 떼어내는 방법은 10분이면 가르쳐줄 수 있네. 그렇지만 혹시 잘못되면 어떻게 해야 하는지를 가르치려면 4년이나 걸리네."

연설도 마찬가지다. 어떤 다급한 상황을 만나더라도 잘 대처할 수 있도록 준비해야 한다. 앞사람이 자기가 할 말을 미리 해버렸을 경우에는, 강조하려던 내용을 바꾸어야 한다. 연설이 끝난 뒤에 이어지는 토론에서는 예리한 질문을 하는 청중이 있을 수도 있다. 그러니 될 수 있는 한 빨리 주제를 정하는 것이 힘을 비축하기 좋다. 연설하기 하루나 이틀 전까지 미루려고 하지 말아라. 주제를 일찍 정해놓으면, 당신의 잠재의식이 당신을 도울 수도 있으므로 헤아릴 수 없을 만큼 큰 이점이 된다.

업무가 끝나고 호젓한 시간이 되면 정해놓은 주제에 대한 생각이 떠오를 것이고, 청중에게 말해주고 싶은 개념을 세밀하게 정제할 수 있다. 운전해서 집으로 돌아가는 시간이나, 버스를 기다리는 동안에, 혹은 전철을 타고 있을 때에도 여느 때처럼 멍하니 시간을 보내는 대신에 연설할 주제를 곰곰이 생각할 수 있다. 이렇게 생각을 배양하는 시기에 번득이는 통찰력이 튀어나올 수도 있다. 주제를 미리 정해놓았기 때문에, 당신의 마음이 잠재의식 속에서 주제를 철저히 연구하게 된다.

우리 시대 최고의 연사 중 한 사람이고, 자신과 정치적 견해가 다른 청중을 휘어잡는 데 일가견이 있는 노먼 토머스(Norman Thomas)는 이렇게 말했다.

연설에 중요한 의미를 불어넣으려면, 연사는 마음속으로 수없이 주제나 의도를 되새기고 함께 호흡해야 한다. 그러다 보면 주제에 관련시켜 적용할 수 있는 실례가 많다는 사실을 알고 놀랄 것이다. 거리를 걷다가, 신문을 읽거나 잠자리에 들다가, 혹은 아침에 일어나는 순간에도 자신의 이야기 속에 끼워 넣을 얘기들이 생각날 것이다. 진행 중인 주제를 깊이 생각해 보지 않고 불충분한 상태로 만족한다면, 그저 그런 연설이 될 뿐이다.

이런 과정을 거치는 동안 당신은 연설 내용을 하나하나 꼼꼼히 적고 싶은 유혹을 받을 것이다. 그러나 일단 연설을 적는 것에 맛을 들이게 되면, 적은 내용에 길들여져 더욱 발전적인 생각을 전개시켜 나가기가 어렵다.

그러니 적으려고 하지 말라. 적어서 외우는 것은 위험한 일이다. 마크 트웨인은 적어서 외우는 것에 대해서 이렇게 말했다.

적어놓은 글로는 연설을 할 수가 없다. 일단 글로 쓰면 문어체가 되기 때문에 딱딱하고 융통성이 없어서 말로 전달되었을 때 만족스러운 효과가 나오지 않는다. 어떤 사항을 지시할 목적으로 쓴 글이 아니라면, 연설의 목적은 단순히 재미있어야 하므로 유연하고 일상적으로 쓰는 말로 표현해야 하고, 일상에서 일어나는 일을 즉석에서 말해야 한다. 그렇지 않으면 청중은 지루해할 것이다.

천재적 창의력으로 제너럴 모터스를 살린 찰스 F.캐터링(Charles F. Kettering, 1876. 8. 29~1958. 11. 25 : 미국의 공학자. 전기시동기 등을 발명해 오늘날 자동차의 발전에 이바지했다—옮긴이 주)은 마음이 훈훈한 연설을 가장 잘하는 사람으로 유명하다. 연설할 때 전부 혹은 일부라도 미리 적어 본 적이 있느냐는 질문에 그는 이렇게 대답했다.

나는 해야 할 말은 종이에 받아 적어놓을 수 없을 정도로 소중하다고 믿습니다. 내 모든 것을 던져서 청중의 마음과 감정에 내 자신, 내 생각을 전달하고 싶습니다. 종이조각 따위는 나와 내 표현 사이에 끼어들 수가 없지요.

 ## 실례와 보기를 많이 들어라

루돌프 플레쉬(Rudolf Flesh)는 『읽기 쉬운 작문법(*Art of Readable Writing*)』에서 어떤 장의 문장을 이렇게 시작한다.

'읽을 맛이 나는 것은 이야기뿐이다.'

그리고 〈타임〉 지와 〈리더스 다이제스트〉를 예로 들어 설명하고 있다. 이렇게 발행부수가 높은 잡지들은 대부분 이야기하는 식으로 씌어 있고 예화도 풍부하다.

그러므로 이런 이야기들은 기사화되어 있을 때뿐 아니라 사람들 앞에서 얘기할 때도 청중의 이목을 강하게 끌게 되는 것이다.

라디오와 텔레비전으로 수백만 명에게 설교를 하는 노먼 빈센트 필(Norman Vincent Peale)은, 설교할 때 가장 좋아하는 형태의 소재가 바로 비교와 실례라고 했다. 〈쿼털리 저널 오브 스피치(Quaterly Journal of Speech)〉와의 인터뷰에서 필 목사는 "좋은 예는 개념을 명확하게 해주고 재미있을 뿐 아니라 사람들을 설득할 수 있는 가장 좋은 방법이다. 나는 한 가지 요점을 말할 때 보통 여러 개를 예로 들어서 설명한다"라고 말했다.

이 책을 읽는 독자들은 나 역시 중점 사항에 대한 이해를 돕기 위해 실례를 많이 들었다는 것을 잘 알 것이다. 내 책인 『카네기 인간관계론 : 만나는 사람마다 친구로 만들라(How to Win Friends & Inflence People)』에 나온 규칙을 추린다면 한쪽 반이면 충분하다. 그렇지만 나머지 부분은 이야기와 실례로 가득 차서 다른 사람들이 이 규칙을 얼마나 효과적으로 사용하고 있는지에 관해 가르쳐주고 있다.

실례를 소재로 이용한다는 이 중요한 규칙을 익히려면 어떻게 해야 할까? 다섯 가지 방법이 있다.

'인간미를 불어넣을 것, 인간화할 것, 구체적으로 얘기할 것, 극적으로 표현할 것, 눈에 보이듯 말할 것.'

point 1 | 인간미를 불어넣을 것

한번은 파리에 있는 미국 사업가들에게 '성공하는 법'이 무엇인지 말해보라고 했다. 대부분은 그저 야망과 인내를 가지고 열심히 일해야 한다는 내용의 추상적인 얘기로 설교를 했다.

그래서 난 토론을 중단시키고 이렇게 말했다.

"우리는 강의를 들으려고 이 자리에 모인 것이 아닙니다. 그런 얘기는 아무도 좋아하지 않습니다. 재미있게 얘기하지 않으면 무슨 말을 한다고 해도 귀 기울여 듣지 않는다는 사실을 명심하십시오. 이 세상에서 가장 재미있는 이야기는 어려움을 극복하고 잘 성공했다는 종류의 얘기입니다. 그러니 지금부터 자신이 알고 있는 두 사람에 대해 말씀하십시오. 성공한 한 사람은 왜 성공을 했고

성공하지 못한 다른 사람은 왜 실패를 했는지 말씀하셔
야 합니다. 우리는 기쁘게 듣는 가운데 좋은 교훈을 얻을
것입니다."

이런 경우 늘, 자신이나 듣는 사람이 재미있어 할 만한
이야기를 찾는 게 어렵다고 생각하는 사람들이 있게 마
련이다. 그러나 그날 밤에는, 내 얘기를 알아들은 어떤
사람이, 자신의 대학 동창생 두 사람의 얘기를 시작했다.

그의 두 친구 중 한 친구는 굉장히 절약하면서 살았다
고 한다. 셔츠를 살 때면 항상 서로 다른 가게에서 산 뒤,
어떤 옷이 가장 때가 잘 빠지는지, 어떤 옷이 가장 질긴
지를 검사해서, 투자한 돈에 비해 가장 좋은 옷은 어떤
것인지 표를 만들어 두었다. 그 친구는 그렇게 항상 자잘
한 돈에 신경을 쓰면서 살았다. 어쨌든 졸업할 무렵이 되
자, 공과대학에 다니고 있었던 그는 자신의 능력을 과대
평가한 나머지 다른 졸업생들처럼 밑에서부터 일을 시작
하려고 하지 않았다. 졸업 후 3년째 되던 동창회 날도,
그 친구는 여전히 셔츠에 대한 세탁표를 만들면서, 특별
나게 좋은 일자리가 들어오기를 기다리고 있었다.

그러나 그런 일은 일어나지 않았다. 그로부터 4반세기
가 지날 때까지, 이 친구는 불만족스럽고 못마땅한 모습

으로 별 볼일 없는 일에서 벗어나지 못하고 있었다.

다음으로 연사는, 실패한 동창 얘기와는 반대로 기대보다 훨씬 성공한 친구의 얘기를 했다. 그 친구는 특히 사교성이 좋았다. 다들 그를 좋아했다. 그 친구는 크게 성공하고 싶다는 야망을 품고 있었지만, 맨 처음 시작은 제도공에서부터 했다. 그러나 그는 항상 기회를 엿보고 있었다. 때마침 뉴욕 세계박람회가 열리게 되었다.

그 친구는 뉴욕에서는 엔지니어링 기술이 꼭 필요하리라고 생각하고, 필라델피아에서 하던 일을 접은 뒤 뉴욕으로 갔다. 그러고는 동업자를 만들고 즉각 계약 일을 따냈다. 그 친구의 팀은 전화회사 공사를 많이 한 뒤에, 마침내 높은 보수를 보장받고 그 회사로 들어갔다.

여기까지가 그 사람이 말한 내용을 개략적으로 간추린 것이다. 그는 구미가 당기는 실례도 많이 들어가며 얘기를 재미있게 이끌어 나갔다. 보통은 3분을 채우기도 힘들었던 그가 어찌나 술술 말을 잘하던지 결국 10분이나 연설을 하고는 자신도 놀랐다. 듣는 사람 역시 그의 얘기에 빠져들었기 때문에 끝나는 게 아쉬운 눈치였다. 그는 처음으로 진정한 승리를 경험한 것이었다.

대부분의 사람들이 이런 행운을 누릴 수 있다. 평범한

연설이라도 인간적인 관심을 끌 만한 이야기를 많이 담고 있으면 훨씬 재미있어진다. 연사는 꼭 필요한 이야기만 추려서 말해야 하고, 그것도 확고한 사실을 바탕으로 한 실례를 들어야 한다. 그런 연설은 실패할 확률이 아주 적다.

물론, 인간적인 관심을 끌 만한 풍성한 이야깃거리는 개인적 배경에서 나온다. 개인적인 얘기를 해서 안 될 이유는 어디에도 없다. 청중이 연사의 개인적인 이야기를 싫어 하는 경우는 단 한 가지, 연사가 이기적인 모습으로 공격하듯 자기 얘기를 할 때이다. 그 외에는 청중들 모두 연사가 털어놓는 개인적인 이야기를 굉장히 재미있어 한다. 그것이 바로 주의를 끌 수 있는 가장 확실한 방법이다. 절대 놓치지 마라.

point 2 | 이름을 사용해서 이야기를 인간화하라

다른 사람과 관련된 얘기를 할 때에는, 가능한 한 그들의 이름을 말하라. 혹 그들의 이름을 밝히고 싶지 않다면 가명이라도 써라. 흔해 빠진 이름이라도 '스미스 씨'라든가 '조 브라운'이라고 하는 것이 '이 남자'라든가 '어떤 사람'이라는 식으로 말하는 것보다 훨씬 낫다. 호칭을 쓰면 구별이 쉽고 개성이 뚜렷해진다. 루돌프 플레쉬 (Rudolf Flesch)는 이렇게 말했다.

"이름보다 이야기를 더 사실적으로 만드는 것은 없다. 익명으로 하는 것만큼 현실성이 없는 것도 없다. 주인공의 이름이 없는 소설을 상상해보라."

연설하는 동안 이름과 개인적인 호칭이 자주 나온다면 사람들이 귀를 쫑긋거리고 들을 것이다. 연설 속에 인간적인 호기심이라는 귀중한 성분이 추가되기 때문이다.

point 3 | 상세하게 말하라 ― 연설을 자세한 묘사로 가득 채워라

당신은 이 시점에서 이렇게 말할 수도 있을 것이다.

"다 좋습니다. 그렇지만 예를 구체적으로 충분하게 들었다는 것을 어떻게 확신할 수 있습니까?"

여기 한 가지 검증 방법이 있다. 기자들이 새로운 기사를 쓸 때 따르는 5W원칙을 이용하라.

'언제, 어디서, 누가, 무엇을, 왜' 했는가에 대한 답을 하라. 당신의 예문이 이 공식을 따른다면 생생하고 화려한 표현이 될 것이다. 이 법칙에 관해 한 가지 일화를 예로 들어 설명해보겠다. 〈리더스 다이제스트〉에 내가 썼던 기사다.

대학을 졸업한 뒤, 나는 2년 동안 '아모르 앤 컴퍼니'의 세일즈맨으로 사우스다코타를 순회하고 다녔다. 나는 화물열차를 타고 다니며 내 구역을 관리했다.

어느 날 남쪽으로 가는 기차를 기다리느라 2시간 동안 레드필드에 머물러야 한 적이 있었다. 레드필드는 내 구역이 아니었기 때문에 물건을 팔 수도 없었다. 난 1년 내로 뉴욕에 있는 '연극학교(American Academy of Dramatic)'에 가기로 되어 있었기 때문에, 자투리 시간 동안 말하는 연습을 하기로 마음먹었다. 기차에서 내려 '맥베스'의 한 장면을 연습하기 시작했다. 한 손을 쭉 내밀고, 자못 극적으로 소리쳤다.

"아, 이 앞에 보이는 것이 내 단검인가? 칼자루가 나를 향하고 있군. 이리 오라. 나로 하여금 잡게 해 다오. 잡히지 않지만, 여전히 눈에 보이는구나."

나는 경찰관이 넷이나 달려와서 나를 덮치고 왜 여자를 겁주느냐고 물어볼 때까지 연습에 푹 빠져 있었다. 나보고 왜 열차강도짓을 했냐고 물었다 해도 나는 그렇게 놀라지는 않았을 것이다.

경찰은 나에게 어떤 아주머니가 약 90미터 밖에서 부엌 커튼 사이로 내가 떠드는 모습을 보았다고 말했다. 난생 처음 보는 해괴한 광경이었나 보다. 아주머니는 경찰을 불렀고, 다가오던 경찰은 내가 단검 어쩌고 소리치는 것을 들은 것이다.

나는 '셰익스피어를 연습하고 있었다'고 말했다. 그렇지만 회사에서 가져온 주문 대장을 보여줄 때까지 풀려날 수가 없었다.

이 일화가 어떻게 5W원칙에 따라 씌어 있는지 생각해보라.

물론, 너무 자세하게 말하는 것은 안 하느니만 못할 수도 있다. 누구나 다들 허무맹랑하게도 주제와 맞지 않는 얘기를 끝도 없이 늘어놓는 사람을 보고 질린 경험이 있을 것이다.

내가 사우스다코타에서 거의 체포될 뻔했던 사건이 5W원칙에 따라 어떤 식으로 간결하고 짤막하게 써 있는가를 생각해보라.

연설하는 동안 너무 시시콜콜한 얘기들로 듣는 사람을 정신 사납게 만들면, 그들은 연설에 몰두하는 대신에 당신의 말이 마음속에 들어오지 못하도록 밀어낼 것이다. 무관심보다 더 심한 검열은 없다.

인간관계 법칙 중 한 가지를 적용해서 화가 난 고객을 진정시킨 이야기를 예로 든다고 가정해보자. 이렇게 시작하기가 쉽다.

"지난번에 한 남자가 내 사무실로 들어왔습니다. 남자는 우리가 일주일 전에 그에게 판 가전제품이 제대로 작동하지 않아 무척 화가 난 상태였습니다. 난 그에게 최선을 다해서 상황을 개선할 테니 자리에 앉으라고 말했습니다. 그 남자는 한참 만에야 우리가 일을 제대로 처리할 생각이라는 것을 알아듣고 마음을 누그러뜨렸습니다."

이 일화는 그래도 한 가지 특징이 있다. 꽤 구체적이라는 것이다. 그렇지만 이름과 자세한 묘사가 빠졌으며 무엇보다도 이 상황을 생생하게 만들 수 있는 사실적인 대화가 빠져 있다. 여기 한 단계 차원을 높인 예문이 있다.

지난 화요일에, 누군가 사무실 문을 요란하게 열어젖히기에 올려다 보니 제 단골 손님인 찰스 블랙삼이 잔뜩 화가 난 모습으로 들어오고 있더군요. 그에게 의자에 앉으라고 권할 틈도 없었습니다. 그가 소리쳤습니다.

"에드, 더 이상 못 참겠네. 지금 당장 트럭을 보내서 내

집 지하실에서 그놈의 세탁기를 실어 가게."

저는 대체 무슨 일이냐고 물었습니다. 내 말이 떨어지기가 무섭게 찰스가 소리쳤습니다.

"대체 들어먹어야 말이지! 세탁기에 옷이 걸려서 엉망이 됐어. 집사람은 아주 넌더리를 내고 있다고."

저는 그에게 자리에 앉아서 좀 자세하게 얘기해달라고 했습니다.

"지금 앉을 시간 없네. 출근해야 하는데 늦었어. 내 무슨 일이 있어도 다시는 여기 와서 가전제품을 사지 않겠네. 두고 보라고, 다신 안 올 테니까 말이야."

사내가 주먹으로 책상을 쾅 하고 내리치는 바람에 제 아내 사진이 엎어졌습니다.

"이보게, 찰리. 자네가 자리에 앉아서 차분하게 얘기해준다면, 자네가 하라는 대로 뭐든 다 해주겠다고 약속하네."

그제야 찰리는 자리에 앉아서 차분하게 얘기를 꺼내기 시작했습니다.

연설 속에 대화를 집어넣는 것이 언제나 가능한 것은 아니지만, 위에 있는 예를 통해 대화를 직접적으로 인용하는 것이 사실을 훨씬 더 극적으로 묘사할 수 있다는 것을 알았을 것이다. 만일 연설자가 성대모사라도 한다면, 대화는 훨씬 더 효과적으로 들릴 것이고 진짜 일상을 대하는 것 같은 느낌을 줄 것이다.

마치 저녁 식탁 너머로 마주앉은 사람과 얘기하는 것 같은 기분이 들어, 학술회장에서 종이를 보고 읽거나 웅변가들이 마이크에 대고 잘난 체하며 연설하는 것 같지 않을 것이다.

point 5 | 실제 몸으로 보여주면서 설명하라

심리학자들은 우리가 가진 지식의 85퍼센트 이상은 시각적 효과에서 나온다고 말한다. 물론 이것은 텔레비전이 대중 매체로뿐 아니라 광고를 전달하는 데도 막대한 영향을 주기 때문이기도 하다.

대중연설도 청각 예술일 뿐만 아니라 시각적이라고 할 수 있다.

시각적 효과를 집어넣어서 연설의 질을 높일 수 있다. 당신이 골프채 휘두르는 법을 몇 시간이고 설명한다 해도 보는 사람은 지루하기만 할 것이다. 그렇지만 일어서서 페어웨이에 떨어져 있는 공을 칠 때의 동작을 직접 해

보인다면, 보는 사람은 눈을 크게 뜨고 귀를 쫑긋거리며 들을 것이다. 마찬가지로 비행기가 비정상적으로 운행하고 있는 것을 보았을 때를, 팔과 어깨를 들썩이며 설명한다면 듣는 사람은 훨씬 더 집중해서 당신이 어떤 결론을 말하는지 몹시 기다릴 것이다.

한 공장 노동자에게 들었던 연설은 생생한 묘사의 최고결정판으로 기억된다. 연사는 사람 좋은 입심으로 검사관과 능률감독관을 잔뜩 꼬집었다. 손짓과 온몸으로 익살을 떨며 높으신 양반들이 고장난 기계를 검사하는 모습을 흉내낼 때에는, 텔레비전에서 나오는 재미있는 장면보다 훨씬 더 유쾌했다.

무엇보다 시각적 묘사 때문에 그의 연설은 오래도록 기억에 남았다. 내가 영원히 그 장면을 잊지 못하는 것은 물론이고, 다른 사람들도 두고두고 그때의 일을 얘기할 것이라 믿는다.

스스로에게 "내 연설 속에 어떻게 시각적인 묘사를 집어넣을 수 있을까" 하고 물어보는 것은 좋은 방법이다. 그러고는 실례를 넣는 작업을 진행하면 된다. 중국의 옛속담에, '그림 한 장은 만 마디 말보다 가치 있다'는 말이 있다.

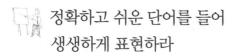 ## 정확하고 쉬운 단어를 들어
생생하게 표현하라

청중의 주의를 끌고 유지하는 것이, 모든 연사들의 첫 번째 목적이다. 여기에 도움이 될 만한 한 가지 아주 중요한 기술이 있다. 그런데도 이 기술은 자칫 소홀히 넘기기 일쑤다. 대부분의 연사들은 그런 게 있는지도 모르는 것 같다. 아마도 의식적으로 생각해본 적도 없을 것이다. 그것은 바로, 말을 이용해 그림을 그리는 과정이라고 표현할 수 있다.

알아듣기 쉽게 말하는 연사는, 청중의 눈앞에 영상이 떠다니도록 하는 사람이라고 할 수 있다. 막연하고 케케묵은 말로 애매한 상징만 던지는 연사는 곧 청중을 꾸벅거리게 만들 것이다.

말로 묘사하라. 여실히 서술하라. 생생하게 표현하라. 그것은 우리가 숨쉬는 공기처럼 공짜다. 당신의 연설 속에, 대화 속에 맘껏 뿜어내라. 그러면 훨씬 더 재미있고 큰 영향력을 나타낼 것이다.

하버트 스펜서(Herbert Spencer, 1820. 4. 27~1903. 12. 8 : 영국의 사회학자, 철학자―옮긴이 주)는, 그의

유명한 수필 '문체의 원리(Philosophy of Style)'에서 이미 오래 전에 선명한 그림을 그리게 하는 말의 탁월함을 지적하고 있다.

우리는 일반적인 것이 아니라 특별한 경우를 생각한다.

다음과 같은 문장은 쓰지 않는 것이 좋다.

"한 종족이 풍속과 관습 그리고 무자비하고 잔인한 것을 즐길 때, 항용적으로 그 형법전은 가혹할 것이다!"

이 대신에, 우리는 이렇게 써야 한다.

"남자들이 전쟁이나 황소싸움 그리고 검투사들의 전투를 즐기는 걸 보면, 그들은 교수형이나 화형이나 고문으로 형벌을 가했을 것이다."

그림이 그려지는 문구는 성경과 셰익스피어의 책에서 사과주스 기계 주변에 꼬인 벌처럼 많이 찾아볼 수 있다. 예를 들어, 평범한 작가는 완전한 것을 더욱 향상시킨다'는 표현을 하기 위해 '과잉'이라는 단어를 사용할 것이다. 그러나 셰익스피어라면 똑같은 내용을 어떻게 표현했을까? 그는 그림 같은 묘사로 영원히 기억에 남게 표현했다.

"정제된 금에 도금을 하고, 백합에 덧칠을 하는 것과 같으며, 제비꽃에 향료를……."

여러 세대를 거치면서 전해 내려온 속담은 거의 대부분 시각적인 표현을 하고 있다는 사실을 아는가?

"수중의 새 한 마리는 숲 속의 새 두 마리 가치가 있다."

"비가 오기만 하면 퍼붓는다."

"말을 물가로 데려가기는 쉽지만 물을 먹이기는 어렵다."

또한 수세기를 거치면서 너무 많이 써서 진부한 것 같은 직유적인 표현들도 대부분 그림과 같은 요소가 들어 있다.

"여우처럼 교활하다."

"문에 박은 못처럼 완전히 끝났다."

"빈대떡처럼 납작하다."

"바위처럼 단단하다."

링컨도 늘 시각적인 술어를 써서 말했다. 그는 백악관의 집무실 책상에 올라오는 길고 복잡한 정부 보고서에 짜증이 나자, 서류를 물리치면서 무미건조한 문장을 사용하는 대신, 쉽게 잊을 수 없는 그림처럼 생생한 문장을 써서 자신의 마음을 표현했다.

말을 사러 사람을 보낼 때에는, 말의 꼬리에 털이 몇 개인지 알고 싶은 게 아니라, 말의 사지가 어떤지가 궁금하다.

명확하고 뚜렷한 그림을 그리는 능력을 길러라. 지는 태양을 등지고 선 수사슴의 옆모습처럼 뚜렷하고 분명한 그림을 머릿속에 묘사하라.

예를 들어 '개'라는 단어를 떠올리면 스패니얼이나, 스코틀랜드 산 테리어나 세인트 버나드, 혹은 포메라니안 등의 모습이 떠오르긴 한다.

하지만 연사가 '불도그'라고 말하면 그림의 폭이 많이 줄어서 그보다 구체적인 그림이 머릿속에 떠오른다는 사실을 명심하라.

'얼룩이 불도그'라고 한다면 훨씬 더 명쾌한 그림이 떠오르지 않을까? '말 한 마리'라고 하는 것보다 '셰틀랜드 산 검은 조랑말 한 마리'라고 말하면 훨씬 더 선명하지 않은가? '암팡지고 싸움을 좋아하며 한쪽 다리가 부러진 하얀 수탉'이라고 말하면 단순히 '닭'이라고 말하는 것보다 훨씬 더 구체적이고 선명한 그림이 그려지지 않겠는가?

『문체의 구성(*Elements of Style*)』에서 윌리엄 스트렁크 주니어(William Strunk, Jr.)는 이렇게 말했다.

글 쓰기를 공부한 사람은 공통적인 특징이 있다. 바로 정밀하고 명확하며 구체적인 묘사를 통해 독자의 관심을 불러일으키고 유지시킬 줄 안다는 것이다. 대문호인 호머와 단테, 셰익스피어가 큰 감동을 주는 이유는, 그들이 내용을 상세하게 다루고 세밀한 부분을 말하기 때문이다. 그들의 문장은 그림을 떠올리게 한다.

이 점은 말하기에도 똑같이 적용될 수 있다.

수년 전에 효과적인 말하기 교육의 한 과정을 사실적인 묘사를 검증하는 데 배정한 석이 있다. 연사는 모든 문장에 사실이나 고유명사, 모양 혹은 날짜를 집어넣어야 한다는 규칙을 만든 것이다. 결과는 혁명적이었다.

강의를 들은 사람들은 누군가 일반적인 말을 하면 지적하는 게임을 했다. 그들이 청중의 머리 위로 떠다니는 뜬구름처럼 모호한 말이 아니라, 거리에서 마주친 남자에게서 듣는 것같이 시원시원하고 활기찬 말을 쓰기까지는 그리 오래 걸리지 않았다.

추상적인 문체는 어떤 경우에도 좋지 않다. 문장은 돌과 쇠붙이, 의자와 테이블, 동물과 남자 그리고 여자로 풍성하게 채워야 한다.

프랑스 철학자인 알랭(Alain)이 한 말이다.

이것은 일상의 대화에서도 마찬가지다. 이 장에서 말하는 세밀하게 묘사하기에 대한 내용은 일반적인 대화에도 적용시킬 수 있다. 대화를 감칠맛 나게 하는 것은 생생한 묘사다.

스스로 효과적으로 대화를 이끌 수 있는 말 잘하는 사람이 되고 싶다면, 내가 충고하는 대로 잘 따라 하라. 세일즈맨 또한 현장에서 판매 전략으로 묘사를 적용시킬 때 마술같이 놀라운 결과를 볼 수 있을 것이다.

관리직이나, 가정주부 그리고 교사도 마찬가지다. 지침을 내리거나 학생들을 가르칠 때에 구체적이고 사실적인 묘사를 사용하면 크게 향상된 결과를 얻고 만족할 수 있을 것이다.

Chapter 05

말에 생기를 불어넣기

1차 세계대전 직후, 나는 런던에서 로웰 토머스(Lowell Thomas)와 함께 일하고 있었다. 토머스는 청중이 꽉 찬 강연장에서 알렌비와 아라비아의 로렌스에 대해 멋지게 연속 강연을 하고 있었다.

어느 일요일, 하이드파크를 산책하던 중 마블아치 입구 쪽에서 그야말로 다양한 피부색만큼 다양한 정치적 신념이나 종교를 두고, 법에 저촉되지 않는 가운데 자신들의 주장을 맘껏 펼치는 사람들을 보게 되었다.

나는 잠시 교황에 대한 절대지지를 보내는 가톨릭 신자의 연설에 귀를 기울인 뒤, 구경꾼들이 서 있는 다른 무리로 가서 칼 마르크스에 대해 연설하고 있는 사회주의자의 말을 들어보았다. 그런 다음 세 번째 연사가 말하고 있는 곳으로 자리를 옮겼다. 그는 남자가 네 명의 아내를 거느리는 것이 왜 정당하고 바람직한 일인지를 설명하고 있었다.

그런데 아주 이상한 일이 있었다. 일부다처제를 말하는 사내의 주위에는 구경하는 사람들이 거의 없었다! 고작 손에 꼽을 정도의 사람만 듣고 있었다. 시간이 지날수록 다른 두 연사의 주위에는 점점 더 많은 사람들이 모여들고 있었다. 나는 왜 그럴까 하고 내 자신에게 물어보았다. 주제가 다르기 때문일까? 그건 아니었다. 답은 연사들의 모습에서 찾을 수 있었다. 아내를 네 명 취하는 게 좋다고 말하는 사내는 그 자신이 아내를 넷 거느린다는 사실에 별다른 생각이 없는 것 같았다.

그렇지만 다른 두 명의 연사는 그와는 거의 극적일 정도로 다르게 말하고 있었는데, 온통 자신들이 말하는 주제에 도취되어 있었다. 그들은 생기 있는 목소리로 온 마음으로 연설을 하고 있었다. 팔도 열정적으로 움직였다. 목소리는 확신에 차서 쩌렁쩌렁 울렸다. 그들의 중심에서부터 뜨거운 생명력이 뿜어 나오고 있었다.

활기와 생명력과 열정이야말로 연설에서 최고로 중요한 요소다. 사람들은 마치 가을 밀밭에 야생 칠면조 떼가 모이듯 열정적인 연사의 곁으로 모이게 마련이다.

어떻게 하면 이토록 청중의 주의를 잡아끄는 생명력 넘치는 연설을 할 수 있을까? 이제 연설에 열정과 흥분을 불어넣는 세 가지 최고의 방법을 알아보자.

자신이 솔직하게 말할 수 있는 주제를 선택하라

앞에서는 주제를 충분히 느껴야 하는 이유에 대해 강조했다. 연설하기로 한 주제의 내용에 정서적으로 공감하지 않으면, 듣는 청중도 당신의 의도를 믿지 않을 것이다. 오랜 경험을 바탕으로 한 경험이나 여가활동, 개인적으로 관계 있는 일을 깊이 생각한 것 등(예를 들어 지역사회에 더 좋은 학교를 세워야 하는 이유 같은 것들)은 분명 주제로 정하게 되면 들뜨게 마련이다. 그러므로 당연히 흥분해서 연설하게 된다.

20년도 더 전에, 뉴욕에서 있었던 내 강의에서 한 연설자가 어찌나 열정적으로 설득을 했던지 아직도 생생하게 기억에 남아 있다. 마음을 움직이는 연설은 수없이 들어온 터였지만, 일명 '새포아풀과 히커리 나무의 재 사건'

에 관한 연설은 열정이 상식마저 능가해버린 대표적인
예이다.

뉴욕에 있는 가장 유명한 판매회사에서 뛰어난 세일즈
실력을 보이고 있던 한 남자가 강의에 들어와서는 씨나
뿌리가 없이도 풀을 자라게 할 수 있다는 터무니없는 주
장을 했다. 그의 말에 따르면, 그는 히커리 나무(북미산
의 호두나무 비슷한 나무의 총칭 — 옮긴이 주)를 태운 재
를 새로 갈아놓은 땅에 뿌렸단다. 그랬더니 순식간에 새
포아풀이 움트기 시작했다는 것이다! 그는 새포아풀이
움튼 것은 오직 히커리 나무의 재 때문이라며, 히커리 나
무 재의 효과를 굳게 믿고 있었다.

나는 조용히 그의 주장을 반박했다. 만일 그게 사실이
라면 새포아풀 씨는 값이 꽤 나갔기 때문에 그는 백만장
자가 될 것이다. 또한 그는 온 역사를 통틀어 가장 뛰어
난 과학자가 될 것이라고 말했다. 게다가 고금을 막론하
고, 어떤 사람도 그가 주장하는 것처럼 그런 일을 한 사
람은 없었다고 말해주었다. 죽어서 생명력이 없는 물질
에서 새 생명을 만들어낸 사람은 단 한 명도 없었다.

나는 그가 너무 뻔하고 어리석은 주장을 하고 있다고
느꼈기 때문에 별달리 침을 튀기며 반박할 필요도 없이

차분한 목소리로 말했다. 내 말이 끝나자 강의실에 있던 다른 사람들도 그의 주장이 말도 안 된다고 고개를 끄덕이며 동의했다. 그렇지만 그는 사람들의 반응에는 조금도 신경 쓰지 않았다. 벌떡 일어나더니 자신이 쓸데없는 말을 하는 것이 아니라며 진지한 태도로 자신의 주장을 굽히지 않았다. 그는 내 의견에 반박을 하면서도 이론을 들먹이기보다는 개인적 경험을 들어 설명했다.

그는 자신이 말하는 바를 잘 알고 있었다. 말을 계속할수록 처음의 주장을 더욱 상세하게 말하고, 부가설명을 덧붙였으며, 추가적인 증거를 들이밀었다. 그의 음성에는 진실과 성실함이 담겨 있었다.

나는 다시 그에게, 세상에서 그의 말이 진실일 가능성은 없으며 생길 법하지도 않은 일이라고 단호히 말했다. 그는 또다시 즉각 일어서더니, 미국 농무부에 확인하자며 5달러를 걸며 내기를 제안했다.

그리고 어떤 일이 벌어졌겠는가? 강의실에 있던 사람들이 그의 쪽으로 많이 기울어 있었다. 기울지 않은 나머지 사람들도 웅성웅성댔다. 만일 투표를 했더라면 반 수 이상이 내 편이 아니었을 것이다.

나는 사람들에게 최초의 입장에서 흔들리게 된 이유가

뭐냐고 물어보았다. 한 사람씩 차례로 말하길, 연사의 진지함과 그의 믿음 그리고 강력하게 주장하는 태도 등이 일반 상식을 부정하게 만들었다고 했다.

어쨌든 많은 사람들이 그의 말을 믿는 것 같았으므로 나는 부끄러움을 무릅쓰고 농무부에 편지를 써서 말도 안 되는 질문을 해야만 했다. 답장에는 히커리 나무 재에서는 새포아풀을 비롯한 그 어떤 살아 있는 생물도 나올 수가 없고, 덧붙여 나와 같은 질문을 한 사람이 또 있었다고 적혀 있었다. 자신의 말을 확신하던 그 세일즈맨도 편지를 보냈던 것이다!

이 사건은 절대 잊을 수 없는 교훈을 내게 주었다. 진실하게 믿으며 열정적인 모습으로 말한다면, 연사는 자신의 주장에 대한 지지자를 얻을 수 있다. 심지어 먼지와 재 속에서 새포아풀을 만들어낼 수 있다고 해도 말이다. 그러니 상식과 진실에 기반을 두고 의견을 나열한다면 얼마나 더 큰 확신을 얻어낼 수 있겠는가!

대부분의 연사들은 자신이 고른 주제가 청중의 관심을 끌 수 있을지 걱정한다. 확실히 관심을 끌게 하는 방법이 딱 한 가지 있다. 주제에 대한 자신의 열정에 불을 당긴다면 청중의 관심을 끄는 데 아무 어려움이 없을 것이다.

수년 전 볼티모어의 지부에서, 한 남자가 현재 방식대로 계속 체사피크 만(Chesapeke Bay)의 쏨뱅이를 잡는다면 멸종할 것이라고 경고하는 연설을 했다. 그것도 몇 년 내로 말이다! 그는 자신의 주제를 진심으로 느끼고 있었다. 그 점이 무엇보다 중요하다. 그는 자신의 연설에 대해 진심으로 성실했던 것이다. 연설 내용과 그의 태도를 보면 알 수 있는 일이었다.

나는 그가 연설을 시작했을 때, 체사피크 만에 쏨뱅이라는 물고기가 있다는 사실도 몰랐었다.

상당수의 청중도 나만큼이나 몰랐을 테고 별 관심도 없었으리라 생각했다.

그렇지만 연사가 말을 마칠 때쯤, 우리 모두는 쏨뱅이를 보호하기 위한 법을 만들도록 입법부에 탄원서를 내는 데 기꺼이 서명하겠다고 결심했다.

이탈리아 주재 전 미국대사였던 리처드 와쉬번 차일드(Richar Washburn Child)는 인기 있는 작가가 된 성공비결을 묻는 질문에 이렇게 답했다.

인생이 너무나 멋지기 때문에 잠자코 앉아 있을 수가 없었습니다. 인생에 대해 사람들에게 말해줘야만 합니다.

이런 연사나 작가에게 마음을 뺏기지 않을 사람이 어디 있겠는가.

한번은 런던으로 연설을 들으러 간 일이 있다. 연사가 연설을 끝내자, 청중이었던 E. F. 벤슨(E. F. Benson)이라는 유명한 영국 소설가가 말하기를 자신은 첫 부분보다 마지막 부분이 훨씬 재미있었다고 말했다. 내가 왜 그러냐고 묻자, 그는 이렇게 대답했다.

"연사 자신도 마지막 부분을 더욱 재미있어 하는 것 같았소. 난 언제나 연사가 열정과 흥취를 가지고 말하는 게 좋습니다."

주제를 잘 선택해야 하는 게 중요하다는 점을 뒷받침할 만한 또 다른 예가 있다.

플린(Flynn)이라는 한 신사가 워싱턴 시에서 있었던 우리 강의에 참석한 일이 있었다. 강의를 받던 어느 날 저녁, 그는 미국의 수도에 대해 연설하기로 했다. 그는 급한 대로 지역 신문에서 나온 팸플릿을 보고 피상적인 사실을 수집했다. 그의 연설은 맹맹하고 일관성이 없었으며 겉돌았다. 워싱턴에서 여러 해 살았음에도 불구하고 그는 왜 그 도시를 좋아하는지 이렇다 할 개인적인 예를 한 가지도 말하지 못했다. 그저 단조로운 사실을 줄줄이 낭독했기 때문에 말하는 사람이 고통스러운 만큼이나 자리에 앉아 있는 사람도 듣기가 거북했다.

14일 후, 한 사건이 일어나면서 플린 씨는 완전히 달라졌다. 그가 새로 산 차를 거리에 세워놓았었는데 어떤 사람이 차를 들이받고는 그대로 도망가버렸다는 것이다. 보험을 청구할 길이 없는 플린 씨는 결국 자신이 수리비용을 내야만 했다. 바로 이 경험이 그의 가슴속으로 뜨겁게 헤집고 들어온 것이다. 그는 워싱턴 시에 대해 말하면서 어렵사리 한 문장 한 문장씩 쥐어 짜내느라 자신은 물론이고 듣는 사람까지 괴롭게 했던 사람이었다. 그런 그가 자신이 경험한 일에 대해 얘기하게 되자 화산이 용암을 뿜어내듯 말이 술술 터져 나왔다. 전에 두 주 동안 플린 씨가 연설할 때면 의자에서 몸부림치던 사람들은 가슴에서 우러나는 갈채로 그에게 경의를 표했다.

내가 반복해서 지적했듯이 자신과 알맞은 주제를 선택한다면 성공할 수밖에 없다. 확신을 갖고 있는 내용을 주제로 택한다면 틀림없다.

당신은 분명 인생의 어떤 단면에 대해 강한 믿음을 가지고 있을 것이다. 이런 주제를 멀고 넓은 곳에서만 찾으려 할 필요는 없다. 당신은 이따금씩 그것에 대해 생각할 것이므로 그 주제는 보통 의식의 표면에 놓여 있을 것이다.

얼마 전, 사형제도에 대한 입법부의 청문회가 텔레비전으로 방영되었다. 그 쟁점을 두고 많은 증인이 나와 양측으로 갈라져 자신의 의견을 주장했다.

그 중의 한 사람은 로스앤젤레스 시의 경찰국에서 나온 형사로, 명백하게 자신의 주장을 펼쳤다. 그는 동료 형사가 11명이나 범죄자들이 쏜 총에 맞아 목숨을 잃었다는 사실에 기초해서 자신의 신념을 강하게 펼쳐 보였다. 그는 마음 깊은 곳에서부터 자신의 대의를 정당하다고 믿는 한 사람으로서 성실하게 자신의 주장을 말했다.

역사적으로 청중의 심금을 울렸던 웅변은 모두 웅변가가 주제에 대해 확신을 가지고 깊이 느꼈을 때 만들어져 나왔다. 진실은 믿음에서 나오는 것이고, 믿음은 무엇을 말할까를 놓고 냉철하게 생각하는 것만큼이나 자신의 연설 내용에 뜨거운 감정을 느끼게 한다. "마음은 이성이 모르는 이유를 알고 있다"라는 파스칼의 격언이 일상생활에서 진실로 증명되는 경우를 우리는 자주 보게 된다.

보스턴의 한 변호사는 수려한 외모와 유창한 말솜씨를 가지고 있었지만 그의 연설을 들은 사람들은 모두 입만

나불거리는 놈이라며 그를 비아냥거렸다. 그는 겉돌기만 하는 연설을 했다. 왜냐하면 그의 유들거리는 언변 뒤에는 어떤 깊은 감정도 담겨 있지 않았던 것이다. 같은 강의실에 보험설계사 일을 하는 사람이 있었는데, 자그마한 체구에 그다지 호감이 가는 얼굴도 아니었고 가끔씩 말을 더듬거리기까지 했다. 하지만 그의 말을 듣고 있노라면 그의 진심어린 마음이 전해지는 것 같았다.

링컨 대통령이 워싱턴 시의 포드 극장 특별석에 앉아 암살을 당한 지 백 년도 더 지났지만, 그의 진실한 삶과 진실한 연설은 아직도 우리 가슴속에 살아 있다. 법 지식에 관해서만 생각하자면, 그 시대에 살던 사람들 중에 링컨보다 뛰어난 사람은 아주 많았다.

링컨은 품위가 있거나 세련되지도 못했으며 달변가도 아니었다. 그렇지만 게티즈버그나 쿠러유니온과 국회의 사당의 계단에서 그가 했던 정직하고 진실한 연설은 미국 역사상 가장 훌륭한 것으로 기억되고 있다.

다른 사람들처럼 당신도, 자신에게는 그다지 큰 확신이나 호기심거리가 없다고 말할지도 모르겠다. 그런 얘기를 들을 때마다 나는 좀 놀라며 열심히 흥밋거리를 찾아보라고 권한다.

"예를 들면 어떤 거요?"

상대가 묻는다. 난 절망적인 심정으로 말한다.

"비둘기라도요."

"비둘기라고요?"

그 사람은 어리둥절해서 묻는다. 나는 이렇게 대답해 준다.

"그래요, 비둘기요. 광장으로 나가서 비둘기를 살펴보고, 먹이도 좀 줘보세요. 도서관에 가서 관련된 책도 찾아보고 말입니다. 그리고 다시 와서 얘기를 해보십시오."

다시 만났을 때 어느새 그는 비둘기 애호가가 되어 비둘기에 관해 열정적으로 말하고 있었다. 비둘기에 관한 책을 40권이나 읽었다며 하나하나 예를 들며 말하는 그를 간신히 말려야 했다. 그는 내가 만났던 사람 중에 가장 재미있게 얘기하는 사람이 되었다.

자신이 보기에 꽤 좋은 이야깃거리라고 생각하는 것이 있거든 배우고 또 배우라는 충고를 하고 싶다. 대상에 대해 알게 될수록 더욱 진지해지고 열정적으로 흥분하게 될 것이다. 『판매의 다섯 가지 위대한 규칙(*Five Great Rules of Selling*)』의 저자인 퍼시 H. 화이팅(Percy H. Whiting)은, 세일즈맨은 팔고자 하는 물건에 대해 끊임없이 배워야 한다고 말한다. 화이팅 씨가 말했듯이.

"좋은 물건에 대해 많이 알면 알수록, 당신은 더 열정적으로 그 물건과 어울리는 사람이 될 것이다."

이야깃거리에 관해서도 마찬가지다. 더 많이 알면 알수록, 더욱 진지해지고 몰두하게 될 것이다.

주제와 관련된 감정을 억제하지 마라

제한 속도보다 약 15킬로미터 빨리 달렸다고 당신 차를 세운 경찰에 관해 청중에게 이야기한다고 생각해보자. 아무렇지도 않은 듯 침착한 태도로 남의 일처럼 말할 수도 있겠지만, 그런 일을 당하게 된다면 감정이 폭발해 험악한 말투가 나올지도 모른다. 아니 그게 당연한 모습이다. 제삼자 같은 태도로 말한다면 듣는 사람은 큰 감동을 받기가 어렵다. 듣는 사람은 경찰이 딱지를 뗐을 때 당신은 어떤 느낌이었는지를 자세히 알고 싶어한다. 당신이 묘사하는 장면을 좀더 사실적으로 묘사할수록, 아니면 처음 느꼈던 감정을 그대로 표현한다면, 훨씬 생생하게 들릴 것이다.

운동장이나 극장에 가는 이유 중의 하나는 감정이 표출되는 것을 보고 듣기 위해서다. 우리는 사람들 앞에서 감정을 보이는 것을 께름칙하게 생각하기에 이런 감정 표출 욕구를 만족시키려 연극을 보러 가는 것이다.

그러므로 청중 앞에서 연설할 때, 연사가 흥분을 집어넣는 만큼 청중도 흥미를 느끼게 될 것이다. 솔직한 감정을 억제하려고 할 필요가 없다. 그러니 진심에서 우러나는 열정을 꺾으려고 하지 말아라. 당신이 자신의 주제에 대하여 얼마나 열심인가를 보여주면, 청중은 눈을 뗄 수가 없을 것이다.

 ## 열정적으로 행동하라

연설을 하기 위해 청중 앞으로 걸어갈 때, 교수대에 올라가는 사람 같은 모습이 아니라 잔뜩 기대에 찬 모습으로 행동하라. 성큼성큼 걸음을 내딛을 때, 당신 자신에게도 놀라운 효과가 나타날 것이고 청중은 당신이 뭔가 큰 열망을 품고 말하고 싶어한다고 느낄 것이다.

일단 시작하기 전에는 숨을 깊게 들이마셔라. 강대상

이나 연사가 서야 할 자리에 너무 붙어 서지 말고 머리는 꼿꼿이 세우며 턱은 치켜들어라.

당신은 청중에게 도움이 될 얘기를 해야 하므로 모든 방법을 써서 한치의 오차도 없이 가르쳐줘야 한다. 당신은 청중을 조종할 수 있는 자리에 있으므로 윌리엄 제임스가 말했던 것처럼, 지휘관처럼 행동해야 한다. 만일 강당의 뒤쪽까지 울리도록 쩌렁쩌렁한 목소리를 내려고 노력한다면, 그 소리에 당신 자신도 기운이 날 것이다. 또한 어떤 종류든 동작을 만들기 시작하면 훨씬 힘이 솟을 것이다.

도널드와 일리노어 레어드(Donald and Eleanor Laird) 부부가 묘사했듯 "반응작용에 활기를 주자"라는 요지는 정신적으로 자각해야 하는 모든 상황에 적용시킬 수 있다.

레어드 부부는 『효과적인 기억기술(*Techniques for Efficient Remembering*)』이라는 책에서, 시어도어 루스벨트 대통령을 이렇게 표현했다.

그는 자신의 특징이 되었던 정력과 거침없는 활기와 열정 등을 가지고 인생을 거침없이 헤쳐 나갔다. 그는 자신이 착수한 일에는 완전히 몰두하고 있었고, 몰두할 수 없는 경우에도 몰두하고 있는 것 처럼 행동했다.

시어도어 루스벨트는 윌리엄 제임스에게 있어 살아 있는 철학적 상징과 마찬가지였다.

열정적으로 행동하면 자연적으로 모든 행동에 대해 열정이 생길 것이다.

열정적으로 행동하면 열정을 느낄 수 있다는 점을 무엇보다 깊이 가슴에 새겨두라.

Chapter **06**

청중을 연설에 끌어들이기

러셀 콘웰(Russell Conwell, 1843. 2. 15~
1925. 12. 6 : 미국의 법률가, 저술가, 성직자,
교육자—옮긴이 주)은 그 유명한 '다이아몬드 밭'이라
는 강연을 거의 6천 번이나 했다. 언뜻 생각하기에는 그
렇게 많이 반복해서 말하다 보면 연사의 머릿속에 틀이
박혀 단이나 억양에 아무런 변화가 없을 것 같다.

그러나 그렇지가 않았다. 콘웰 박사는 청중은 항상 다
르다는 것을 잘 알고 있었다. 그는 연설이 각각의 청중을
위해 창조된 친밀감 있고 살아 있는 것으로 느껴지게 해
야 한다는 점을 잘 아는 연사였다.

그는 어떻게 연사와 연설과 청중이 생생하게 살아 있
도록 하는 데 매번 성공할 수 있었을까? 콘웰 박사는 이
렇게 말했다.

나는 강연을 하게 될 지방이나 도시를 미리 가봅니다. 우체국장과 이발사, 호텔의 매니저 혹은 학교의 교장이나 목사 같은 사람들을 만날 시간을 갖기 위해서죠. 그러고는 상점으로 가서 사람들을 만나 이야기를 나누고, 그들이 어떤 역사를 가지고 있으며 어떤 희망을 품고 있는지를 알아봅니다. 그러고 나서 강연할 때에는 그 지역에 맞는 주제를 택해 연설하는 것입니다.

콘웰 박사는 연사의 의사가 성공적으로 전달되는지 여부는, 연설을 청중의 것으로 만들어서 청중을 이야기 속으로 얼마나 잘 끌어들이느냐에 달려 있음을 잘 알고 있었다. 강연 중에서 가장 유명한 연설인, '다이아몬드 밭'의 진짜 원고가 없는 이유가 바로 이것이다. 인간의 본성에 대해 현명한 성찰과 수고를 아끼지 않는 노력으로, 콘웰 박사는 같은 주제를 두고 거의 6천 번이나 연설을 했음에도 똑같은 내용을 두 번 연설한 적이 없었다.

특정한 청중을 마음속에 확실하게 그려놓고 연설을 준비한다면, 콘웰 박사의 예에서 큰 교훈을 얻을 수 있을 것이다. 여기 청중과 친근한 의사소통을 할 수 있도록 도와줄 몇 가지 간단한 규칙이 있다.

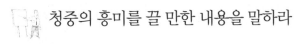 청중의 흥미를 끌 만한 내용을 말하라

콘웰 박사가 했던 방법이 바로 이것이다. 그의 강연에는 으레 강연 장소, 그 지역에 대한 인용과 예가 많이 녹아들어 있었다. 그러므로 강연을 듣는 사람에게는 그 강연이 자신의 이야기로 다가왔고, 자신의 관심사와 문제였기에 흥미로웠다. 청중이 가장 흥미 있어 하는 것, 즉 그들에 대한 얘기를 언급하는 것은 관심과 의사가 소통되는 선을 확실하게 열어준다.

미 상공회의소의 전 지도자였으며 한때 영화제작협회 회장으로 있었던 에릭 존스톤(Eric Johnston)은 연설할 때면 거의 대부분 이 방법을 썼다. 그가 오클라호마 대학의 학위수여식 연설에서 그 지역의 관심사를 인용해 얼마나 재치 있는 연설을 했는지 주목해보기 바란다.

오클라호마 주민 여러분들은 오리 고기를 파는 행상들을 많이 보셨을 겁니다. 그들이 오클라호마가 영원히 가망이 없다며 장부에서 지운 것은 그리 오래전 일이 아닙니다.

1930년대에 절망한 갈가마귀들은 까마귀들에게 먹을

것을 지고 가는 게 아니라면 오클라호마를 돌아서 가라고
말했습니다.

그들은 오클라호마를 새로 생긴 사막으로 생각하며 영
원히 미래가 없을 것이라고 했습니다. 다시는 아무것도
피어날 수 없다고 말했던 것입니다.

그러나 1940년대가 되자 오클라호마는 아름다운 정원
처럼 피어났습니다. 브로드웨이의 환호를 받으면서 말입
니다. "비가 온 뒤에 부는 바람은 달콤한 밀 냄새를 실어
나른다"라는 말을 다시 한 번 되새겨봅니다.

10년이라는 짧은 기간 동안, 모래폭풍이 몰아치던 대지
에는 코끼리 키만큼이나 길쭉한 옥수수 줄기가 물결치게
되었습니다.

이것은 면밀히 계산된 모험과 믿음에 대한 결말이었습
니다.

그렇지만 지난날을 배경으로 현재의 시간을 좀더 면밀
히 내다볼 수 있습니다.

그래서 나는 이번 강연을 준비하면서 1901년 봄 오클
라호마의 일간신문철을 살펴보았습니다. 50년 전 이 지역
에서 있었던 삶의 향기를 음미하고 싶었기 때문입니다.

제가 무엇을 알아냈는지 아십니까?

바로 오클라호마의 미래를 내다보는 다양한 의견이었습니다. 큰소리로 희망을 논하고 있었던 것입니다.

위의 내용은 청중과 관계되는 연설이라는 점에서 아주 훌륭한 예라 할 수 있다. 에릭 존스톤은 청중의 심리 상태를 배경으로 한 실례를 면밀하게 계산해 넣은 것이다. 그는 복사판을 읊조리는 연설이 아니라 청중이 자신들을 위하여 새로 만든 것같이 느끼게끔 연설했다. 청중은 자신들의 관심사를 말하는 연사에게 등을 돌리지 않는다.

당신이 가진 주제에 대한 지식이 청중이 가지고 있는 문제를 해결하고 그들이 목적한 바를 이루는 데 얼마나 도움을 줄 수 있는지 스스로에게 물어보라. 그런 뒤에 청중에게 도움을 준다는 식으로 연설한다면, 청중의 전폭적인 지지를 얻게 될 것이다. 회계사라면 이런 식으로 시작하는 것도 좋다.

"소득신고를 할 때 매년 50에서 100달러를 절약하는 법을 가르쳐드리겠습니다."

변호사라면 유언장 만드는 법을 얘기해주면, 청중은 분명 굉장히 흥미 있어 할 것이다. 당신의 특별한 지식은 분명 이야깃거리를 가지고 있을 것이고, 청중에게 진정으로 도움을 줄 수 있을 것이다.

영국 신문업계의 윌리엄 랜돌프 허스트(William Randolph Hearst, 1863. 4. 29~1951. 8. 14 : 미국의 신문 재벌─옮긴이 주)라고 불리는 노스클리프 경(Lord Northcliffe)은, 사람들이 어떤 일에 관심이 있느냐는 질문을 받고 "자기 자신의 일"이라고 대답했다. 그는 그 한 가지 사실을 바탕으로 신문제국을 이루었다.

제임스 하베이 로빈슨(James Harvey Robinson, 1863. 6. 29~1936. 2. 16 : 미국의 역사가. 역사학 연구를 사회과학과 결부시킴으로써 역사학의 지평을 확대시킨 이른바 '신사학(新史學)' 창시자 가운데 한 사람이다─옮긴이 주)은 『정신의 형성(Mind in the Making)』에서 공상을 "흥미 있는 생각이 자연스레 떠오르는 것"이라고 묘사하고 있다. 그는 늘 말하기를 공상 속에서 우리는 생각이 자신의 과정을 따라가도록 허용하며, 이 과정은 우리의 희망과 공포 그리고 자연적인 욕망, 욕망의 성취나 좌절을 해결한다고 했다. 우리에게 자기 자신만큼 흥미 있는 대상은 없는 것이다.

해럴드 드와이트(Harold Dwight)는, 필라델피아에서 있었던 우리 교육과정의 마지막 학기를 기념하는 연회에서 아주 성공적인 연설을 했다. 그는 테이블에 앉아 있는 사람을 차례로 들먹이면서 그들이 강의 처음에 말하는 태도가 어땠는지, 어떤 식으로 말했는지 다른 사람들이 했던 주장과 그 내용을 얘기했다. 그중 몇 명을 얘기할 때에는 그들의 버릇을 과장해서 흉내내는 통에 모두들 폭소를 터뜨리며 즐거워했다.

이와 같은 재료를 가지고 있다면, 연설에 실패할 리가 없다. 정말 더할 나위 없이 훌륭한 모범이었다. 이 푸른 하늘 아래 다른 어떤 것도 그토록 사람들을 즐겁게 하지 못했을 것이다. 드와이트 씨는 인간의 본성을 어떻게 다루어야 하는지를 잘 알고 있었다.

〈아메리칸 매거진(American Magazine)〉에 연재기사를 쓸 때의 일이다. 나는 '흥미 있는 사람들'에 관한 기사를 쓰던 부서의 담당자로 있던 존 시달과 이야기를 나누게 되었다.

사람들은 이기적입니다. 본질적으로 자신에게 관심이 있다는 말이죠. 사람들은 정부가 철도를 소유해야 하는지 어떤지 그런 것에는 별로 관심이 없습니다. 하지만 출세하고, 월급을 더 많이 받고, 건강하게 지내는 법에 대해서는 알고 싶어합니다. 내가 이 잡지사의 편집장이라면, 치아 관리하는 법과 목욕하는 법, 여름을 시원하게 나는 법이나 일자리를 찾는 법, 직원을 다루는 법, 집을 사는 법, 기억력을 높이는 법, 문법을 틀리지 않는 법 등등에 관한 기사를 쓸 겁니다. 사람들은 인간에 대한 얘기에 항상 관심을 가집니다. 그러니 백만장자에게 어떻게 부동산으로 부자가 되었는지 털어놓게 하고, 유명한 은행가나 여러 회사의 회장을 섭외해서 그들이 어떻게 그런 지위와 부를 차지하게 되었는지를 밝히게 만드는 겁니다.

그후 얼마 지나지 않아 시달은 편집장이 되었다. 그때까지 그 잡지는 판매량이 그리 많지 않았다. 시달은 자신이 주장하던 대로 잡지를 운용해나갔다. 결과는 어떻게 되었을까? 상상을 초월할 정도였다. 발행부수는 20만, 30만, 40만을 넘어 50만 부까지 치솟았다. 대중들이 원하는 바를 실었기 때문이었다. 얼마 지나지 않아 매달 100만 명이 그 잡지를 사 보았고, 150만을 지나 결국 200만 부를 기록하게 되었다. 그후로도 수년간이나 발행부수를 계속 늘려갔다. 시달은 자기 본위적인 독자들의 가려움증을 긁어주었던 것이다.

다음 번에 연설할 때, 당신의 연설이 청중들의 호기심을 일깨워서 그들이 당신의 연설에 푹 빠져 있는 모습을 그려보라. 연사가 자기 중심적인 청중을 자기편으로 끌어들여야 한다는 중요한 사실을 인식하지 못한다면, 지루해서 몸을 비비 꼬면서 연신 손목시계를 들여다보거나 출구 쪽으로 쉴 새 없이 눈길을 돌리는 불안정한 청중과 마주하게 될 것이다.

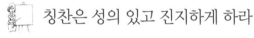 ## 칭찬은 성의 있고 진지하게 하라

청중은 개개인이 모인 것이기 때문에 개인적으로 반응한다. 대놓고 비난하면 청중은 불쾌해한다. 연설하는 사람이 그들이 한 일 중에서 칭찬할 만한 일을 찾아 호의적인 평가를 한다면, 일단 청중의 마음속으로 들어갈 통행권을 받아낸 셈이다. 이런 종류의 작업은 당신 스스로가 느껴야 한다. "여태껏 제가 만나본 청중들 중에서 가장 총명한 청중입니다"라는 역겨운 말을 대부분의 청중은 속 빈 아부로 생각하며 싫어한다.

말 잘하는 연사로 유명한 천시 M. 드포(Chauncey M. Depew)는, "청중이 우리에 대해서 어떻게 저런 것까지 알아냈을까 생각하게 할 만할 것을 말해야 한다"라고 충고했다.

예를 들어, 한 연사가 볼티모어 키와니스 클럽(1915년에 설립된 미국·캐나다의 실업가들이 모인 민간 봉사단체—옮긴이 주)에서 연설을 하기로 했다. 그런데 그 클럽에는 전 국제본부의 회장과 현 국제본부의 임원이 있다는 점을 빼고는 특별한 게 아무것도 없었다. 그 점이 회원들에게 새로운 뉴스거리가 될 리도 없었다.

그래서 그는 달리 생각해보기로 했다. 이렇게 연설을 시작했다. "볼티모어의 키와니스 클럽은 101,898개 클럽 중에서 으뜸입니다!" 회원들이 귀를 기울였다. 이 연사가 분명 잘못 알고 있는 것이 틀림없다는 눈빛이었다. 왜냐하면 키와니스 클럽은 전 세계를 통틀어 2,897개밖에 없었기 때문이었다. 연사는 계속해서 말했다.

예, 여러분이 믿지 않으신다 해도, 여러분이 몸담고 있는 이 클럽은 적어도 수학적으로는 101,898개 중에서 제일입니다. 10만 개 중의 으뜸도 아니고 20만 개 중의 으뜸도 아니라 정확히 101,898개 중의 으뜸입니다.

어떻게 이런 숫자가 나왔을까요? 국제적으로 키와니스 클럽은 2,897개가 있을 뿐입니다. 그런데 볼티모어 클럽은 국제연합의 전 회장님과 현 임원이 계신 곳입니다. 수학적으로 키와니스 클럽이 전 회장과 임원을 동시에 가지고 있을 확률은 101,898 중의 1밖에 안 되는 것입니다. 게다가 이 수치는 제가 존스 홉킨스 대학의 수학박사에게 특별히 계산해달라고 부탁해서 얻은 결과이기 때문에 한 치의 오차도 없습니다.

정확히 100퍼센트 진실해야 한다. 성의 없는 표현은 개인적으로 말할 때라면 종종 먹힐지도 모르겠지만, 청중에게는 절대 안 통한다.

"여러분처럼 매우 지적인 청중……."

"뉴저지 주 호호커스에서 최고의 미녀와 신사들만 모인 이 자리에서……."

"여러분 모두를 사랑하기에 저는 이 자리에 온 것이 얼마나 기쁜지 모릅니다!"

정말 하품 나는 소리다! 진심에서 우러나는 찬사가 아니라면, 차라리 아무 말도 하지 말아라!

청중과 자신을 동화시켜라

첫 문장을 말하는 순간부터 가능하면 빨리, 당신이 연설하는 대상자와 당신의 관계를 직접적으로 가르쳐줘라. 연설해달라는 청을 받고 영광이라 생각했다면, 그렇게 말하라. 해럴드 맥밀란(Harold Macmillan, 1894. 2. 10~1986. 12. 29 : 영국의 정치가. 1957년 1월부터 1963년 10월까지 총리를 지냈다―옮긴이 주)은 인디애나 주의 그린캐슬에 있는 드포 대학 졸업식에 연사로 초청받고는 다음과 같은 말로 의사소통의 실마리를 열었다.

"이토록 환영해주시니 대단히 감사합니다. 영국의 수상으로서 이런 훌륭한 대학에 초대받은 것이 좀 특별한 경우라고 생각하실지 모르겠습니다만, 제가 이곳에 오게 된 것은 오직 제 현재의 직함 때문만은 아닐 것이라 생각하고 있습니다. 사실 그게 주된 이유이기는 하겠지만요."

그러고 나서 그는 자기 어머니가 인디애나에서 태어난 미국인이고, 외할아버지는 드포 대학의 1회 졸업생이었다고 말했다.

"전 이렇게 드포 대학에 와서 가족의 오래된 전통을 다시 회복하게 되어 무한한 영광으로 생각합니다."

맥밀란은 어머니가 미국인이라는 점과 외할아버지가 1회 졸업생이었다는 점을 언급함으로써 단번에 청중을 자기편으로 끌어들일 수 있었다.

의사소통의 실마리를 여는 또 다른 방법은, 연설 중간 중간에 청중의 이름을 넣는 것이다. 한번은 연회에 참석했다가 그날의 초청 연사 옆자리에 앉은 적이 있었다. 나는 그 연사가 강당 안에 모여 있는 수많은 사람의 일에 일일이 관심을 갖는 것을 보고 적잖이 놀랐다. 식사를 하는 동안 연사는 줄곧 식의 사회를 맡은 사람에게 저쪽 테이블에 청색 양복을 입은 남자는 누구냐, 꽃무늬 모자를 쓴 여자분의 이름은 뭐냐고 물었다. 그가 연설을 시작했을 때, 그가 왜 그리 궁금한 점이 많았는지 단박에 알 수 있었다. 그는 사람들의 이름을 익힌 대로 아주 정확하게 연설 안에 끼워 넣었고, 이름이 거론된 사람들은 얼굴에 기쁜 기색이 가득해져 연설장에는 따스한 친밀감이 흘러넘치고 있었다. 간단한 노력으로 연사가 얻은 결과였다.

제너럴 다이내믹스(General Dynamics Corporation)의 회장이었던 프랭크 페이스 주니어(Frank Pace, Jr.)는 청중의 이름을 예로 든 연설로 좋은 반응을 얻었다.

다음은 그가 뉴욕에 있는 릴리전 인 아메리칸 라이프

(Religion in American Life, Inc.)의 연례 행사에서 연설한 내용이다.

오늘은 제게 있어서 여러 가지 면에서 기쁘고 의미 있는 밤입니다. 먼저, 우리 리버랜드 로버트 애플야드 목사님이 여기 여러분 속에 앉아 계십니다. 그분의 말씀과 행동과 지도력은 개인적으로 저에게 큰 감동을 주었으며, 저의 가족과 우리 전체 신도회에도…… 두 번째로 종교적 관심사를 공익사업이라는 분야로 확대하신 루이스 스트라스 씨와 밥 스티븐스 씨 두 분의 가운데 앉아 있으려니…… 다시 개인적으로도 아주 큰 즐거움이었습니다.

한 가지 주의할 점이 있다. 잘 모르는 사람의 이름을 거론하려고 할 때에는, 그 사람이 연설의 내용과 맞는지 충분하게 질문을 해서 정확하게 맞는다는 확신이 들어야 한다. 또한 이름을 거론하는 목적을 잘 이해하고 있어야 하고 호의적인 방법으로만 이름을 거론해야 한다. 그리고 적절하게 거론해야 한다.

청중의 주목을 최대한으로 끌어올리는 또 다른 중요한 방법은 '3인칭'으로 말하는 것보다는 '2인칭' 대명사를 쓰는 게 낫다. 이 방법은 청중에게 연설이 자기 얘기인 것처럼 인식하게 만들어 흥미와 관심을 유도한다는 앞의 주장을 되풀이하는 것이다. 뉴욕의 강좌에서 한 학생이 황산에 대해 인용한 연설을 하나 소개하겠다.

황산은 여러분 생활 속에 여러 가지 면에서 개입되어 있습니다. 황산이 없었다면, 여러분의 자동차는 움직일 수 없었을지도 모릅니다. 등유와 휘발유를 정제하는 데 황산이 광범위하게 쓰이고 있기 때문입니다. 여러분 사무실이나 집을 밝히는 전등도 황산이 없었다면 이 세상에 나오지 못했을지도 모릅니다.

욕조에 물을 받을 때, 여러분이 사용하는 니켈 도금한 수도꼭지는 제조과정에서 황산액에 담궈야 합니다. 당신이 쓰는 비누는 지방이나 기름에서 나오는 경우가 많은데, 역시 산용액으로 처리해야 합니다. 머리빗에 쓰는 강모과 셀룰로이드 빗도 황산이 없었다면 세상에 나오지 못했을지도 모릅니다. 면도기는 두말 할 필요도 없이 금속을 제련한 뒤에 산세척을 해야 합니다.

아침식사 때에도 마찬가지입니다. 찻잔과 받침접시가 뽀얗고 하얀 색이라면, 분명 황산을 사용했다는 말입니다. 당신의 수저와 나이프, 포크도 은식기가 아니라면 황산 용액에 담궜다 꺼냈을 겁니다. 이처럼 황산은 하루 종일 우리 생활에 영향을 끼칩니다. 여러분이 어딜 가든, 황산의 그림자에서 벗어날 수 없을 것입니다.

능숙하게 '여러분'이라는 단어를 사용하는 것은 청중을 생생한 상황 속으로 몰아넣어, 청중의 관심을 극대화시킬 수 있을 것이다. 그렇지만 '여러분'이라는 대명사를 쓰는 것이 위험한 경우도 있는데, 때로 연사와 청중 사이에 다리를 놓기보다는 벽을 만들 수도 있기 때문이다. 이때는 연사가 청중을 얕보거나 가르치려는 것처럼 보일 수가 있다. 그러므로 때로는 '여러분' 대신에 '우리'라고 쓰는 것이 낫다.

미국 의료인연합회의 건강교육 책임자였던 W. W. 보어(Bauer) 박사는 라디오와 텔레비전에 나가서 이런 표현을 즐겨 쓰곤 했다.

"우리는 어떻게 하면 좋은 의사를 만날 수 있는지 알고 싶어합니다. 그렇죠? 우리가 의사에게 최상의 진료를 받고 싶어한다면, 어떻게 좋은 환자가 되어야 하는지도 알고 싶어야 하는 것 아닙니까?"

청중을 연설 속에 나오는
상대방으로 만들어라

연설할 때 아주 작은 쇼맨십이라도 보여주면 당신이 하는 말 한마디 한마디에 청중이 꼼짝 못하고 집중한다는 사실을 느낀 적이 있는가? 청중 몇 사람을 골라 중요한 요점이나 극적인 장면을 만드는 걸 돕도록 한다면, 청중의 관심도 현저하게 커진다. 자신이 청중의 입장이라는 것을 잘 아는 청중은, 자신들 중의 하나가 연사의 지목을 받고 '현장'으로 들어가게 되면 무슨 일인지 촉각을 곤두세우게 된다. 수도 없이 말했듯이 단상에 서 있는 사람과 밑에서 보고 있는 사람 사이에 벽이 있다면, 청중을 참여시켜서 벽을 무너뜨리는 게 가장 효과적이다.

한 연사는 브레이크를 당긴 뒤, 차가 정지하는 거리를 설명하면서 아주 효과적으로 청중을 참여시켰다. 그는 앞줄에 앉아 있던 청중을 한 사람 불러 세워 차의 속도에 따른 제동거리를 설명하는 데 이용했다. 강연을 듣다가 일어난 남자는 쇠 줄자의 한쪽 끝을 잡고 복도를 약 14미터 가량 내려가다가, 연사의 신호에 따라 자리에 멈춰 섰다. 나는 그 장면을 보면서 모든 사람들이 그의 말에 귀를 기울이고 있다는 것을 잘 알 수 있었다. 연사가 지적한 그래프 설명에 더하여, 줄자는 연사와 청중을 소통시켜주는 또 다른 도구 역할을 한다는 생각이 들었다. 그런 쇼맨십을 보여주지 않았더라면 연설을 듣던 청중은 저녁 먹고 나면 뭘 할까 하는 상념에 빠지거나 그날 저녁 텔레비전 프로그램이 뭘까 궁금해했을 것이다.

나는 청중을 참여시키기 위해 단순히 질문하고 대답을 듣는 방법을 자주 사용한다. 또한 청중이 일어나서 문장을 따라 한다든가, 손을 들고 내 질문에 답하는 것을 좋아한다.

퍼시 H. 화이팅(Percy H. Whiting)은 그의 저서 『연설과 작문을 재미있게 만드는 법(*How to Put Humor in Your Speaking and Writing*)』에서 청중을 참여시키는 문제에 관하여 몇 가지 중요한 제안을 하고 있다. 요점은 청중으로 하여금 어떤 문제에 투표를 하게 하거나, 연사가 문제를 해결하는 걸 도와주도록 유도한다는 것이다.

화이팅은 연사 자신이 올바른 마음을 가지라고 말한다. 연설은 낭독이 아니라는 것을 인정하는 마음가짐은, 청중의 반응을 유도하고 청중을 연사의 기획에 동업자로 만든다는 것이다.

나는 청중에 대해서 "당신의 기획에 동업자"라고 표현한 부분이 마음에 든다. 이 장에서 말하고자 하는 요점이 바로 이것이다. 청중을 연설 속으로 끌어들인다면 청중에게 동업자의 자격을 주는 것이다.

자신을 낮춰라

물론 연사와 청중이라는 관계에 있어 진심이라는 말을 대신할 것은 아무것도 없다. 한번은 노먼 빈센트 필이 설교에 집중하지 않는 교인들 때문에 고민하던 동료 목사에게 아주 유용한 충고를 했다.

그는 이 목사에게 일요일 아침마다 예배드릴 때 신도들을 대하는 그의 느낌을 물어보았다. 신도들을 좋아하는가, 신도들을 도와주고 싶은가, 그들이 자신보다 지적으로 떨어지는 사람들이라고 여기는가 등등이었다.

필 박사는 그 목사에게 신도에 대한 뜨거운 사랑이 느껴지기 전에는 절대 강단을 내려오지 말라고 말했다. 청중은 정신적으로나 사회적으로 자기가 우월하다는 식의 태도를 취하는 연사에 대해서는 금방 알아차린다. 따라서 연사의 입장에서 청중이 자신을 따르게 하는 최선의 방법은 자신을 낮추는 것이다.

미국의 메인 주에서 상원의원을 하던 에드먼드 S. 머스키(Edmund S. Muskie, 1914. 3. 28~1996. 3. 26 : 미국의 변호사, 정치가—옮긴이 주)는 보스톤에 있는 미국 토론협회에서 아래와 같은 연설을 했다.

나는 오늘 아침 내 임무에 대해 많은 의구심을 가지고 생각했습니다.

우선, 청중 여러분이 전문가들이라는 생각이 들면서, 여러분의 날카로운 견해 앞에 내 보잘것없는 학문을 내보이는 것이 조심스러웠습니다. 두 번째로, 이런 아침 회동은 효과적으로 경계하기가 어려운 시간대라는 점입니다. 이런 상황에서 실패한다는 것은 정치가에게는 치명적인 일이 될 수 있습니다. 그리고 세 번째로, 나라의 녹을 먹는 사람으로서 제 경력에 논쟁거리가 될 수 있는 주제에 대해 생각했습니다.

제가 정치적으로 활발하게 활동하고 있는 한은, 지금 말할 내용이 좋은 방향으로든 나쁜 방향으로든 정치적으로 날카로운 대립을 불러일으킬 수도 있다는 점입니다.

이런 의구심들을 마주하면서, 저는 제 자신이 마치 우연찮게 나체촌에 날아들게 된 모기 같다고 느꼈습니다. 어디서부터 시작해야 할지 갈피를 잡을 수 없었습니다.

상원의원 머스키는 그렇게 연설을 계속해 나가서, 훌륭하게 마무리했다.

아들라이 E. 스티븐슨(Adlai E. Stevenson, 1900. 2. 5~1965. 7. 14 : 미국의 정치지도자, 외교관. UN의 창설을 돕고 1961~1965년에 UN에서 미국의 수석 대표로 활동했다―옮긴이 주)도 미시간 주립대학의 졸업식 연설에서 우선 이런 식으로 자신을 낮추었다.

"이런 자리에 서기에는 제 자신이 부족하다는 느낌에 저는 사무엘 버틀러(Samuel Butler)가 했던 말을 떠올렸습니다. 그는 인생을 가장 중요한 것으로 만들려면 어떻게 해야 하느냐 하는 질문을 받고 이렇게 대답했다고 합니다. '나는 앞으로 15분을 가장 최고로 만드는 법도 모릅니다.' 저 역시 앞으로 20분 동안 어떻게 해야 할까 하는 느낌입니다."

청중으로 하여금 적개심을 품게 하는 가장 확실한 방법은 당신이 그들보다 우위에 있다고 믿는 것이다. 연설을 하고 있을 때, 당신은 진열장 안에 있는 것처럼 모든 인간성을 여러 모로 보여주게 된다. 자기가 잘났다고 눈곱만큼이라도 말하면 큰일이 난다. 다른 한편으로, 겸손한 모습은 신뢰와 호감을 불러일으킨다. 변명을 늘어놓으며 사과하지 않아도 겸손해질 수 있다. 당신이 자신의 한계를 인정해도, 청중은 당신이 최선을 다하는 모습을 보여주는 한 당신을 좋아하고 받아들일 것이다.

미국 텔레비전의 세계는 부침이 심하기로 유명하다. 시기별로 최고 인기인들이 경쟁 속에서 도태되어 사라져버리는 일이 예사로 일어난다. 그 와중에서도 해마다 꿋꿋이 버티는 사람 중의 하나가 에드 설리반(Ed Sullivan)인데, 그는 텔레비전에 나오는 연예인이 아니라, 신문기자다. 그는 이 경쟁이 심한 바닥에서 아마추어이면서도 살아남았다. 그가 아마추어 이상으로 주제넘게 나서지 않았기 때문이었다.

카메라 앞에서 보여주는 그의 몇 가지 버릇은, 다른 사람이 일부러 했다면 단점으로 보였을 것이다. 그는 손으로 턱을 괴거나, 등을 구부정하게 굽히고 있기도 했으며, 때로는 넥타이를 잡아당기고 말을 더듬었다. 그렇지만 이런 결점들이 설리반을 망가뜨릴 수는 없었다.

그는 사람들이 자신의 결점을 물고 늘어져도 아무런 대꾸를 하지 않았다. 적어도 계절이 바뀔 때마다 한 번씩 은 그의 결점을 과장해서 완벽하게 풍자해내는 사람들을 봐야 했다.

에드 설리반은 자신의 모습을 거울로 보여주는 듯한 연기자들의 모습을 보면서 다른 사람들처럼 아무 사심 없이 껄껄거리고 웃었다. 그는 비판을 즐거이 받아들일 줄 알았으며, 그 때문에 시청자들의 사랑을 받았다. 청중 은 겸손한 사람을 좋아한다. 그들은 자기과시나 하는 이 기주의자는 못봐주는 것이다.

헨리와 도나 리 토머스(Henry and Dona Lee Thomas) 는, 『종교 지도자들의 생애(Living Biographies of Religious Leaders)』에서 공자의 얘기를 했다. 공자는 자신이 가진 지식을 배타적으로 이용해서 사람들을 현혹시키는 법이 없었다. 그저 포용하는 연민의 마음을 가지고 그들을 교 화하려고 애썼을 뿐이다. 만일 우리가 다른 사람을 포용 하는 연민을 가지고 있다면, 청중의 마음을 열 수 있는 열쇠를 가진 것이다.

3장
준비한 연설의 목적과
즉석 연설의 목적

Chapter 07

청중의 행동을 유발하는 짧은 연설

이제 원고 없이 하는 연설과 즉석에서 하는 연설이라는 두 가지 바람직한 이야기 전달 방법에 대해 자세히 거론해보기로 하겠다.

여기에서는 '청중의 행동을 유발하는 짧은 연설', '정보를 주는 연설', '청중을 납득시키는 연설'에서는 설득력 있게 정보를 주며 확신을 주는, 준비가 되어 있는 즉흥 연설에 대해 기술하겠다.

마지막으로 '즉석 연설'에 대해서 거론하는데, 즉석에서 요청받은 경우에 설득력 있게 정보를 전달하거나 그 때의 상황에 맞게 재미있는 연설을 하는 요령이다. 즉흥 연설이나 즉석 연설법은 연설의 대략적인 목적을 마음속에 잘 정리하고 있을 때에만 만족스럽게 할 수 있다.

영국의 유명한 주교가, 1차 세계대전 중에 업톤 캠프

에 있던 군대에서 연설을 한 적이 있다. 부대는 전선으로 갈 참이었다. 그러나 군인들 중에 자기가 왜 전선으로 가야 하는지를 알고 있는 사람은 얼마 없었다. 나는 그들에게 직접 물어보았기 때문에 사정을 알고 있었지만, 비숍 주교는 이런 군인들을 앞에 두고 '국제 친선'이나 '세르비아의 권리를 인정해야 한다'느니 하는 얘기를 했다.

하지만 세르비아가 도시 이름인지 질병 이름인지 구별하는 사람도 얼마 없는 상황이었다. 주교는 천문학 강의라도 그런 식으로 했을 것이다. 하지만 강당을 나간 군인은 한 사람도 없었다. 헌병들이 입구마다 지키고 서서 나가지 못하도록 했기 때문이었다.

나는 주교를 과소평가하기 위해 이런 말을 하는 게 아니다. 주교는 어느 모로 보나 학자다웠고, 성직자로서도 꽤 영향력이 있었을 것이다. 그렇지만 주교는 군인들 앞에서 우스운 꼴이 되는 걸 피하지 못했다. 엄청난 망신이었다. 어째서일까? 그는 정확히 어떤 목적으로 연설을 해야 하는지, 어떻게 해야 하는지를 전혀 몰랐던 것이다.

연설의 목적은 무엇일까? 간단하게 말해보겠다. 연설자가 깨닫고 있건 말건 간에, 모든 연설의 목적은 네 가지 목적 중의 하나에 속한다. 어떤 것들일까?

1. 설득하거나 행동을 유발한다.

2. 정보를 준다.

3. 감동과 확신을 준다.

4. 즐거움을 준다.

위의 사항들을 에이브러햄 링컨의 연설을 예로 들어가며 설명해보자.

링컨이 모래톱이나 다른 장애물 때문에 좌초한 배를 들어올리는 장치를 발명하고 특허까지 받은 적이 있다는 사실을 아는 사람은 별로 없다. 그는 자기 변호사 사무실 가까이에 있는 기계 작업실에서 기구를 발명하고 있었다. 친구들이 그의 사무실로 기구를 보러 왔을 때, 링컨은 피곤한 줄도 모르고 끝까지 설명해주었다. 그렇게 한 주요 목적은 가르쳐주려는 것이었다.

그가 게티즈버그에서 역사에 남을 만한 웅변을 했을 때, 두 번의 취임연설, 죽은 헨리 클레이(Henry Clay)를 기리는 추도연설을 했을 때, 이 모든 경우 링컨의 주요 목적은 감동과 확신을 주는 것이었다.

그가 배심원들 앞에서 변론을 했을 때는 우호적인 판결을 얻으려는 목적이 있었다. 정치적인 연설을 했을 때는 표를 얻으려는 것이었다. 그때 그의 연설 목적은 청중을 움직이기 위한 것이라 하겠다.

대통령에 당선되기 2년 전, 링컨은 발명에 관한 순회 강연을 다녔다. 그때의 목적은 사람들에게 재미를 주려는 것이었다. 적어도 그게 그의 목적이 되어야 했다. 그렇지만 분명 그리 만족스런 결과를 얻지는 못했다. 사실 대중 연설자로서 그의 경력은 아주 실망스러웠다. 어떤 도시에서는 그의 강의를 들으러 온 사람이 한 명도 없었다.

그러나 다른 연설에서는 굉장한 반응을 이끌어냈고, 그 중 몇 가지는 인간을 거론한 연설의 고전으로 꼽힌다. 어째서일까? 이런 좋은 결과를 본 주된 이유는, 그가 자신의 목적을 알았고, 어떻게 목적을 성취해야 하는지 알았기 때문이었다.

수많은 연사들이 연설할 때 자신의 목적을 모임의 목적과 동일시하지 못했기 때문에 버둥거리고 한숨을 쉬며 실패했다.

예를 들어 보자. 미국의 하원의원이 한번은 경멸스런 고함 속에 뉴욕 히포드롬 극장 무대에서 쫓겨난 적이 있었다. 그는 무의식적으로 미련스러울 만큼 관중에게 한 수 가르치려는 듯한 연설을 했기 때문이었다. 관중은 배우려고 온 게 아니었다. 그들은 재밋거리를 찾고 있었다. 그의 연설을 참을성 있게 얌전히 10분, 15분 들어주던 관중은 어서 행사가 끝나기만을 기다리고 있었다. 그런데 끝날 기색이 없었다.

하원의원은 장황하게 주절주절 떠들어댔다. 결국 관중의 인내는 바닥이 나버렸다. 관중은 더 이상 참을 수가 없었다. 누군가 야유를 퍼붓기 시작했다. 몇몇 사람이 곧 따라했다. 순식간에 천 명이나 되는 사람들이 휘파람을 불며 소리쳤다.

그러나 연사는 둔하고 무능력하게도, 관중들이 화가 났다는 걸 알면서도, 고집스럽게 연설을 계속했다. 그러자 관중들은 더 열을 받았다. 그때부터는 마치 싸움 같았다. 분노가 극에 달한 관중은 연사의 입을 막아버리려고 했다. 저항하는 소리가 더 더욱 커져갔다.

마침내 고함과 분노가 그의 말소리를 덮어버렸다. 예닐곱 발자국 앞에서도 그의 목소리는 들리지 않았다. 결국 그는 자신이 졌다는 것을 알고 포기한 뒤에, 굴욕스런 모습으로 단을 내려와야 했다.

이 예를 보고 생각해보기를 바란다. 연설은 연설을 들을 사람과 상황에 맞아야 한다. 관중에게 알려주려는 내용이 정치적 집회에 모인 관중이 원하는 내용과 같은지 어떤지를 미리 생각해보았더라면, 하원의원은 그런 불행한 일을 겪지 않았을 것이다. 우선 청중의 성향과 상황을 잘 파악한 뒤에 그에 어울릴 만한 연설 형태를 찾아야 한다.

연설의 구조라는 영역에 대해 본보기를 설명하기 위하여, 여기서는 전체적으로 행동을 유발시킬 수 있는 짧은 연설을 중점적으로 설명하였다. 다음으로는 다른 중요한 연설의 목적인 정보를 주기 위한 연설, 감동과 확신을 주기 위한 연설, 즐거움을 주기 위한 연설에 대해 설명할 것이다. 이 세 가지 목적의 연설은 서로 다른 구조로 보아야 하고, 각각에는 반드시 짚고 넘어가야 할 장애가 따로 있다.

무엇보다 청중의 행동을 유발하기 위한 연설에서는 문제의 핵심을 찌르는 구조로 말하자. 청중에게 바라고 부탁하고 싶은 것을 계획대로 잘 전달하여 청중이 실제로 행동할 수 있도록, 재료를 정돈하고 쌓아올리는 특별한 방법이 있을까? 아니면 그저 되는 대로 마구잡이 식으로 하면 되는 것일까?

내 강좌가 전국적으로 퍼져 나가기 시작했던 30대 시절에, 나는 한 동료와 이 문제를 가지고 상의를 했던 기억이 난다. 강의실에 모인 사람들의 숫자 때문에 우리는 한 사람당 2분밖에 연설할 시간을 주지 못했다. 이 제한 시간은 그저 재미나 정보를 주려는 연설에는 별 문제가 없었다.

그렇지만 행동을 유발해야 하는 문제에 대해서는 얘기가 좀 달랐다. 행동을 유발하려는 연설은, 아리스토텔레스 시대 이후로 연사들이 쓰던 서론, 본론, 결론 식의 조직화된 연설 형태를 가지고는 아무것도 할 수가 없었다. 뭔가 새롭고 독특하며 확실한 방법이 있어야만 2분이라는 짧은 연설을 통해 청중에게 행동을 유발시키는 결과를 얻어낼 수 있었다.

우리는 시카고와 로스앤젤레스, 뉴욕 등에서 회의를 열었다. 강사들이 죄다 모였다. 그중에는 명문대학의 연설가와 교직원들도 있었다. 그밖에 경영에서 중요한 역을 맡고 있는 사람도 있었다. 그뿐 아니라 몇몇은 광고와 프로모션이라는 급부상하는 분야에 종사하는 사람도 있었다. 이런 다양한 배경과 우수한 인재들이 모여, 연설 구조면에서 새로운 방식을 찾기로 했다.

능률적이면서도 우리 시대가 요구하는 논리적 방법뿐 아니라, 심리적인 상황을 반영해 청중에게 행동을 결심하도록 영향을 줄 수 있는 형태가 필요했던 것이다.

결과가 있었다. 이런 토의 과정을 거쳐 우리는 '마술 공식'이라는 연설 형태를 생각해냈다. 우리는 이 연설 방법을 먼저 강의실에서 사용해 본 이후로 현재까지도 사용하고 있다. 마술공식이란 무엇일까? 간단하게 설명해 보겠다.

우선 처음 부분은 실례를 들어 설명하는 것으로 시작한다. 작은 삽화로 당신이 표현하고 싶은 주된 개념을 도식적으로 설명하는 것이다. 그 다음으로는, 말하고자 하는 요점에 대해서 세부적으로 명확하게 말하고, 듣는 사람이 무엇을 하기를 바라는가를 정확하게 말해야 한다. 그리고 세 번째로, 그렇게 말하는 동기가 무엇인지를 말해야 하고, 그가 당신의 요청대로 할 때 어떤 이익과 유리한 점이 있는지를 제시해야 한다.

이것은 정신없이 바쁜 우리 삶과 아주 잘 어울리는 형태다. 연사들은 이제 더 이상 늘어지는 소개를 즐길 입장이 아니다. 청중은 바쁜 사람들이 많고, 연사들이 무슨 말이든 직접적으로 표현하는 걸 좋아한다. 청중은 간추리고 알맹이만 들어 있으며, 사실을 솔직히 얘기하는 잡지 타입의 이야기에 익숙하다. 그들은 명확하게 표현한

간판과 텔레비전 화면, 잡지와 신문 등이 쏘아 올리는 강력한 메시지와 광고계의 세찬 몰아붙이기에 익숙한 사람들이다. 거기에서 쓰이는 모든 한마디 한마디는 신중한 생각 끝에 나온 것이며 의미 없는 말은 찾아볼 수 없다.

마술공식을 사용함으로써 당신은 확실한 주목을 이끌어낼 수 있고, 당신이 말하고자 하는 요점에 대한 주요 부분에 관심을 집중시킬 수 있을 것이다. 그러기 위해서는 처음 시작할 때, "오늘 연설에 대해 제대로 준비할 시간이 없었습니다"라거나 "회장님께서 이 주제에 대해 연설해달라고 하셨을 때, 전 어째서 제게 부탁을 하셨는지 좀 어리둥절했습니다" 따위의 지루한 문장은 쓰지 말아야 한다. 청중은 진심이건 거짓이건, 사과와 변명을 듣고 싶어하지 않는다. 청중은 활기찬 모습을 보고 싶어한다. 마술공식에서는 첫 문장부터 활기차게 나가야 한다.

마술공식은 짧은 연설에 가장 적당하다. 왜냐하면 그 공식은 어느 정도 불안정한 상태이기 때문이다. 청중은 당신이 전해주는 얘기를 들으면서도 2~3분이 지날 때까지 당신이 말하는 요점이 무엇인지 모른다.

청중에게 어떤 요구사항이 있을 때, 어떻게 해야 성공할 수 있을까? 어떤 명분을 내걸고 청중이 지갑을 열도록 만들고 싶은 연사라면, "신사 숙녀 여러분, 5달러씩만 성금을 내주십시오" 하는 식으로 시작해서는 곤란하다. 마치 얼른 나가려고 허둥대는 것 같다.

그렇지만 연사가 어린이 병원에 갔던 상황을 묘사한다고 생각해보자. 멀리 떨어져 있는 병원에서 진단을 받은 결과, 수술을 받아야 하지만 돈이 없어 수술을 받지 못하던 어린아이의 얘기를 꺼내며 정말 가슴 아팠다고 말하고는 기부금을 내달라고 한다면, 청중에게 도움을 받을 확률은 말할 수 없이 높아질 것이다. 연사의 의도대로 행동하도록 하는 길은 이야기, 즉 실례를 드는 것이다.

릴랜드 스토위(Leland Stowe)가 청중에게 어린이 국제연합을 도와주자는 연설을 할 때 어떤 예를 들었는지 꼼꼼하게 살펴보자.

제 일생에 다시는 그런 일이 일어나지 않게 해달라고 기도합니다. 죽어가는 어린아이에게 땅콩 한 알밖에 줄 수 없는 것보다 더 끔찍한 일이 있을까요? 여러분은 절대 그런 참담한 일을 당하지 않고, 후에도 아픈 기억을 안고 살아가지 않게 되시기를 바랍니다.

포탄이 쓸고 간 아테네 거리에서 1월의 어느 날, 여러분이 직접 아이들의 목소리를 듣고 눈을 들여다보셨다면……. 그렇지만 제가 가진 것이라고는 220그램짜리 땅콩 통조림 한 개뿐이었습니다. 제가 땅콩 통조림을 여는 것을 보고, 십여 명의 아이들이 말라비틀어진 몸으로 저를 붙들었습니다. 아이를 안고 있던 엄마들은 제 앞으로 나오려고 서로 밀고 싸우면서 아기를 제게 내밀었습니다. 거칠게 바짝 마른 손으로 말입니다. 저는 땅콩을 골고루 한 개씩 나누어 주고 있었습니다.

그들이 얼마나 필사적이었는지 전 거의 바닥에 넘어질 것 같았습니다. 수백 개의 손이 제게로 몰려들었습니다. 구걸하는 손, 애걸하는 손, 필사적인 손, 다들 작고 가여운 손이었습니다. 소금 조림한 땅콩을 여기 하나 주고 저기 하나 주었습니다.

그때 땅콩 여섯 알이 바닥에 떨어지자, 초췌한 몸뚱이들이 미친 듯이 내 발 밑을 더듬었습니다. 하나는 여기, 하나는 저기 떨어져 있었습니다. 수백 개의 손이 안타깝게 애원하고 있었습니다. 처절하게 애원하던 수백 개의 눈빛이 일순 잠잠해졌습니다. 전 아무것도 남지 않은 파란 깡통을 손에 든 채, 그저 서 있을 수밖에 없었습니다. 여러분은 그런 일을 겪지 않으시기를 바랍니다.

마술공식은 업무서류를 작성하거나 부하직원 같은 아랫사람에게 지시를 내릴 때에도 똑같이 유용한 방법이다. 아이들에게 동기를 부여하고 싶을 때 엄마들이 이런 방식을 택한다면, 아이들도 부모에게 사랑을 표시하거나 권리를 주장하고 싶을 때 유용하게 쓸 수 있을 것이다. 그뿐 아니라 일상 생활 속에서도 다른 사람들에게 당신이 가진 생각을 이해시키는 심리적인 도구로 쓸 수 있을 것이다.

마술공식은 모든 광고에서 늘 쓰이고 있다. 에버레디 배터리(Eveready Batteries) 사에서는 최근 이 공식에 입각한 연속 광고를 라디오와 텔레비전에 내보내고 있다. 실례를 드는 단계에서, 아나운서가 갑작스레 한밤중에 차가 전복되었던 어떤 사람의 일을 얘기한다. 사건에 대해 그래프까지 동원해 설명을 마친 뒤에, 아나운서는 피해자를 불러 에버레디에서 나온 건전지로 불을 켠 손전등 빛이 어떻게 도움이 되었는지를 말하는 것으로 광고를 마무리한다. 그리고 아나운서는 에버레디 건전지를 쓰면 비슷한 위험상황에서 무사히 빠져나올 수 있을 것이라는 요점을 얘기한다. 이 이야기는 에버레디 배터리 사의 실례 모음집에서 나온 실제 이야기다. 나는 에버레디가 이 특이한 광고를 써서 얼마나 판매를 올렸는지는 모르지만, 마술공식이 청중에게 해야 할 것과 하지 말아야 할 것을 보여 주는 데 아주 효과적인 방법이라는 것은 알고 있다. 이제 한 가지씩 차례로 파고들어가 보자.

자기 경험을 예로 들어라

연설의 대부분을 차지하는 내용이 바로 당신에 관한 내용이다. 당신은 그 속에서 교훈을 얻었던 경험을 묘사할 수 있다. 심리학자들은 우리가 두 가지 방법으로 배운다고 말한다.

하나는, 경험의 법칙이다. 경험의 법칙은 비슷한 사건을 여러 번 겪는 동안 우리의 행동 양식이 바뀐다고 말한다. 두 번째는, 효과의 법칙이다. 효과의 법칙에서는 한 가지 놀라운 사건을 통해서 우리 행동에 변화가 온다고 말한다. 우리 모두는 이런 특별한 경험을 한 적이 있을 것이다. 이런 실례를 찾으러 멀리 헤맬 필요도 없다. 왜냐하면 우리 기억의 표면 가까이에 존재하기 때문이다.

우리의 행동은 이런 경험들을 바탕으로 이끌려 다니게

된다. 이런 사건들을 생생하게 재구성할 때 우리는 다른 사람들의 행동에 영향을 줄 수 있는 기초를 다지게 된다. 이것은 말로 듣기만 해도 진짜로 일어났던 일과 똑같이 행동하는 결과를 가져오게 할 수 있기 때문이다.

실례를 들 때는, 이런 식으로 경험의 한 부분을 재창조해야만 당신이 애초에 영향을 받았던 것과 똑같은 효과를 청중에게도 줄 수가 있다. 이렇게 되면 당신에게는 청중이 흥미를 느끼고 감동할 수 있도록 뚜렷하고 강렬하며 극적으로 묘사해야 하는 의무가 생긴다. 실례 단계를 명확하고 강렬하고 의미심장하게 만들 수 있는 몇 가지 도움이 될 만한 정보를 주겠다.

point 1 | 실제 경험을 예로 들어라

생활 속에서 우발적으로 일어났던 극적인 사건을 실례로 들면 특히 강렬한 느낌을 전할 수 있다. 아주 짧은 시간 동안 일어난 사건이라도, 그 짧은 찰나에 당신은 뼈에 사무치는 교훈을 배울 수 있다. 얼마 전에 우리 강좌를 듣던 한 남자가 뒤집힌 배에서 기슭 쪽으로 헤엄쳤던 끔찍한 경험을 말한 적이 있었다. 그의 얘기를 들었던 사람들은 비슷한 상황과 마주치게 된다면, 모두가 그 연사의 충고에 따라 도와줄 사람이 올 때까지 뒤집힌 배 옆에서 기다릴 것이라 나는 확신할 수 있었다.

어떤 사람은 전동 잔디깎기가 뒤집히는 바람에 어린아이가 다칠 뻔했던 끔찍한 사건을 얘기했다. 그 사건은 어찌나 강렬하게 내 마음속에 각인되었던지, 나는 풀을 깎을 때 아이들이 주위에 있으면 몹시 신경을 쓰게 되었다.

우리 강사들도 강의실에서 여러 사람한테 얘기를 듣고는 집 주변에서 비슷한 사건이 생기지 않도록 각별히 조심하게 되었다. 예를 들어, 강사들 중에는 휴대용 소화기를 집에 준비해두는 사람이 있다. 집에서 요리하다가 사고로 끔찍한 화재를 겪었던 사건을 자세히 전해 들었기 때문이다. 다른 사람은 위험한 약품이 든 약병에는 꼭 이름표를 붙이고, 아이들의 손이 닿지 않는 곳에 두게 되었다. 이것은 아이가 뭔지도 모르고 욕실에서 위험한 약병을 손에 들고 있는 것을 발견하고 혼비백산한 경험이 있는 어떤 엄마의 말을 듣고 자극을 받아 한 일이었다.

한 개인의 경험은 당신에게도 절대 잊지 못할 교훈을 남겨 준다. 설득하고자 하는 연설을 할 때, 이것이 첫째 필수 조건이다. 연사는 이런 종류의 실례를 들어서 청중에게 행동하게끔 만들 수 있다. 이런 일이 당신에게 일어났다고 한다면, 당신의 이야기를 들은 청중에게도 일어날 수 있는 일이다. 그러므로 당신의 충고대로 따르는 것이 현명한 일이 될 수 있는 것이다.

point 2 | 실례를 자세하게 설명하는 것으로 연설을 시작하라

실례를 드는 단계로 연설을 시작하는 이유 중의 한 가지는, 단번에 주의를 집중시키기 위해서다. 서두에 주의를 집중시키는 데 실패하는 연사는, 그저 진부하면서도 어디서 많이 듣던 말을 한다든가, 청중이 아무런 관심도 없는 일에 불쑥불쑥 사과 투의 말을 많이 하기 때문이다.

"저는 여러분 앞에서 이렇게 연설하는 것이 익숙하지가 않습니다"라는 말은 특히 듣는 사람의 화를 돋우고, 이밖에도 다른 여러 가지 흔해빠진 방법으로 연설을 시작하면 청중은 주목하기가 어렵다.

주제를 정하게 된 경위를 자세하게 설명한다든가, 준비가 너무 부족하다는 말을 하는 것(청중도 금방 알 수 있는 일이다), 주제나 논점을 마치 목사가 성경에 있는 내용을 설교하듯 하는 따위는 행동을 유발해야 하는 짧은 연설에서는 반드시 피해야만 한다.

최고로 잘 나가는 잡지나 신문의 기자들이 쓰는 비결

을 배워라. 당신이 경험했던 실례를 들며 바로 시작하는 것이 청중의 즉각적인 관심을 붙드는 길이다.

마치 자석처럼 청중의 주의를 불러일으켰던 몇 가지 시작 문장을 여기에 소개한다.

"1942년의 어느 날 눈을 떠보니 병원의 간이침대였습니다."

"어제 아침 식사 시간에 제 아내가 커피를 따라주면서……"

"지난 7월에 저는 42번 도로에서 미친 듯이 자동차를 몰고 있었습니다."

"하루는 우리 현장감독인 찰리 밴이 제 사무실 문을 열고 불쑥 들어오는 것이었습니다."

"호수 한가운데서 낚시를 하고 있었습니다. 문득 고개를 들어보니 모터보트 한 대가 저를 향해 달려오고 있는 것이었습니다."

연설을 할 때 '누가, 언제, 어디서, 무엇을, 어떻게, 왜'라는 질문에 답이 되는 형태로 시작하면, 당신은 주의를 집중시키기 위해 세상에서 가장 오래전에 생겨난 의사소통 장치인 이야기를 이용하는 것이다.

'옛날 옛적에'라는 마법 같은 말은 어린이들의 상상력을 열어젖히는 주문이다. 이와 같이 인간의 흥미에 접근하는 방식으로 첫 문장을 시작한다면 청중의 마음을 사로잡을 수 있을 것이다.

point 3 | 실례는 적절하고도 자세하게 묘사하라

자세히 말하는 것 자체는 별 흥미로운 형식이 아니다. 가구와 골동품을 잔뜩 늘어놓은 방이 썩 보기 좋지는 않다. 서로 상관없는 묘사가 너무 많이 들어 있는 그림도 눈길을 오래 잡아두지 못한다.

마찬가지로 별로 중요하지도 않은 얘기들을 너무 자세하게 늘어놓으면 대화와 대중연설은 견디기 힘들고 짜증스러워진다. 그러므로 자세한 묘사는 연설의 요점과 타당성을 강조하는 데 도움이 될 때 하는 것이다.

만일 당신이 청중에게 하고 싶은 말이 장거리 여행을 가기 전에는 꼭 차를 점검해야 한다는 내용이면, 당신 자신이 장거리 여행을 가기 전에 차를 점검하지 못해 어떤 사건이 생겼었던지 실례를 들고 자세히 설명해야 한다. 만일 풍경이 아주 아름다웠다거나 목적지에 도착해서 어디에 묵었는지에 대해 얘기한다면, 요점이 애매모호해지고 주의가 산만해질 것이다.

그러나 눈에 보이는 듯한 언어로 적절한 예를 들 때, 사건은 마치 그 자리에서 일어난 일처럼 재창조되므로 청중은 눈에 보듯 확신을 갖게 될 것이다. 솔직하게 말하는 것은 단정치 못하다는 생각에, 그냥 사고가 있었다고 말한다면 너무 재미가 없어서, 차를 운전할 때 조심하도록 하기는 어려울 것이다.

그러나 그림을 그리듯 몹시 놀랐던 경험을 모든 감각적 말투를 다 동원하여 생동감 있게 표현하면, 청중의 의식에 그 사건이 또렷이 각인될 것이다.

예를 들어, 겨울에 얼어붙은 도로를 달리는 것이 위험하다는 이야기를 실례를 들어 생생하게 묘사했던 강습생의 이야기를 예로 들겠다.

1949년 크리스마스를 앞둔 어느 날 아침, 저는 인디애나에 있는 41번 도로에서 북쪽으로 차를 몰고 있었습니다. 차에는 제 아내와 두 아이가 타고 있었죠.

겨울이라 길이 미끄러워 우리는 몇 시간이나 거울처럼 얼어붙은 도로 위를 기어가고 있었습니다. 운전대를 조금만 건드려도 제 포드 자동차가 뒤로 몹시 미끄러지는 상황이었어요. 차선을 빠져나오거나 앞서 가려는 사람도 거의 없는 상태에서, 시간은 마치 차만큼이나 느리게 기어가는 것 같았습니다.

그러다 마침내 햇볕에 얼음이 녹은 열린 도로가 나오자 저는 허비한 시간을 벌충하기 위해 가속 페달을 밟았습니다. 다른 차들도 마찬가지였어요. 마치 다들 먼저 시카고로 가려고 서두르는 것 같은 상황이 되고 말았습니다. 제 아이들은 긴장감에서 벗어난 듯 뒷좌석에서 노래를 부르기 시작했습니다.

그러다 갑자기 나무가 우거진 오르막길로 접어들었습니다. 돌발상황을 발견한 것은 이미 잔뜩 속도가 붙은 차가 언덕 꼭대기에 올랐을 때였습니다. 속도를 줄이기에는 너무 늦어버렸습니다.

언덕의 북쪽 비탈길은 아직 햇빛이 비치지 않았고, 마치 얼어붙은 강처럼 맨질맨질했습니다. 한쪽으로 벌렁 뒤집힌 차가 눈앞을 휙 지나쳐간 뒤, 제 차도 미끄러지고 있었습니다.

차를 조정할 수가 없었습니다. 그리고 아차 하는 순간, 눈덩이를 들이박고 말았습니다. 차가 뒤집히지 않은 게 그나마 다행이었죠. 그렇지만 뒤에서 따라오던 차 역시 미끌어지며, 제 차의 옆구리를 들이박았고 유리가 눈처럼 사방으로 튀었습니다.

이 실례에서처럼 자세한 묘사는 청중이 상황 속으로 쉽게 들어갈 수 있게 만든다. 결국, 당신의 목적은 청중으로 하여금 당신이 본 것을 보게 하고, 당신이 들은 것을 청중도 듣게 하는 것이며, 당신이 느낀 것을 느끼게 하는 것이다.

이런 효과를 얻을 수 있는 오직 한 가지 방법은 확실한 묘사를 많이 사용하는 것이다. 연설을 준비하는 일은 '누가, 언제, 어디서, 무엇을, 왜'라는 질문에 대한 답을 상기시키는 과정이다. 당신은 말로 그려진 그림을 가지고 청중의 상상력을 생생하게 자극시켜야만 한다.

point 4 | 말하는 동안 경험을 재생시켜라

그림을 그리는 것 같은 자세한 설명에 덧붙여서, 연설하는 사람은 자신의 묘사 속에서 체험을 다시 해야만 한다. 이 부분에서 연설은 연극과 흡사해진다. 위대한 연설가는 모두 극적으로 묘사하는 감각을 갖고 있었다. 그러나 그 감각은 특출난 사람만 가지는 것은 아니고, 유창한 달변에서만 찾을 수 있는 것도 아니다. 대부분의 어린이들은 이런 데에 탁월한 재능을 보인다.

우리가 알고 있는 사람 중에도 다양한 표정과 흉내내기 또는 몸짓 등을 표현하는 데 타고난 재능을 가진 사람이 많은데, 적어도 이런 귀중한 능력이 극적인 장면을 만들어내는 한 부분이 된다. 우리도 대부분 이런 형태의 재능을 가지고 있으므로, 조금만 노력하면 더 잘할 수 있다.

실례를 드는 동안 행동과 흥분을 첨가하면, 청중은 더 큰 인상을 받게 된다. 아무리 자세하게 묘사한다고 하더라도, 연사가 모든 방법을 다 써서 열정적으로 재연하지 않으면 효과가 떨어지게 된다.

당신은 불을 묘사해본 적이 있는가? 그때는 마치 소방관이 화마와 싸우는 것처럼 흥분된 느낌으로 말하라. 이웃과 싸웠던 일을 말할 생각인가? 지금 싸우고 있는 것처럼 표현하라. 물 속에 빠져 공포에 떨며 필사적으로 몸부림치던 장면을 말하려고 하는가? 당신이 겪었던 그 끔찍한 일에 대해 청중이 절망감을 느끼게 만들어라.

이런 실례를 드는 목적 중 하나는 당신의 연설을 기억시키기 위해서다. 청중은 당신의 연설을 기억할 것이고 그 실례가 청중의 마음에 굳건하게 자리 잡으면, 그들은 당신이 뜻하는 바를 할 것이다.

우리가 조지 워싱턴을 정직하다고 기억하는 것은, 윔스(Weems, 별칭은 Parson Weems. 1759. 10. 11~1825. 5. 23 : 미국의 성직자, 서적 외판원. 조지 워싱턴이 벚나무를 찍어 넘어뜨렸다는 이야기를 꾸며낸 인물이다. 이 이야기를 그의 책 『조지 워싱턴의 생애와 특이한 행동들(*The Life and Memorable Actions of George Washington*)』의 5판(1806년)에 끼워 넣었다—옮긴이 주)의 전기에서 읽은 대로 벚나무 사건이 떠오르기 때문이다. 신약 성경에는 착한 사마리아 사람 얘기처럼 인간적 흥미를 일깨우는, 선악적 행동을 강조하는 원리와 관계된 얘기가 아주 많이 들어 있다.

사건을 예로 드는 것은, 연설을 좀더 쉽게 기억하게 만드는 것 외에도 연설을 좀더 재미있게 만들고, 좀더 확신에 차게 하며, 이해하기 쉽게 만든다. 인생에서 배운 당신의 경험은 청중에 의해 새롭게 인식되는 것이고, 어떤 의미에서는 당신이 그들에게 어떤 행동을 요구하는 것인지 미리 답을 준다고도 볼 수 있다. 여기까지 이른다면 우리는 마술공식의 두 번째 단계로 갈 자격이 있다.

청중에게 바라는 요점을 말하라

행동을 유발하기 위한 연설에서 실례를 드는 과정은 당신의 연설 시간의 4분의 3은 잡아먹는다. 당신이 2분 짜리 연설을 하고 있다고 가정해보자. 이제 남은 시간은 20초뿐이므로, 그 시간 안에 당신은 청중에게 원하는 바와 그로써 청중이 얻게 될 이득을 말해주어야만 한다.

자세하게 설명할 필요가 없다. 솔직하고 직접적으로 당신의 주장을 말할 때인 것이다. 이것은 신문기사에서 쓰는 방법과 반대다. 제목을 먼저 주는 대신, 소식을 먼저 전하고 나서 당신이 말할 요지나 행동을 호소하는 제목을 다는 것이다.

이 과정은 세 가지 법칙으로 결정된다.

point 1 | 요점은 간단하고 명확하게 전달한다

당신이 청중에게 원하는 바가 정확하게 무엇인지를 분명히 얘기한다. 사람들은 똑바로 알아들은 것만 행동에 옮길 것이다. 당신이 말해준 예를 통해서 청중이 행동을 하게 되는 상황에서, 당신이 청중에게 원하는 것이 무엇인지 먼저 당신 자신에게 분명하게 물어봐야 한다. 전보를 쓰는 것처럼 글자의 숫자를 최소한도로 줄이고 가능하면 명확하고 솔직한 말로 요점을 적어주는 것도 좋은 방법이다.

"우리 지역 고아원에 있는 어린이들을 도웁시다"라는 식으로 말하지 말라. 너무 막연하다. 그 대신 "지금 이 자리에서 다음 주 일요일에 25명의 어린이들을 데리고 소풍 가는 일을 돕겠다고 서명하십시오"라고 말하는 게 낫다. 눈으로 드러나는 명백한 행동을 촉구하는 것이 중요하다. 정신적인 행동은 너무 모호하다.

예를 들어서, "가끔씩 조부모님을 생각합시다"라는 말은 어떻게 행동하라는 건지 애매하다. 대신에 "이번 주말에 할아버지 할머니를 찾아뵙겠다고 약속하십시오"라고 말하라. "애국자가 됩시다" 같은 공언은 "다음 주 화요일에 투표에 참여합시다"로 바꿔야 한다.

point 2 | 청중이 행동하기 쉽게 요점을 말한다

쟁점이 무엇이건 간에, 논쟁해야 하는 일이건 아니건 간에, 요지를 말로 표현하고 행동을 촉구하는 것이 연사의 의무다. 이런 방법은 청중이 빨리 이해하게 만든다. 청중을 쉽게 이해시키는 최고의 방법은 명확하게 말하는 것이다. 만일 당신이 청중에게 다른 사람의 이름을 잘 기억하자고 말하고 싶다면, "지금부터 이름을 좀더 잘 기억하시기 바랍니다"라고는 말하지 말라. 너무 막연해서 어떻게 해야 할지 감이 안 잡힌다. 대신에 "다음부터는 낯선 사람을 만나면 그를 만난 지 5분 안에 상대의 이름을 다섯 번 반복하십시오"라고 말하라.

자세한 행동 방법을 말하는 연사들은 일반적인 말만하는 연사들보다 청중에게 동기를 훨씬 잘 부여한다. 강의실 뒤쪽에 있는 카드에 동료의 회복을 바라는 말을 적어 보내자고 말하는 것이, 같이 강의를 듣는 동료가 빨리 회복하기를 바라는 마음으로 카드나 편지를 쓰자고 말하는 것보다 훨씬 낫다.

질문은 부정이든 긍정이든 청중의 관점에서 어떤 대답이 나올지를 생각해야 한다. 부정형의 구문이 다 나쁜 것은 아니다.

피해야 할 태도를 요약하는 경우에는 부정 구문이 긍정형보다 훨씬 더 큰 효과를 가져올 수도 있다. 수년 전에 어느 전구회사에서 전구를 많이 팔기 위해 고안해 낸 광고 문구는 바로 "전구 도둑이 되지 말자"라는 부정형의 구문이었다.

요점은 연설의 전체적인 주제를 말한다. 그러므로 강력하고 확신에 찬 태도로 말해야 한다.

제목이 굵은 글씨로 크게 나오듯, 행동을 촉구하는 당신의 요구사항은 살아 있는 직접적인 언어로 강조해야 한다. 당신은 청중에게 감동을 줄 마지막 부분으로 치닫고 있는 중이다.

청중은 당신이 행동을 촉구하며 호소하는 내용을 진실로 느껴야 한다. 망설이거나 자신 없는 태도로 요구하는 것은 정말 안 된다.

이제 마술공식의 세 번째 단계인 마지막 단계로 계속 나아가자.

 청중이 납득할 만한 이유나
이익을 말하라

여기서 다시, 간결하게 말수를 줄여야 한다. 이 단계에서는, 그들이 당신의 요구에 따라 행동한다면 어떤 보상이나 이익이 있는지를 제시해야 한다.

대중연설에서 청중을 유도하는 방법에 대해 쓴 책은 많다. 그것은 광범위한 주제이고 다른 이들에게 행동을 유도하고자 하는 사람에게 유용하게 쓰일 수 있다. 우리가 꼼꼼히 살펴본, 행동을 촉구하는 짧은 연설에서 이익에 관한 부분은, 끝내기 전에 한두 문장으로 강조하는 게 좋다. 그렇지만 가장 중요한 것은, 실례 단계에서 나온 이득과 초점을 맞춰야 한다는 것이다.

청중에게 중고차를 사라고 설득하기 위해 중고차를 사서 돈을 절약한 경험을 실례로 들었다면, 이익의 단계에서도 역시 중고차를 살 때 경제적으로 이득이라는 점을 강조해야 한다.

중고차 중에는 최신형보다 스타일이 멋진 것이 있다는 식으로, 당신이 제시하는 이득이 실례를 들었던 내용에서 벗어나면 안 되는 것이다.

point 2 | 한 가지 이유만 확실히 강조한다

대부분의 세일즈맨들은 어째서 자기가 권하는 물건을 사야 하는지에 대해 대여섯 가지 이유를 댈 수 있다. 당신도 자신의 요지를 뒷받침할 만한 이유를 꽤 여럿 알고

있을 터이고, 그 이유들은 하나같이 당신이 들었던 실례에 어울릴 것이다. 그러나 그중에서도 한 가지 특출난 이유와 이득을 골라서 주장을 펼 때 효과는 최대가 된다.

청중에게 전하는 마지막 말은 전국적으로 배포되는 잡지처럼 명확한 메시지를 담고 있어야 한다. 여러분이 만일 이런 기발함이 넘치는 광고를 연구해본다면, 연설의 요점과 이유를 다루는 기술을 개발하는 데 도움이 될 것이다.

한 번에 한 가지 이상의 상품이나 한 가지 이상의 생각을 선전하려고 하는 광고는 없다. 높은 발행부수를 자랑하는 잡지를 보면, 한 가지 이상의 이유를 대며 광고하는 잡지는 거의 없다.

같은 회사가 매체에 따라 광고하는 방식을 바꿀 수는 있다. 그렇지만 한 회사가 소리로든 영상으로든 다른 내용을 광고하는 경우는 드물다.

잡지나 신문, 텔레비전에 난 광고를 살펴보고 내용을 분석해보면, 사람들에게 물건을 사도록 설득하는 데 마술공식이 얼마나 빈번하게 쓰이는가를 알고 놀랄 것이다. 그리고 그것이 광고 전체를 한 묶음으로 묶는 띠라는 사실도 알게 될 것이다.

예를 들어, 실례를 드는 방법은 여러 가지가 있다. 설명하고, 증명하거나, 근거를 인용하고, 비교하고, 통계를 들이대는 등이다. 이런 것들은 뒤에서 좀더 자세하게 설명할 것이다. 그 부분은 설득하기 위한 긴 연설을 다루고 있다.

반면에 여기서는 행동을 유발하고자 하는 짧은 연설에 대해서만 제한적으로 다루었다. 개인적인 우화 형태의 실례가 가장 재미있고 극적이며, 설득력이 있는 방법이기 때문이다.

Chapter 08

정보를 주는 연설

당신도 가끔 미국 상원의 조사위원회 의원들이, 어떤 사람이 연설하는 것을 들으면서 화가 나서 불끈했다는 얘기를 들은 적이 있을 것이다.

연설자는 정부 고위 관료였지만, 그저 주절주절 모호한 말을 늘어놓으며 자기가 무슨 뜻으로 말하는지도 몰랐다. 그의 연설은 요점이 없고 막연해서, 위원회의 당혹감은 시간이 갈수록 심해졌다. 마침내 위원 중에서 노스캐롤라이나를 대표하는 선임 상원의원인 사무엘 제임스 어빈 주니어(Samuel James Ervin, Jr.)가 짧게 연설할 기회를 얻게 되었다.

그는 그 관료가 마치 자기네 고향집에 있는 어떤 남자를 연상시킨다고 말했다. 그 남자는 자기 변호사에게, 아내가 아름답고 요리를 잘하며 아이들에게도 잘하지만 그래도 이혼하고 싶다고 말했다.

변호사가 물었다.

"대체 왜 그런 부인하고 이혼을 하시겠다는 겁니까?"

"아내가 잠시도 입을 가만 놔두지 않기 때문이오."

"주로 무슨 말을 하는데 그럽니까?"

"바로 그게 문제랍니다. 도대체 무슨 말을 하는지 알 수가 없단 말입니다."

남녀를 가릴 것 없이 이런 문제를 가지고 있는 연사가 많다. 청중은 그런 연사가 하는 말은 알아듣지 못한다. 그런 연사들은 뜻을 명확하게 밝히는 법이 없기 때문이다.

앞에서, 청중을 행동하게 만드는 짧은 연설에 대한 공식을 말했다. 이제, 동기를 주기 위해서가 아니라 청중에게 정보를 전할 때, 당신이 가진 뜻을 명확하게 전달할 수 있는 방법을 말해보겠다.

우리는 일상에서 정보를 주는 말을 많이 한다. 지시나 지도를 하기도 하고, 설명과 보고를 하기도 한다. 청중이 매일 듣게 되는 모든 종류의 연설 중, 정보를 주는 연설은 설득과 행동을 일으키는 연설 다음으로 많이 듣게 되는 연설이다.

다른 사람들에게 행동하게 하는 능력보다 선행되어야

하는 것이 명확하게 이야기하는 능력이다. 오웬 D. 영 (Owen D.Woung)은 미국에서 제일가는 실업가 중의 한 사람으로, 오늘날의 세상은 명확하게 표현해야 할 필요가 있다고 강조했다.

다른 사람들이 자신을 이해하게 만드는 능력을 확장시키는 것은, 자신의 효용가치를 높이는 것이다. 우리 사회에서는 분명, 다른 사람들과 어떻게든 서로 협력해야 하는데, 그러기 위해서는 무엇보다 서로를 이해하는 것이 중요하다. 언어는 이해를 전달하는 중요 장치이므로, 유치하지 않고 날카로운 심미안을 가질 수 있어야 한다.

청중이 당신의 말을 이해하는 데 아무 어려움이 없도록 분명하고 명확하게 말하는 방법을 몇 가지 제시해보겠다.

루드비히 비트겐슈타인(Ludwig Wittgenstein, 1889. 4. 26~1951. 4. 29 : 오스트리아 태생의 영국 철학자—옮긴이 주)은 이렇게 말했다.

모든 생각할 수 있는 일은 분명하게 생각해야 한다. 말로 표현할 수 있는 것이라면 또한 명확한 언어로 표현해야 한다.

주제를 시간에 맞춰 조절하라

윌리엄 제임스 교수는 교사들에게 한 번의 강의로는 한 가지 요점만 말할 수 있다고 했다. 그런데 그가 말한 한 번의 강의는 한 시간을 말한 것이었다.

그러나 최근에 내가 만난 어떤 연사는 스톱워치로 3분을 재는 동안만 연설해야 하는데도 불구하고, 11가지나 말하겠다고 말문을 열었다. 한 가지 주제에 대해서 말할 시간이 16.5초인 셈이었다! 정말 불가능해보이는 일이 아닌가? 생각이 제대로 박힌 사람이라면 그토록 어리석은 짓을 하겠는가?

사실 이건 좀 심한 경우지만, 그 정도는 아니라도 신출내기 연사들은 대부분 그런 실수를 저지르는 경향이 있다. 그런 사람은 마치 파리를 하루 동안 다 보여주겠다는, 수박 겉 핥기 식 관광 가이드 같다.

또한 미국 자연사박물관을 30분 안에 둘러본다고 생각해보자. 똑똑히 보거나 재미있게 본 전시물이 하나도 없을 것이다.

많은 사람들이 뜻을 똑바로 전하지 못하는 이유는 주어진 시간에 세상의 온갖 것을 다 참견하려 하기 때문이다. 바위산에 사는 염소가 바위 사이를 뛰어다니듯, 이 말 했다가 저 말 했다가 바쁘기만 할 뿐이다.

예를 들어, 당신이 노동조합원들에게 연설을 하게 되었다면, 3분에서 6분 안에 어떻게 노동조합이 생겨났는지, 그들이 어떤 식으로 모여 있는지, 노동조합이 어떤 성과를 냈는지, 잘못한 점은 뭔지, 노동쟁의를 어떤 식으로 풀어야 하는지 다 설명하려고 하지 마라. 절대, 절대 하지 말아야 한다. 그런 식의 연설로는, 당신이 하는 말의 의미를 정확하게 알아들을 사람이 아무도 없을 것이다. 그저 혼란스럽고 모호하며, 너무 개략적인 데다가, 그저 윤곽만 너무 많이 말하는 꼴이 된다.

노동조합에 관해 오직 한 가지 면만 들어서 알맞은 예를 들어 가며 이야기하는 것이 더 지혜롭지 않을까? 그렇다. 그런 종류의 연설은 정연한 인상을 줄 것이다. 알아듣기 쉽고, 듣기 쉬워야 기억하기도 쉬운 법이다.

어느 날 아침, 나는 평소 알고 지내던 어떤 회사의 회장을 만나기 위해 찾아간 일이 있었다. 그런데 회장실의 문에 다른 사람의 이름이 붙어 있었다. 인사과 이사로 일하고 있던 내 친구가 설명해주었다.

"이름은 주인 따라 가버렸네."

"이름이 어쨌다는 거야? 존스 가를 대표해서 그분이 회사를 운영하지 않았나?"

친구가 말했다.

"별명 말일세. 그분의 별명이 '어디로 가셨나'였거든. 다들 '어디로 가셨나' 존스 회장님이라고 불렀지. 한자리에 오래 붙어 있지를 않으셨거든. 그래서 존슨 가에서 사촌을 그 자리에 앉히기로 결정한 거네. 그분은 이 사업이 어떻게 돌아가는지 알려고 노력하는 일이 없었네. 하루 종일 버티기는 했지. 그런데 뭘 하고 돌아다녔는지 아나? 이리 기웃, 저리 기웃 하고 다니면서 하루 종일 온갖 데를 다 다닌 거야. 그분은 아마 발송계원이 전등은 잘 껐는지, 아니면 속기사가 클립 떨어진 걸 잘 주웠는지 살피는 일이 판매를 촉진하기 위해 노력하는 것보다 더 중요하다고 생각했나 봐. 사무실에 잘 붙어 있지를 않았으니까. 그래서 그분 별명이 '어디로 가셨나'였다네."

'어디로 가셨나' 존스 씨의 이야기는 훨씬 잘할 수 있는데도 불구하고 헤매는 많은 연사들을 떠올리게 한다. 그들은 자신을 체계적으로 만들지 못하므로 더 잘할 수가 없는 것이다. 한번에 너무 많은 것을 얘기하려고 하는 사람은 존스 씨와 같은 사람이다. 그런 연설을 들어 본

적이 있는가? 혹시 듣다가, "저 사람이 지금 무슨 생각을 하는 거야?" 하고 생각한 적이 있는가?

경험이 많은 연사들 중에서도 이런 실수를 저지르는 사람이 있다. 아마도 그들은 여러 가지 면으로 잘해보겠다는 의욕이 지나쳐서 노력을 분산시키는 위험에 빠지게 되는 것 같다.

여러분은 그런 실수를 하지 않기를 바란다. 주제를 붙들고 늘어져라. 여러분이 자신에게 분명하게 하면, 듣는 사람들도 항상 "무슨 말인지 알겠다. 저 사람이 지금 어디 있는 줄 알겠어"라고 말할 것이다.

생각을 순서대로 정리하라

모든 주제는 시간, 공간, 그리고 특별한 소재의 논리적 순서로 전개해나갈 수 있다. 예를 들어, 시간 순서로 배열하면 과거 · 현재 · 미래의 세 얼개로 생각할 수 있을 것이다. 아니면 어떤 특정한 날짜로부터 시작해 그 앞뒤로 전개할 수도 있다. 예를 들어, 연설의 모든 과정은 소재 단계에서부터 시작하여 다양한 가공 단계를 거쳐 완

성품을 만들어내는 것이다. 그 안에 얼마나 자세하게 배치하는가는 물론 시간적 상황을 따르면 된다.

공간 순서로 배열한다고 볼 때, 당신은 어떤 중심부에서 시작해 바깥으로 나가거나 실질적인 방위를 이용해 동서남북으로 전개할 수도 있다. 만일 워싱턴 시를 묘사한다고 치면, 일단 청중을 국회의사당 건물 꼭대기로 데려간 뒤에 각 방향에서 흥미로운 곳을 지적할 것이다. 만일 제트 엔진이나 자동차를 설명한다면, 각 부속별로 쪼개서 설명하는 것이 최선의 길이다.

어떤 주제들은 본래 주어진 순서가 있다. 만일 미국 정부의 구조를 설명하기로 했다면, 정부 고유의 형태를 따라 입법, 행정, 사법 부문으로 하는 것이 좋다.

하나하나 열거하면서 말하라

청중의 마음속에 들어가도록 말을 정연하게 하는 가장 간단한 방법 중의 하나는 한 가지 요점을 먼저 말한 뒤에 다음 것을 말하는 식으로 분명하게 진전시키며 말하는 것이다.

"첫 번째 요점은……"이라고 딱 잘라 말할 수도 있다. 한 가지에 대해 다 말했다면, 두 번째 요점을 말하겠다고 솔직히 말한다. 이런 식으로 끝까지 말할 수도 있다.

유엔 사무총장의 보좌역으로 있었던 랄프 J. 번치 (Ralph J. Bunche) 박사는, 뉴욕의 로체스터 시티 클럽의 후원으로 열린 중요한 모임에서 솔직한 방법으로 연설을 시작했다.

"저는 오늘 저녁에 '인간 관계의 과제'라는 주제에 대해 두 가지 논점에서 말하고자 합니다."

이런 말로 연설을 시작한 그는 바로 덧붙여서 말했다.

"먼저 첫 번째로……."

그러고는 곧 다음과 같이 계속했다.

"두 번째로는……."

연설하는 내내, 그는 자신이 말하는 바를 한 가지 한 가지 들추면서 마지막 결론에 이르기까지 자신의 의견이 확실히 전달되도록 세심하게 주의했다.

"우리는 인간이 선을 향하는 잠재된 마음을 가지고 있다는 믿음을 결코 버려서는 안 됩니다."

같은 방법은 경제학자가 연설하는 데에도 매우 효과적인 방식이 될 수 있다.

폴 H. 더글러스(Paul H. Douglas)의 예를 들어보겠다. 그는 일시적으로 불황기를 겪고 있는 산업을 진흥시키기 위한 방법의 일환으로 미 의회의 상·하원 합동위원회에서 연설을 했다.

그는 세무 전문가이자 일리노이 주의 상원의원이라는 입장에서 이렇게 연설을 했다.

"제가 말하려는 논점은 바로 이것입니다. 가장 빠르고 가장 효과적인 방법은 저소득층과 중간소득층의 세금을 감면해야 한다는 것입니다. 즉, 이 두 계층은 소득의 대부분을 지출하게 되는 것입니다."

그는 계속 자신의 논점을 하나하나 명쾌하게 열거해 나가며 청중이 이해하기 쉽도록 이야기했다.

"특히……."

"더욱이……."

"그뿐 아니라……."

"세 가지 중요한 이유 때문에 그렇게 해야 합니다. 첫째……, 둘째……, 셋째……."

"결론적으로 말해서, 저소득층과 중간소득층을 위해 하루속히 세금을 감면해야만 수요가 증가하고 구매력이 커질 수 있습니다."

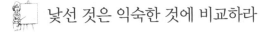# 낯선 것은 익숙한 것에 비교하라

때로 당신은 모호한 개념을 설명하기 위해 몸부림친 경험이 있을 것이다. 당신에게는 간단한 일이지만 청중에게 설명하려고 하면 장황하게 설명해야 하는 그런 개념 말이다. 어떻게 해야 할까? 잘 설명이 안 되는 것은 청중이 이해하기 쉬운 어떤 것에 비교를 하는 방법을 쓴다. 즉, 낯선 것은 그것과 비슷한 어떤 것에 비교하여 말한다.

만일 촉매가 산업에 미친 화학적 기여에 대해 논하고 싶다고 가정하자. 촉매는 자기 자신은 아무 변화가 없으면서 다른 물질을 변화시키는 물질이다. 꽤 간단한 사항이다.

그래도 좀더 잘 설명할 수 없을까? 학교 운동장에서 다른 학생들을 밀치고 때리고 놀리고 찌르는 꼬마 녀석이 다른 아이들에게 아무런 해를 입지 않는 것과 같다고 말하는 것이 그럴 듯한 예가 되겠다.

선교사들도 이런 문제에 마주친 경우가 있었다. 그들은 적도 아프리카에 사는 종족들의 토착어로 성경을 번역하면서 낯선 문구를 원주민들에게 익숙한 말로 고쳤다. 문자 그대로 번역했어야 했을까? 그렇게 했다간, 어떤 단어들은 원주민에게 아무 뜻도 없는 말이 되리라고 선교사들은 생각했다.

예를 들어, 성경에 이런 구절이 있다.

"너희 죄가 피같이 붉을지라도, 눈처럼 희어지리라."

과연 문자 그대로 번역을 해야 할까? 원주민들은 정글에 낀 이끼는 알아도 눈이 뭔지 모르는 사람들이었다. 하지만 그들은 때로 코코넛 나무에 올라가 열매를 따서 점심으로 먹곤 했다. 선교사들은 모르는 것을 아는 것과 연결시켰다. 그래서 성경 구절을 이렇게 바꿔 읽었다.

"너희 죄가 피같이 붉을지라도, 마치 코코넛 열매의 속살처럼 하얘지리라."

point 1 | 사실을 그림으로 묘사하라

지구에서 달까지는 얼마나 될까? 태양은? 가장 가까운 별까지는 또 얼마나 멀까? 과학자들은 우주 여행에 관한 질문을 수학적으로 풀려는 경향이 있다. 그러나 과학 강사와 작가들은 일반 청중에게는 그런 것이 아무 소용이 없다는 것을 잘 안다. 그들은 수치를 그림으로 표현한다.

유명한 과학자 중에 제임스 진즈(James Jeans, 1877.

9. 11~1946. 9. 16 : 영국의 물리학자, 수학자. 물질이 전 우주에 걸쳐 지속적으로 생성된다고 처음으로 주장했다. 혁신적인 천문학 이론도 발표했지만, 천문학에 대한 대중적인 책들을 쓴 저자로 더 유명하다—옮긴이 주) 경은 특히 우주를 탐험하고 싶어하는 인류의 갈망에 관심을 갖고 있었다.

과학 분야의 전문가로서, 그는 수학적으로 물론 잘 알고 있었지만, 저술이나 연설 중간중간에 그림을 끼워 넣는다면 더 효과적이라는 사실도 잘 알고 있었다.

그는 『우리를 둘러싼 우주(*Universe Around Us*)』라는 저서에서, 태양계의 태양과 주변을 도는 행성은 꽤 가깝게 있기 때문에, 우주를 돌고 있는 다른 별들이 대체 얼마나 멀리 있는지 잘 자각하지 못하고 있다고 지적하고 있다.

"가장 가까운 항성(프록시마 센타우루스)도 25조 마일이나 떨어져 있습니다."

그는 이 수치를 좀더 생생하게 표현하기 위해 사람이 빛의 속도(매초 186마일)로 지구를 떠나도 4년 3개월이나 걸려야 프록시마 센타우루스에 도착할 수 있다고 설명했다.

이런 방법으로, 그는 우주의 까마득한 거리를 알래스카의 크기를 제시하면서 너무나도 간단하게 끝내 버렸던 다른 연사보다 훨씬 더 실감나게 표현했다. 알래스카를 설명하던 연사는 그 면적이 590,804제곱마일이라고 불쑥 말하고는, 그 크기가 어느 정도인지 설명하려고조차 하지 않았었다.

이런 식의 설명으로 미국의 49번째 주의 크기를 눈으로 그릴 수 있겠는가? 나로서는 전혀 느낌이 오지 않는다. 나는 다른 경로를 통해 그 크기를 실감나게 표현한 설명을 듣고 나서야 감이 잡혔다.

알래스카의 면적은 버몬트, 뉴햄프셔, 메인, 매사추세츠, 로드아일랜드, 코네티컷, 뉴욕, 뉴저지, 펜실베이니아, 델라웨어, 메릴랜드, 웨스트버지니아, 노스캐롤라이나, 사우스캐롤라이나, 조지아, 플로리다, 테네시, 그리고 미시시피 주를 모두 합친 것과 같다는 것이다.

그리고 나서야 590,804제곱마일이 새로운 의미로 다가왔다. 당연하지 않은가? 이제 여러분은 알래스카라는 광활한 땅이 지닌 무궁한 가능성을 알게 되었을 것이다.

몇 년 전에 우리 강의를 듣던 한 사람이 간선도로에서 일어나는 끔찍한 사고를 설명하면서 사고로 희생된 사상자 수를 언급해 듣고 있던 사람들의 등골을 오싹하게 만들었던 일이 있다.

"뉴욕에서 로스앤젤레스를 횡단하는 길을 달리고 있다고 합시다. 그런데 길가에는 도로표지판 대신에, 땅바닥에 세워놓은 관이 서 있고, 관 속에는 작년에 사고로 참혹하게 죽은 희생자들이 들어 있다고 상상해 봅시다. 이쪽 끝에서 저쪽 끝까지 가는 동안 1마일에 12개씩 5초마다 그 무시무시한 광경을 지나쳐야 하는 것입니다!"

그 다음부터는 운전만 시작하면 얼마 지나지 않아 그 소름끼치는 광경이 떠올랐다.

이유가 무엇일까? 귀로 느낀 감동은 오래 지속되기가 힘들다. 소리는 너도밤나무에 흩날리는 진눈깨비처럼 허망하기 때문이다. 그렇다면 눈으로 본 감동은 얼마나 갈까? 몇 년 전, 나는 다뉴브의 강둑에 서 있던 고풍스런 집에 박혀 있던 포탄을 본 일이 있다. 그 포탄은 나폴레옹의 포병대가 울름(Ulm) 전투에서 쏜 것이었다. 시각적 감동은 그 포탄과 같다. 끔찍한 충격으로 박히는 것이다. 시각은 스스로가 깊게 파고 들어간다. 그리고 꿈쩍도 하지 않는다. 나폴레옹 보나파르트가 오스트리아를 몰아냈듯, 시각은 반대되는 사항을 모두 몰아내려 한다.

당신이 특정한 전문 영역의 전문가라면(변호사나 외과 의사, 혹은 엔지니어라든가 경제계에서 특화 분야를 가진 사람이라면) 당신 분야에서 일하지 않는 사람들과 말할 때에는 특히 조심해야 한다. 쉬운 단어와 분명한 설명으로 자신의 생각을 표현해야 한다.

내가 본 연설자 중에는 이 점에 있어서 심하다 싶을 정도로 치명적인 실수를 저지르는 사람들이 숱하게 많았기 때문에, 나는 직업적 의무감으로 특히 조심하고 있다. 그런 연사들은 자신의 직업이 특별하다는 것을 생각 못하고 일반 청중도 으레 알고 있으려니 여기는 것 같다. 그럼 어떻게 되겠는가? 그저 생각나는 대로 여과 없이 구구절절 늘어놓으면서, 즉각적으로든 지속적으로든 자신의 경험에 비추어 의미가 되는 말이라면 아무 거리낌 없이 사용하는 것이다. 그러면 결국 청중과 뜻이 통하지 않아, 마치 새로 갈아놓은 캔자스의 옥수수 밭에 6월의 장대비로 넘친 미주리 강이 덮친 것처럼 오리무중이 된다.

그런 연사들은 어떻게 해야 할까? 인디애나의 상원의원이었던 비버리지(Beveridge)가 명쾌하게 써놓은 글을 주의해서 읽어보기 바란다.

청중 가운데서 가장 이해력이 부족해 보이는 사람을 불러내어 당신의 주장을 재미있게 듣도록 해보는 것도 좋은 연습이 되겠다. 쉽게 말하고 명쾌하게 뜻을 전할 때만 이런 결과가 나올 수 있다. 그것만큼 좋은 방법은, 이야기의 중심을 부모처럼 모든 어린이들에게 맞추는 것이다.

자신에게 말하라. 하고 싶다면 청중에게도 크게 말해도 좋다. 어린이들도 이해하고 기억할 수 있도록 논점을 아주 쉽게 말해서, 모임이 끝난 후에도 당신의 말을 되새김할 수 있게 하겠다고 말하라.

우리 강의를 듣던 한 외과의사가 횡격막 호흡이 장의 연동 운동을 현저하게 도와주고 건강을 호전시킨다고 말했다. 그는 한 마디 말로 간단하게 요약하고는 서둘러 다른 말을 하려고 했다.

강사는 일단 그를 제지하고 나서, 듣고 있던 사람들에게 횡격막 운동이 여느 호흡과 다른 점이 무엇이고, 왜 특히 육체적 건강에 좋은 것이며, 연동 운동이 무엇인지 정확히 아는 사람은 솔직히 손을 들어보라고 했다. 물론 의사는 결과를 보고 적잖이 놀랐다. 그래서 다시 다음과 같이 개념을 확장시켜서 설명했다.

횡경막은 폐의 하부와 복강의 상부에 해당하는 가슴 밑바닥에 있는 얇은 근육으로 이루어져 있습니다. 횡경막이 활동하지 않는 흉식 호흡 때, 횡경막은 세면기를 뒤집어놓은 것 같은 활 모양이 됩니다.

복식 호흡으로 숨을 쉬면, 이 활같이 생긴 근육이 거의 평평해질 때까지 펴져서 복부 근육은 벨트를 밀어내는 것같이 됩니다. 따라서 이 횡경막 운동이 위, 간, 췌장, 비장 등 복강 상부에 있는 기관을 적당히 주물러 자극을 주게 됩니다. 다시 숨을 내쉬게 되면, 복부와 장은 횡경막 쪽으로 밀어 올려지면서 다른 마사지를 받게 될 것입니다. 이 마사지는 배설 작용을 원활하게 해 줍니다.

건강이 좋지 못한 경우 가장 큰 원인은 장에 있습니다. 대부분의 소화불량, 변비, 자가중독은 배와 장을 자극하는 깊은 횡경막 호흡으로 상당히 좋아질 수 있습니다.

그 종류에 상관없이 설명은 언제나 간단한 사항에서부터 복잡한 일로 풀어 나가는 것이 좋다.

예를 들어, 가정 주부들을 모아놓고 어째서 냉장고 속의 성에를 제거해야 하는지를 설명한다고 가정해보자. 아래처럼 말하는 것은 정말 잘못된 설명이다.

냉각의 원리는, 증발기가 냉장고 내부의 공기 중에서 열을 끌어내는 데 있습니다. 열이 밖으로 나오게 되면, 습기가 따라 나와 증발기에 달라붙게 되고, 이 습기가 두껍게 쌓이면서 증발기는 절연 작용을 받게 됩니다. 두꺼운 성에가 먹어버리는 에너지를 보상하기 위해 더 자주 모터를 돌려야 합니다.

하지만 연사가 가정주부들이 잘 알고 있는 내용으로 이야기를 풀어나간다고 생각해보자. 그러면 이야기를 듣는 주부들이 얼마나 이해하기가 쉽겠는가?

여러분들은 냉장고의 어느 부분에서 고기가 언다는 것을 잘 알고 계실 겁니다.

그와 마찬가지로, 냉동고에 성에가 어떻게 끼는지도 잘 아실 겁니다. 성에는 제거하기 전까지는 매일 조금씩 두꺼워집니다. 냉동고 주변의 성에는 침대에 덮어놓은 담요나, 집 지을 때 벽 사이에 절연체로 사용하는 석면과 똑같은 존재입니다.

그러니 성에가 두꺼워질수록, 냉동고가 더운 공기를 내보내고 냉장고를 차게 유지시키기는 더 어려워지는 것입니다. 냉장고 모터는 내부의 온도를 차게 유지하기 위해 더 자주 길게 돌아가야만 합니다.

그렇지만 자동 성에제거기가 있다면, 성에는 절대로 두껍게 쌓일 수가 없습니다. 결과적으로, 모터는 좀더 짧게, 좀 덜 돌아가도 되는 것입니다.

오래전, 아리스토텔레스는 이 점에 대해 아주 유용한 충고를 해주었다.

현인처럼 생각하고, 보통 사람처럼 말하라.

그래도 전문적인 용어를 써야만 할 경우에는 먼저 충분히 설명을 함으로써 청중이 모두 그 뜻을 알 수 있도록 해야 한다. 특히 자꾸 되풀이해서 쓰게 마련인 근본 원리에 대한 단어에는 더욱 명심해야 한다.

한번은 증권거래인이 금융과 투자에 관련된 기본 지식을 배우고 싶어하는 주부들을 대상으로 연설하는 것을 듣게 되었다. 그는 대부분 일상적인 대화에서 쓰는 것 같은 쉬운 언어를 사용했다. 뭐든 분명하게 얘기했지만 정작 중요한 한 가지, 청중이 모르는 경제용어를 사용했다는 것이 문제였다. 그는 '어음교환소', '풋옵션·콜옵션', '차환저당권', 그리고 '공매도' 등의 단어를 썼던 것이다. 그의 연설은 흥미진진한 강연이 될 뻔했지만, 청중이 그가 직업적으로 단순하게 쓰는 단어들에 무지하다는 사실을 몰랐기 때문에 도무지 알 수 없는 연설이 되어버린 것이다.

청중이 이해하지 못할 것 같다고 구태여 중심단어를 피할 필요는 없다. 다만 단어를 곧 설명을 해야 한다. 이 사실을 절대 잊지 마라. 그래서 사전이 있는 것 아닌가.

광고음악에 대해 하고 싶은 말이 있는가? 충동구매는 어떤가? 아니면 교양과목 과정이나 원가 계산은 또 어떤가? 정부보조금이나, 교통규칙을 지키지 않는 자동차에 대해서는 어떤가?

당신은 어린이에게 하듯 툭 털어놓는 태도로 연설을 하고 싶은가, 아니면 후입선출(後入先出, LIFO : last-in, first-out method) 방식으로 재고조사 하는 사람같이 연설을 하겠는가?

이런 특화된 분야에 대해 연설할 때는 당신이 알고 있는 것처럼 청중도 중심단어를 이해하게 해야 한다는 것만 명심하라.

시각적인 보조물을 활용하라

눈에서 뇌로 연결되는 신경은 귀에서 뇌로 연결되는 신경보다 몇 배나 크다고 한다. 과학자들은 귀에 자극을 주었을 때보다 눈에 자극을 주었을 때 25배나 더 집중하는 효과가 있다고 말한다.

"한 번 보는 것이 백 번 듣는 것보다 낫다"는 동양 속담이 있다.

그러므로 명백하게 전달하고 싶으면, 요점을 그림으로 그리고 개념을 시각화하라. 내셔널 현금등록기 회사 (National Cash Register Co.)의 창업자인 존 H. 패터슨 (John H. Patterson)도 그런 방법을 썼다. 그는 〈시스템 매거진(System Magazine)〉에 기사를 쓰면서, 생산직 근로자와 판매원들에게 얘기할 때 했던 것 같은 방식으로 요점을 서술했다.

누구든 말만으로 자신을 표현할 때에는 듣는 사람의 관심을 붙잡아놓기가 어렵다. 청중의 흥미를 끌 수 있는 극적인 보충물이 필요하다. 가능하면 옳고 그름을 보여줄 수 있는 그림이면 더욱 좋겠다.

단순히 말로 표현하는 것보다 도식으로 그리는 것이 훨씬 설득력 있게 전달될 수 있으며 도식보다는 그림이 훨씬 설득력이 있다.

주제를 표현할 수 있는 가장 이상적인 제시 방식은, 요소마다 그림을 제시하고 언어는 그 그림을 이어주는 역할을 하는 것이다. 나는 사람을 다루면서 일찍이 이 사실을 깨달았고, 그림은 내가 말할 수 있는 어떤 것보다 훨씬 가치가 있었다.

표나 도식을 사용한다면, 눈에 잘 보이도록 크게 그려야 하고, 과도하게 사용하는 것은 좋지 않다는 점을 명심해야 한다. 표를 계속적으로 많이 보여주면 사람들은 싫증을 낸다.

연설하면서 직접 도식을 그릴 때에는, 칠판이나 준비된 차트에 재빠르게 대충 그려야 한다. 청중은 위대한 미술작품을 보러 온 것이 아니다. 약식으로 그리고, 크고 알기 쉽게 그려라. 그리는 동안에도 계속 말을 하면서 청중 쪽을 향하도록 하라.

제시물을 사용할 때, 다음 제안에 따라 하면 청중은 혼이 빠진 듯 열중할 것이다.

1. 사용할 시점까지 제시물을 꺼내 놓지 마라.

2. 제일 끝에 앉은 사람까지 다 볼 수 있을 만큼 큰 것을 사용하라. 보이지 않는 제시물로는 배울 게 없다.

3. 연설하는 동안 제시물을 청중 사이로 돌리지 마라. 경쟁자를 초대하는 꼴이다.

4. 제시물을 보여줄 때에는, 청중이 잘 볼 수 있도록 들어올려라.

5. 움직이는 제시물은 안 움직이는 제시물보다 10배는 더 가치가 있다는 점을 기억하라. 움직일 수 있다면 실연을 해보여라.

6. 연설하면서 제시물에 눈길을 주지 마라. 연사는 청중과 교감을 나눠야지, 제시물과 교감을 나누는 것이 아니다.

7. 제시물은 사용이 끝났으면, 옮길 수 있는 것은 치워 버려라.

8. 사용하려는 제시물이 '신비한 것'이 되게 하려면, 연설하기 전에 당신 옆에 놓아두라. 그리고 덮어 놓는다. 연설하는 동안, 제시물에 대한 언급을 하면 궁금증은 커져 갈 것이다. 그렇지만 그게 무엇인지는 말하지 마라. 그리고, 당신이 덮개를 벗길 때쯤

되면, 이야기 듣는 사람들의 궁금증과 긴장감이 커져서 정말 호기심을 갖게 될 것이다.

눈으로 볼 수 있는 자료는 명확성을 높이는 도구로서 점점 더 그 위치가 높아지고 있다. 마음속에 품고 있던 말을 할 때, 말뿐만 아니라 뭔가 보여줄 만한 자료를 준비할 때 청중의 이해력은 확실히 커질 수밖에 없다.

미국 대통령 중 연설을 잘하기로 유명한 링컨과 윌슨 두 사람은, 연설 능력은 연습과 노력으로 얻어진 것이라고 분명하게 지적했다. 링컨은 정확하게 전달하고자 하는 열정을 가지고 있어야만 한다고 했다. 그는 녹스 대학의 총장인 걸리버(Gulliver) 박사에게, 자기가 어린 시절에 어떻게 이 '열정'을 발전시켰는지를 설명하였다.

아주 어렸을 때의 기억에서도, 누군가 알아듣지 못하는 말을 하면 몹시 짜증을 냈던 것 같습니다. 나는 일생 동안 다른 일에는 좀처럼 화를 낸 적이 없다고 생각하는데도 말입니다. 그렇지만, 말을 알아듣지 못하면 늘 참을 수가 없었고, 지금도 그렇습니다.

어느 날 저녁, 이웃이 와서 아버지와 이야기하는 것을

듣고는, 내 작은 침실로 돌아간 뒤에도, 꽤 오랫동안 안달을 하면서 내가 모르는 말의 정확한 뜻을 알아내려고 애를 썼던 생각이 납니다. 뜻을 모르고는 제대로 잠을 잘 수가 없었고, 그럴 때면 무진 애를 써서 결국 그 말의 뜻을 알아냈고, 뜻을 알게 되면 몇 번이고 되풀이해서 내가 어떤 아이라도 이해시킬 수 있다는 생각이 들도록 쉬운 말로 바꿔놓았습니다. 내게는 그것이 일종의 열정이었고, 지금도 변함이 없습니다.

훌륭한 대통령이었던 우드로 윌슨(Woodrow Wilson, 1856. 12. 28~1924. 2. 3 : 미국의 정치가. 고답적이고 융통성 없는 이상주의자로 잘 알려졌으며, 미국의 28대 대통령(1913~1921)으로 재임. 노벨 평화상 수상―옮긴이 주)도 자신이 전달하고 싶은 바를 분명히 전하는 법에 대하여 충고한 일이 있어, 이 장을 정리하는 의미로 인용한다.

내 아버지는 지적인 열정이 흘러 넘치는 분이셨다. 나는 아버지에게서 최고로 훌륭한 훈련을 받았다. 아버지는 모호한 표현을 참지 못하셨다.

나는 글쓰기를 시작한 그때부터 아버지가 1903년 81세로 돌아가실 때까지 글을 쓸 때마다 보여드려야 했다.

아버지는 내가 쓴 글을 크게 읽게 하셨는데, 나로서는 정말 고통스러웠다. 그리고 불쑥불쑥 중지를 시키시고는 그게 무슨 뜻이냐고 물으셨다. 물론 나는 설명을 해야 했고, 설명하는 동안 내 표현은 종이에 적은 것보다 좀더 간단해졌다.

"그렇게 표현하는 게 어떻겠느냐?"

아버지는 이렇게 말씀하시고는 덧붙이셨다.

"온 동네를 다 맞추겠다는 식으로 새총을 쏘듯 그렇게 말하지 마라. 할 말은 소총으로 쏘듯 정확하게 하거라."

Chapter **09**

청중을 납득시키는 연설

한번은 조촐한 모임을 가졌던 회원들이 허리케인 같은 돌풍에 휘말린 사건이 있었다. 물론 진짜 허리케인은 아니었지만, 그에 버금가는 수준이었다. 간단히 말해서, 허리케인을 일으킨 장본인은 모리스 골드블라트(Mauris Goldblatt)라는 남자였다. 모임에 갔던 사람 하나가 당시 상황을 얘기해주었다.

우리는 시카고에서 점심모임을 갖고 있었습니다. 초대를 받고 오신 분이 설득력 있는 연사로 유명하다는 것은 다들 잘 알고 있었습니다. 그가 연설하기 위해 자리에서 일어나자 우리는 그에게 주목했습니다.

그는 말쑥한 옷차림과 호감 가는 인상을 가진 중년 신사였는데, 초대해줘서 고맙다는 인사를 하며 차분하게 말문을 열었습니다. 그는 좀 심각한 얘기를 해야 할 것 같다고 말하고는, 만일 좀 당황스런 분위기가 되더라도 이해해주기를 바란다고 말했습니다.

그러고는 마치 폭풍이라도 일으킬 듯한 기세가 되었습니다. 그는 몸을 앞으로 쭉 내밀고는 우리를 꿰뚫듯 노려보았습니다. 목소리를 높이지는 않았지만, 그 울림은 마치 징이 울리는 것 같았습니다.

"주위를 둘러보십시오. 서로 살펴보십시오. 이 식당 안에 있는 사람 중에 몇 명이나 암으로 죽게 될지 알고 계십니까? 45세 이상의 성인 네 사람 중의 한 사람입니다. 네 분 중의 한 분이란 말입니다!"

그는 잠시 숨을 고르고는, 얼굴 표정을 누그러뜨렸습니다.

"가혹하지만 분명한 사실입니다. 그러나 조만간 달라질 수 있습니다. 뭔가 조치를 취할 수 있기 때문입니다. 그 조치는 암의 치료법과 원인을 찾는 일이 발전하는 것입니다."

그는 엄숙한 눈길로 테이블을 둘러보며 물었습니다. "여러분도 이런 발전을 위해 도움을 주고 싶으십니까?"

나는 그 자리에 있던 다른 사람들도 모두 나처럼 "예"

라는 대답 외에 아무 생각이 없었을지 궁금했습니다. 나는 속으로 "예"하고 대답했습니다. 후에 다른 이들도 다나 같은 심정이었다는 것을 알게 되었습니다.

순식간에, 모리스 골드블라트는 우리를 사로잡았습니다. 그는 우리를 인도주의적인 대의를 위해 투쟁한다는 그의 편으로 끌어들인 것입니다.

모든 연사들은 어느 시대 어느 장소를 막론하고 호의적인 반응을 얻고 싶어합니다. 설명한 것처럼, 골드블라트 씨가 사람들을 설득하는 데에는 그럴 만한 가슴 아픈 사연이 있었습니다.

모리스 골드블라트 씨와 그의 남동생 네이단은 무일푼에서 시작해, 연간 약 1억 달러 정도의 매출을 올리는 백화점 체인을 이룩하게 되었습니다. 수년간 열심히 일한 결과 엄청난 성공을 이룬 것입니다. 그러나 네이단은 암에 걸렸고 발병한 지 얼마 안 돼서 사망하고 말았습니다. 그런 일을 겪고, 모리스 골드블라트는 골드블라트 재단을 통해 시카고 대학의 암 연구 프로그램에 100만 달러를 기부하는 것을 시작으로, 백화점 사업을 접고 암에 대항해 싸우는 일에 전적으로 매달리게 된 것입니다.

모리스 골드블라트의 성품과 이런 가슴 아픈 사연은 그

의 말을 가슴 깊이 받아들이게 만들었습니다. 그는 진지
함과 성실, 열정을 담아 몇 분이라는 짧은 시간에 자신이
품고 있는 위대한 대의를 전하고자 하는 열망을 단호하게
표현했습니다. 이리하여 우리는 모두 그에게 친밀감과 관
심을 갖게 되었고 진심으로 동감하게 되었습니다.

마음을 사로잡을 만한 자격을 갖춰라

퀸틸리안은 웅변가를 "말을 잘하는 좋은 사람"이라고
하였다. 그는 웅변가의 성실성과 인격을 말하고 있는 것
이다. 감동적인 연설을 하기 위한 조건으로 이 근본적인
태도를 대신할 내용은 이 책의 앞에도 없었고, 뒤에도 없
을 것이다.

피어폰트 모건(John Pierpont Morgan, 별칭은 J. P.
Morgan. 1837. 4. 17~1913. 3. 31 : 미국의 재정가, 기
업체 조직가―옮긴이 주)은 신뢰를 얻는 최선의 방법은
인격이라고 말했다. 청중을 납득시키기 위한 최선의 방
법도 인격이다.

알렉산더 울코트(Alexander Woolcott)는 말했다.

진심을 담아 연설하는 사람의 음성에는 어떤 모사꾼도 모방할 수 없는 진실이 담겨 있다.

특히 연설의 목적이 다른 사람을 납득시키기 위한 것이라면, 우리 마음속에서 진정으로 확신하고 있는 생각을 말해야만 한다. 다른 사람을 납득시키기 전에 자신이 먼저 납득해야 하는 것이다.

 ## 긍정적인 반응을 얻어라

노스웨스트 대학의 총장이었던 월터 딜 스코트(Walter Dill Scott)는 "마음속에 들어온 모든 생각, 개념, 결론은 어떤 상반되는 개념이 들어오지 않는 한 진실로 간주된다"라고 했다. 이 말은 청중이 긍정적인 심리 상태가 되도록 해야 한다는 말로 요약할 수 있다.

내 친구인 해리 오버스트리트(Harry Overstreet) 박사는 이 개념을 뉴욕의 뉴스쿨 포 소셜 리서치(New School for Social Research : 평생교육기관의 일종―옮긴이 주)에서의 강연에서 멋지게 펼쳐 보였다.

노련한 연사는 처음 시작하는 순간부터 "예"라는 대답을 많이 이끌어냅니다. 이것이 성공하면 청중의 심리 상태는 벌써 어느 정도는 긍정적인 방향으로 돌아선 것이나 마찬가지입니다. 마치 당구공이 움직이는 것과 같은 원리입니다. 당구공이 한 방향으로 움직이고 있을 때, 다른 방향으로 보내려면 힘을 가해야 하고, 반대쪽으로 보내려면 그 힘보다 훨씬 큰 힘을 보내야 하는 것입니다.

여기에서 심리학적 형태가 분명하게 드러납니다. 사람이 "아니오"라고 말하고 진정으로 그런 뜻을 가지면, 단순히 아니라는 두 글자보다 훨씬 더 굳건한 마음 상태가 됩니다. 그의 모든 신체 조직(분비선, 신경, 근육)은 다 같이 거부 반응 상태가 됩니다. 보통 몇 분에 걸쳐 그런 현상이 나타나지만, 때로는 눈에 확연히 드러날 만큼 육체적으로 위축되거나 혹은 위축 준비 태세로 들어가는 것입니다.

간단히 말해서, 모든 신경 조직이 외부의 자극에 대항하려는 몸가짐이 된다고 할 수 있습니다. 반대로, "예"라고 대답하면, 위축되는 현상은 아무것도 나타나지 않습니다. 신체 조직은 기꺼이 자극을 받아들이고, 열린 태도가 되는 것입니다. 그러므로 처음 시작부터 "예"라는 대답을 많이 이끌어내면, 궁극적으로 전달하고 싶은 내용에 대해

주의를 성공적으로 집중시킬 수가 있습니다.

긍정적인 대답을 얻어내는 기술은 아주 간단합니다. 그런데도 얼마나 심각하게 무시되고 있습니까! 때로는 시작부터 적대적으로 나가는 것이 중요하다고 생각하는 연설자들도 있는 것 같습니다.

어떤 사람이 회의에서 보수적인 회원들 앞에서 급진적인 내용을 들먹인다고 해봅시다. 그는 곧 회원들을 화나게 만들 것이 틀림없습니다. 그게 무슨 도움이 되겠습니까? 만일 단순히 개인적인 만족감을 얻기 위해서라면 그나마 봐줘야 할지도 모르겠습니다.

그렇지만 뭔가 성사시키고 싶은 기대를 갖고 있다면, 그는 심리학적으로 볼 때 어리석다고밖에 할 수 없습니다. 시작부터 학생이나 고객, 어린이, 남편 혹은 아내에게 "아니오"라는 대답이 나오게 해놓고서, 반대하고 있는 사람을 긍정적으로 이끌려면, 지혜와 인내의 천사라도 돕지 않고는 불가능할 것입니다.

이렇듯 '긍정적인 반응'을 얻으려면 대화의 처음을 어떻게 시작해야 할까? 무척 간단하다. 링컨의 말을 빌면 "논쟁을 시작해서 이기는 방법은, 우선 공통 관심사가 될 만한 것을 찾는 것이다." 링컨은 노예제도라는 뜨거운 감자 같은 논제에 대해서도 공통 관심사를 찾았다. 그런 링컨을 보고 중립을 지향하던 〈미러(Mirror)〉지의 한 기사는 이렇게 표현하고 있다.

처음 30분간 링컨의 상대자들은 그의 연설에 하나같이 동감을 표했다. 바로 거기서부터 링컨은 조금씩 조금씩, 마치 상대편을 모두 자기 우리 안으로 집어넣으려는 것같이 이론을 이끌어나갔다.

청중과 맞서 싸워서 청중을 완고하고 방어적이 되게 하며 돌처럼 딱딱한 마음 상태로 만들어놓고서 그들의 생각을 돌린다는 것은 거의 불가능하지 않겠는가?

"나는 사서 미움을 받는 사람이 되려고 합니다"라고 시작하는 것이 옳은 일일까? 듣는 사람들은 도전이라도 받는 심정으로 입을 꾹 다물고 앉아 "어디 한번 해 보시지"라고 생각할 것 같지 않은가?

당신이나 청중이 다 같이 믿고 있는 사실에 대해 강조하는 걸로 시작해, 어떤 적절한 질문으로 모든 사람들이 답하고 싶게끔 하는 것이 훨씬 더 큰 효과가 있지 않겠는가? 그런 식으로 해서 청중을 진지한 탐구의 세계로 안내하는 게 쉬울 것이다. 탐구하는 동안, 자신이 너무나도 잘 알고 있는 사실을 제시하면, 청중은 당신이 내린 결론을 마치 자신들이 내린 결론처럼 받아들이게 될 것이다. 사람들은 스스로가 발견해낸 진실에 대해서는 훨씬 더 깊은 믿음을 갖는다.

"최고로 논쟁을 잘하는 길은 그저 설명하는 것처럼 보이는 것이다."

모든 논쟁은 차이가 하염없이 크고 혹독한 것이라도, 언제나 공통 관심사를 가지게 마련이다. 연사는 그 안으로 누구든 초대할 수 있다.

예를 들어보자. 1960년 2월 3일, 영국의 수상 해럴드 맥밀란(Harold Macmillan)은 남아프리카공화국 의회의 양원에서 연설을 하게 되었다. 아파르트헤이트 정책을 펴고 있는 남아프리카공화국의 입법부에서, 영국이 인종차별 정책을 옹호하지 않는다는 입장을 밝혀야만 했던 것이다.

그는 기본적으로 견해가 다르다는 점에서부터 연설을 시작했을까? 아니었다. 그는 남아프리카공화국이 세계적으로 큰 기여를 했다고 치하하며 남아프리카공화국이 이룩한 위대한 경제 성장을 강조하는 걸로 연설을 시작했다.

그리고 교묘하고도 재치 있게 견해가 다른 문제 속으로 끌고 들어갔다. 그때조차, 그는 이런 견해의 차이가 신념이 다르기 때문에 나온 것이라고 좋게 말했다.

당당하게 주장을 펼치는 그의 연설은 수년 전에 포트 섬터(미국 사우스캐롤라이나 주에 있는 국립기념물. 남북전쟁의 첫 교전지 ─ 옮긴이 주)에서 링컨이 했던 관대하면서도 단호한 연설을 생각나게 했다. 다음은 맥밀란 수상의 연설이다.

남아프리카공화국을 지지하고 격려하고 싶은 것이 우리의 진실한 소망입니다. 그렇지만 제가 지금부터 솔직하게 말하려고 하는 정치적 견해에 대해서는 너무 나무라지 마시기 바랍니다.

여러분의 정책 중에는, 우리가 존중하며 지키려고 하는 '자유로운 인간'이라고 하는 정치적 신념을 버리지 않는 한 동조하기가 어려운 면이 있습니다.

우리는 잘잘못을 따지기보다는 오늘날 세계에는 서로 다른 견해가 있다는, 친구 같은 자세로 사실을 직시해야만 한다고 생각합니다.

연설자와 다른 의견을 갖고 있는 사람일지라도, 이런 연설을 듣는다면 연설자가 공정한 사람이라는 생각을 갖게 될 것이다.

맥밀란 수상이 공통 관심사보다는 정책적으로 다른 면을 처음부터 강조하고 나섰다면 결과는 어떻게 되었을까? 제임스 하베이 로빈슨(James Harvey Robinson) 교수는 『정신의 형성(*The Mind in the Making*)』에서 이 문제를 심리학적으로 풀이하고 있다.

우리는 때로 어떤 반대나 큰 감동 없이도 생각을 바꿀 때가 있다. 그렇지만 사람은 자신이 틀렸다는 말을 듣게 되면 그 비난을 불쾌해 하며 마음을 닫아버리게 된다.

우리는 우리가 가진 믿음이 어떻게 생긴 것인가에 대해서는 무지할 정도로 관심이 없다. 그렇지만 누군가 그 믿음을 빼앗으려 한다면 말릴 수 없을 정도로 애착을 갖게 된다. 개념 자체가 우리에게 귀중해서는 분명 아니고, 우리의 자부심이 위협받기 때문이다.

내가 하는 하찮은 말은 인간사에 있어 가장 중요한 것이고, 지혜의 기원이라고 당연하게 생각하기 때문이다. 내 저녁 식사나, 내 강아지, 내 집, 내 믿음, 내 나라, 내가 믿는 신도 똑같은 무게를 지닌다. 우리는 단순히 시간이 틀렸다든가 차가 고물이라든가 하는 비난을 불쾌해 하는 게 아니다. 화성의 운하나, '에픽테투스'라는 발음이나, 살리신의 약효, 사르곤 1세 시대에 대한 생각을 바꿔야 하는 것이 문제다.

우리는 진실이라고 받아들여 익숙한 것을 계속 믿고 싶어한다. 우리가 알고 있는 전제에 대해 어떤 의문이 던져지게 될 때, 우리는 그 가정을 붙들고 늘어지기 위해 모든 핑계를 다 대게 된다. 결과적으로 소위 증명이라고 부르는 것들은 이미 우리가 믿는 것이 정당하다고 주장할 거리를 찾는 과정이다.

열정을 전염시켜라

연사가 감정과 열정이 전염되게끔 연설하면 청중의 마음속에 반대되는 생각이 일어나는 일이 훨씬 줄어든다. 나는 '전염'이라는 말이 열정이라는 말에 잘 맞는다고 생각한다. 부정적이고 반대되는 생각을 모두 한쪽으로 밀어붙일 수 있기 때문이다. 당신이 청중의 마음을 사로

잡기 위해 연설하는 것이라면, 생각을 많이 하게끔 하는 것보다 감정을 움직이는 것이 훨씬 더 효과적임을 명심하라. 감정은 차가운 개념보다 훨씬 더 강력하다. 감정을 불러일으키기 위해서는 참으로 진실하게 말해야 한다.

연사가 아무리 듣기 좋은 말로 꾸며대도, 아무리 그럴 듯한 예를 들어도, 그의 음성과 동작이 아무리 우아하다 할지라도 진실한 말이 아니면, 이런 것들은 공허하고 겉만 번지르르한 장식이요 가식이 되는 것이다.

청중에게 감동을 주려면, 자신이 먼저 감동해야 한다. 당신의 정신과 빛나는 눈, 음성에서 흘러나오는 뜨거움, 자신이 가진 태도를 드러내 보임으로써 청중과 교감을 나눌 수 있을 것이다.

연설할 때마다, 특히 확신을 주기 위해 연설하겠다고 공공연히 밝힌 경우에는, 어떻게 연설하느냐가 청중의 태도를 결정한다. 당신이 맥없이 연설하면, 청중도 그렇게 된다. 당신이 성의 없이 적대적으로 말하면, 청중도 그럴 것이다.

모인 사람들이 졸고 있을 때, 헨리 워드 비처에 따르면 방법은 딱 한 가지밖에 없다. 지키고 있던 안내원에게 지휘봉을 줘서 연설자를 찌르라고 시키는 것이다.

내가 한번은 컬럼비아 대학에서 커티스 메달을 심사하는 세 명의 심사위원 중 한 사람으로 지목을 받은 일이 있다. 참가한 재학생들은 여섯 명이었는데, 하나같이 공들여 연습한 티가 났다. 그리고 다들 연설을 잘해내고 싶다는 열망에 넘쳐 있었다.

그러나 딱 한 학생만 빼고는 주요 목적이 메달을 타는 것에 있는 것 같았다. 연설 속에 확신을 주겠다는 열망은 거의 없는 것 같았다.

그 학생은 주제도 연설하기에 적합한 내용을 고른 것 같았다. 다른 학생들은 자신들이 주장하는 바에 특별히 개인적 관심이 있는 게 아니었다. 그들의 유창한 연설은 그저 말을 잘하는 기술을 연습한 것에 지나지 않았다.

줄루 족의 후계자였던 한 학생은 달랐다. 그가 고른 제목은 '아프리카가 근대문명에 끼친 공헌'이었다. 그는 한마디 한마디를 할 때마다 강렬한 감정을 집어넣었다. 그의 연설은 단순히 연습으로 나온 결과가 아니었다. 확신과 열정에서 나온 살아 있는 연설이었다. 그는 자신의 종족과 자신의 대륙을 대표해서 연설하고 있었다. 지혜와 고결한 인품, 선의로 무장하고 자기 종족의 희망을 전하며 청중의 이해를 간절히 바라고 있었다.

비록 전체적으로 보았을 때 연설하는 능력은 그보다 나은 학생이 두세 명 있었지만 우리는 그에게 메달을 주었다. 그의 연설에는 정말 진정한 열의가 있다는 걸 알 수 있었기 때문이었다.

그 열의는 진실과 함께 타오르고 있었다. 거기에 비하면, 다른 학생들의 연설은 그저 연소관 속에서 깜박이는 불꽃처럼 보였을 뿐이었다.

그 줄루 족의 후계자는 이론만 나불댄다면 자신의 인격을 이야기 속에 반영하여 다른 사람에게 전달할 수가 없음을 머나먼 이국 땅에서 나름의 방법으로 배운 것이다. 연설가는 자신이 말하는 바에 대해 스스로가 얼마나 깊이 느끼고 있는지를 보여 주어야만 한다.

청중에게 존경과 애정을 보내라

"인간은 본래 사랑과 존경을 받고 싶어하는 존재라고 할 수 있습니다."

노먼 빈센트 필 박사는 어느 코미디언에게 이렇게 말했다고 한다.

모든 인간은 자신이 가치 있고 중요하며 귀중한 존재라고 생각합니다. 그 점에 상처를 주면 당신은 영원히 그 사람을 잃게 됩니다. 당신이 어떤 사람을 사랑하고 존경해서 그를 치켜세우게 되면, 결과적으로 그도 당신을 사랑하고 존중할 것입니다.

한번은 어떤 연예인과 같은 프로그램에 나가게 되었습니다. 그때는 그 연예인이 누구인지 잘 몰랐습니다. 그날 만난 뒤로 그가 곤경에 처했다는 기사를 읽게 되었는데 나는 그 이유를 알 수 있었습니다.

나는 내 차례가 되기를 기다리며 그의 옆에 조용히 앉아 있었습니다. 그가 말을 걸었습니다.

"떨리지 않으세요?"

"당연히 떨리죠. 저는 청중 앞에 서기 전에는 항상 조금 긴장이 됩니다. 청중에게 깊은 존경을 느끼기 때문에 그 책임감에 그런 거죠. 선생은 떨리지 않으시나요?"

"아뇨. 어째서 떨어야 하죠? 청중은 넘어가기 쉬운 작자들입니다. 바보들이 모여 있는 것 같죠."

나는 그에게 말해주었습니다.

"저는 그렇게 생각하지 않습니다. 청중은 준엄한 심판관입니다. 저는 청중에게 무한한 존경심을 갖고 있습니다."

필 박사는 그 연예인의 인기가 떨어지고 있다는 기사를 읽었을 때, 그 원인이 관중의 마음을 사로잡는 대신에 적개심을 불러일으키는 그의 태도 때문이라고 확신했다.

타인에게 뭔가를 전하고자 하는 우리 모두에게, 이 얼마나 뼈저린 교훈인가?

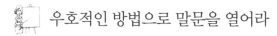 ## 우호적인 방법으로 말문을 열어라

어떤 무신론자가 한번은 윌리엄 페일리(William Paley, 1901. 9. 28 ~1990. 10. 26 : 미국의 방송인. 컬럼비아 방송사의 초대 사장과 이사회장을 역임—옮긴이 주)에게 하느님이 없다며 반박한 적이 있었다. 페일리는 아주 조용히 회중시계를 꺼내더니, 뚜껑을 열고 말했다.

"만일 내가 이 부속이나 톱니바퀴, 태엽이 스스로 존재하고 있다가 이렇게 하나로 모여 저절로 돌아가기 시작했다고 말한다면, 당신은 날 보고 제정신이라고 말하겠습니까? 분명 정신이 나갔다고 하실 겁니다. 그렇지만 하늘의 별을 보십시오. 하나같이 정확하게 정해진 궤도를 따라 운동을 합니다. 태양을 둘러싼 지구와 다른 행성

들도 완전한 모습으로 하루에 100마일 이상의 속도로 돌고 있습니다. 또 다른 태양을 중심으로 돌고 있는 다른 별들도 그 궤도에 따라 우리 태양계처럼 우주를 운행하고 있습니다. 그럼에도 서로 충돌하거나 뒤섞이는 일이 없습니다. 하나같이 평화롭고 효과적으로 통제되고 있는 것입니다. 그게 우연히 생겨났다고 믿는 게 쉽겠습니까, 아니면 누군가 그렇게 만들었다고 믿는 게 쉽겠습니까?"

만일 그가 반대론자에게 처음부터 되받아쳤다고 가정해 보자.

"신이 없다고요? 그런 말도 안 되는 소리하지 마시오. 지금 당신이 무슨 소리를 지껄이는 줄 알기나 합니까?"

이랬다면 어떤 사태가 벌어졌을까? 분명 피 튀기는 입씨름이 벌어지고 소득도 없는 말 싸움으로 요란했을 것이다. 그 무신론자는 자신의 주장을 한 치도 굽히지 않고 마치 살쾡이가 날뛰는 것같이 불경스런 말을 퍼부었을 것이다.

어째서일까? 오버스트리트 교수가 지적했듯이, 자신의 의견과 자신에게 소중한 것, 절대적인 자기 존중이 위협을 받기 때문이다. 즉 자존심이 뭉개졌기 때문이다.

그토록 인간 본성에서 기본적으로 폭발적인 특징을 가

진 것이 바로 자존심이므로, 그 자존심이 우리에게 등 돌리게 하는 것보다 우호적으로 만드는 것이 현명한 일이 아니겠는가? 그렇다면 어떻게 하면 좋겠는가? 페일리가 했듯이, 우리가 말하는 내용이 상대편이 이미 믿고 있는 어떤 것과 아주 유사하다는 것을 보여 주는 것이다. 그렇게 되면 상대편은 당신을 거부하기보다 받아들이는 쪽으로 기울기가 쉬울 것이다. 또한, 우리가 한 말을 묵살하려는 반박적이고 배타적인 생각이 잘 일어나지 않는다.

페일리는 인간의 마음이 어떻게 작용하는가에 대해 예리한 평가를 내리고 있다. 그러나 사람들은 대부분 인간의 믿음이라는 요새에 그 성의 주인과 손을 맞잡고 들어갈 수 있는 이 미묘한 능력에 대해 이해가 부족하다.

개중에는 요새에 뚫고 들어가기 위해서는, 폭풍우처럼 공격하고 정면 공격으로 무너뜨려야 한다고 잘못 생각하는 사람들이 있다. 그럼 어떻게 될까? 적개심이 일어나는 순간, 도개교는 올려질 것이고, 성문은 굳게 닫힌 채 빗장을 걸게 될 것이며, 거대한 활을 든 궁수들이 무장한 채 말의 전쟁이 벌어져 상처만 입게 되는 것이다. 이런 말다툼은 승자가 없이 끝나게 마련이다. 그 누구도 상대편을 설득시키지 못하기 때문이다.

내가 주장하는 훨씬 분별 있는 이 방법은 새로운 것이 아니다. 오래전 사도 바울 때부터 쓰던 방법이다. 바울이 마르스 언덕에서 아테네 사람들에게 한 유명한 연설도 이런 방식을 썼다. 그가 했던 절묘하고도 능숙한 방법은 수십 세기가 지난 지금에도 감탄을 불러일으킨다.

그는 더할 나위 없이 훌륭한 교육을 받은 사람이었다. 그리고 기독교로 개종한 뒤에, 그의 웅변술은 그를 기독교의 대변자가 되게 하였다.

어느 날 바울은 아테네에 도착했다. 페리클레스 이후의 아테네는 영광의 전성기를 지나 쇠퇴기에 있었다. 성경에서는 이 시기를 "모든 아테네 사람들과 이방인들은 뭔가 새로운 소식을 말하거나 들을 게 없나 하는 일에 시간을 보내고 있었다"라고 묘사하고 있다.

라디오도, 전보도, 뉴스 특파원도 없던 시대였다. 그러므로 이 시기에 매일 오후에 새로운 뭔가를 그러모으는 일은 아테네 사람들로서는 꽤나 어려웠을 것이다. 그때 바울이 왔다. 뭔가 새로운 일이 생긴 것이다. 아테네 사람들은 호기심과 흥미를 가지고 즐거워하며 그의 곁으로 모여들었다. 그러고는 아에로파거스로 데려가서 이렇게 말했다.

"당신이 말하는 새로운 교리가 어떤 것인지 알려줄 수 있습니까? 그대가 알고 있는 것은 분명 우리 귀에 생소할 것이오. 그래서 우리는 그게 무슨 뜻인지 알고 싶소."

다른 말로 표현하자면, 연설을 하라는 뜻이었다. 바울은 쾌히 승낙했다. 사실, 바울이 아테네로 온 목적이 바로 그것이었다. 그는 아마도 바위나 돌 연단 위에 서서 약간 긴장한 모습으로, 훌륭한 연사들이라면 다들 처음 시작할 때 그렇듯, 손이 촉촉하게 젖음을 느끼며 목청을 가다듬고는 연설을 시작했을 것이다.

그렇지만, 바울은 아테네 사람들이 권유한 말처럼 연설을 한 게 아니었다. "새로운 교리, 생소한 것"은 아주 위험한 것이었다. 바울은 그런 생각을 싹 몰아냈다. 그런 말은 상반되고 대립되는 의견을 불러일으키기에 적합한 근거를 마련해줄 터였다.

그는 자신의 믿음이 생소하고 이질적인 것처럼 보이고 싶지 않았다. 그는 자신의 신앙이 아테네 사람들이 이미 믿고 있는 어떤 것같이 친근하게 보이도록 하고 싶었다. 그래야 반대의견을 덮을 수 있을 것 같았다. 그렇지만 어떻게 할까? 그는 잠깐 생각을 했다. 좋은 생각이 떠올랐다. 이리하여 영원히 기억되는 연설을 시작한 것이다.

"아테네 인들이여, 모든 면으로 보아 당신들은 매우 미신적이라는 것을 알게 되었습니다."

어떤 번역에는, "당신들은 매우 종교적인 분들입니다"로 되어 있다. 나는 이 표현이 더 정확하고 좋다고 생각한다. 아테네 인들은 많은 신을 섬기고 있었다. 그들은 매우 종교적이었던 것이다. 그리고 그 점을 자랑스러워했다. 바울은 그들을 칭찬해서 우쭐하게 만들었다. 아테네 인들은 바울에게 호감을 갖기 시작했다. 효과적인 연설의 기술 중 한 가지 법칙은 진술한 주장을 실례로 뒷받침한다는 것이다. 바울도 그렇게 했다.

"길을 다니다 보니, '알지 못하는 신에게'라고 써진 제문이 있는 제단도 있다는 것을 알게 되었습니다."

아테네 인들이 매우 종교적이라는 사실을 증명하는 셈이었다. 그들은 혹시 하나라도 빠뜨린 신이 있을까 봐 두려워하며 모르는 신에게까지 제단을 만들었던 것이다. 마치 자기도 모르는 사이에 신을 모욕하거나 마음에도 없는 실수를 할까 봐 일종의 종합보험을 들어놓은 것이었다. 바울은 이 특별한 제단을 말함으로써 자신이 입에 발린 소리를 하는 게 아니라는 것을 확인시켰다.

그는 자신의 소견이 관찰에서 나온 진실한 찬사라는

것을 보인 것이다.

이렇게 해서, 다음의 서두는 완전무결한 정당성을 가지게 된 것이다.

"당신들이 자신도 모르게 섬기던 그분을 여러분께 소개하겠습니다."

새로운 교리? 생소한 것? 전혀 아니었다. 바울은 그저 아테네 인들이 무의식적으로 섬기던 신에 대한 진실을 몇 가지 설명한 것뿐이었다. 그들이 믿지 못하던 사실을, 그들이 이미 열렬히 받아들이고 있는 비슷한 것과 비교하는 것. 바로 그것이 바울이 훌륭하게 이용한 기술이었다.

그는 그리스 시에서 따온 몇 마디를 인용해 구원과 부활의 교리를 전파하였고 성공했다. 개중에는 비웃는 사람도 있었지만, 다른 이들은 "이 문제를 다시 듣기로 합시다"라고 말했다.

우리가 다른 이들에게 확신이나 감동을 주는 연설을 잘 못하는 이유는 바로 이것이다. 청중의 마음속에 생각을 심고 그 생각이 싹틈에 따라 부정과 반대가 자라는 것을 막는 것이다. 연설로 다른 사람을 감동시키는 힘을 가진 사람은 이것을 능숙하게 잘하는 사람이다. 이 점에 대해서는 내 책인 『카네기 인간관계론 : 만나는 사람마다 친구로 만들라(*How to Win Friends & Influence People*)』를 보면 도움이 될 것이다.

살아가는 동안 거의 매일 당신은 어떤 문제를 두고 다른 사람들과 이야기하며 의견을 나눈다. 가정에서, 사무실에서, 그리고 온갖 종류의 사회적 모임에서 당신은 계속적으로 당신 생각에 다른 이들도 찬동하게끔 노력하고 있지 않은가? 당신이 말하는 방법에 개선의 여지는 없을까? 어떻게 시작하겠는가? 링컨이나 맥밀란처럼 재치 있게 말하겠는가? 그렇다면 당신은 드물게 보는 외교적 재능과 뛰어난 판단력을 가진 사람이다. 우드로 윌슨의 말을 잘 기억하라.

"당신이 내게 와서, '같이 앉아서 얘기해 봅시다. 서로 다른 생각을 가지고 있다면, 어째서 서로 다른 의견을 가지고 있는지 이해해 봅시다. 논점이 되는 문제는 무엇인가 말입니다'라고 말한다면, 우리는 곧 서로 생각이 그리 많이 다르지 않다는 것을 알게 될 것이고, 우리가 서로 다른 점보다는 동의할 의견이 많다는 점, 그리고 인내와 솔직함과 서로 함께하겠다는 열망이 있으면, 우리는 잘 해나갈 수 있을 것입니다."

Chapter **10**

즉석 연설

얼마 전에 경제계 지도자들과 정부 관리들이 어느 제약 회사가 새로 설립한 연구소 개소식에 모인 일이 있었다.

연구 소장 밑에 있는 하위 연구원들 여섯 명이 한 사람씩 차례대로 일어나서 화학자들과 생물학자들이 이룩한 환상적인 업적을 말했다. 그들은 전염병을 물리칠 수 있는 새로운 백신과, 바이러스와 싸울 수 있는 항생물질, 그리고 신경을 누그러뜨릴 수 있는 신경안정제를 개발하고 있는 중이었다.

한 관리가 연구소장에게 말했다.

"정말 훌륭합니다. 여러분은 정말 마술사들입니다. 소장님도 일어서서 한 말씀하시죠?"

연구소장이 침울한 표정으로 말했다.

"저는 사람들 앞에 서면 말이 안 나옵니다."

잠시 후, 사회자가 그를 당황스럽게 만드는 제안을 했다.

"아직 소장님의 말씀을 못 들으셨군요. 소장님은 격식을 차린 연설은 좋아하지 않으신다지만, 몇 마디라도 해 주셨으면 합니다."

정말 안타까운 일이었다. 소장은 일어섰지만 겨우 한두 마디를 우물거렸을 뿐이었다. 그는 좀더 길게 말하지 못해서 미안하다고 했고, 그것이 그의 요지였다.

자기 분야에서는 눈부신 활약을 하고 있는 사람임에도 불구하고 그는 말할 수 없이 어색하고 당황한 것 같았다. 그러나 그게 어쩔 수 없는 일은 아니었다. 그는 다른 사람들 앞에 서서 즉석 연설을 하는 법을 배울 수 있었을 것이다.

우리 강의를 들으러 온 사람 중에, 즉석 연설을 배울 수 없노라고 심각하게 결정 내린 사람은 아무도 없었다. 이 연구소장은 연설을 하지 못했다.

그렇지만 우리는 단호하고 용감하게 패배주의를 떨쳐 내는 것으로 연습을 시작해야 한다. 그러려면, 오래지 않은 시간에 아무리 어려운 과정이라도 끝까지 해내겠다는 확고한 의지를 가져야 한다.

당신은 아마 이렇게 변명할지도 모른다.

"연설을 미리 준비해두었을 때는 아무 문제가 없습니다. 그런데 생각지도 않고 있을 때 한마디 하라는 청을 받으면 정신이 하나도 없는 겁니다."

여러 가지 면에서, 개인의 생각을 한 군데로 모으는 능력과 갑자기 나서서 말할 줄 아는 능력이, 장황하고 수고스럽게 준비한 연설문을 읽는 능력보다 훨씬 더 중요해지고 있다.

현대 사회의 기업적 요구와 격식을 차리지 않는 시류속에서, 빨리 생각해 내서·유창하게 표현하는 능력이 필수적으로 중요해지고 있다.

산업적으로나 정치적으로 중요한 결정도 한 사람이 내리기보다는 회의 책상에 둘러앉은 사람들이 토론을 통해 영향력 있는 결정을 많이 내리고 있다.

개인은 누구나 발언할 기회를 가지지만, 그가 말하는 내용은 모여 있는 사람들이 내놓는 의견 속에서도 효과적으로 빛을 발해야만 한다.

개인의 즉석 연설 능력이 효과적인 결과를 낳는 것은 바로 이런 때이다.

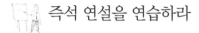 ## 즉석 연설을 연습하라

보통 정도의 지식을 가진 사람이 어느 정도 스스로를 조절할 수 있는 능력이 있다면, 꽤 잘, 때로는 훌륭하게 즉석 연설을 할 수가 있다. 정말 단순한 의미로 '즉흥으로 하는 연설'을 두고 하는 말이다. 갑자기 몇 마디 해보라는 부탁을 받았을 때 유창하게 자신을 표현하는 능력은 여러 가지 방법으로 향상시킬 수가 있다. 한 가지는 유명한 영화배우들이 쓰던 방법이다.

일전에 더글러스 페어뱅크스(Douglas Fairbanks)는 〈아메리칸 매거진(American Magazine)〉에 이런 글을 쓴 적이 있다. 그는 찰리 채플린(Charlie Chaplin), 그리고 마리 픽포드(Mary Pickford)가 2년 동안 거의 밤마다 게임을 했다고 밝히고 있다. 그러나 단순히 재미로 한 게임은 아니었다. 말하는 기술 중에서도 가장 어려운, 일어서서 생각하기를 연습한 것이라고 말할 수 있다. 페어뱅크스가 기술한 대로, '게임'은 이렇게 진행된다.

먼저 각자가 종이쪽지에 소재거리를 하나씩 적어서 그 쪽지를 다 섞어놓는다. 한 사람씩 이 종이쪽지 하나를 집고는, 바로 일어서서 60초 동안 자기가 선택한 주제에 대해 말을 하는 것이다. 같은 주제를 두 번 말해야 하는 일은 전혀 없게 했다. 어느 날 밤, 나는 '전등갓'에 대해 말해야 했다. '그쯤이야' 하는 분들은 한 번 해보시기 바란다. 나는 꽤 애를 먹었다.

그러나 중요한 것은, 게임을 시작한 뒤로 우리 세 사람 모두 말을 잘하게 되었다는 것이다. 다양한 주제에 대해서도 아주 많이 알게 되었다. 그러나 그보다 중요한 사실은, 즉각적으로 자신이 가진 지식을 모아 주제에 대해 생각하는 법을 배운 것이다. 즉 일어서서 생각하는 법을 배웠다.

내 강좌를 듣는 학생들은 강의를 받는 동안 즉석에서 말해보라는 지명을 여러 번 받는다. 오랜 경험을 바탕으로 이런 종류의 연습이 두 가지 면으로 유용하다는 것을 알 수 있었다.

첫째, 수강생들은 자신들이 서서 생각할 수 있다는 것을 확인한다. 둘째, 이 경험을 바탕으로, 준비한 연설을 할 때에는 훨씬 더 굳건한 자신감을 갖게 된다. 어떤 최악의 상황이 발생하고 준비한 연설을 하는 동안 갑자기 말이 막힌 경우에도, 다시 생각날 때까지 즉석에서 명석하게 이야기를 끌고 나갈 수 있다는 것을 깨닫게 한다.

그러므로 수강생들은 언제라도 "오늘 수업시간에는 여러분 각자 다른 주제로 연설할 겁니다. 지목되어 일어나기 전까지는 어떤 주제가 될지 모릅니다. 잘 하시리라 믿습니다"라는 말을 듣게 된다.

어떻게 될까? 어떤 회계사는 광고에 대해 말하라는 주문을 받는다. 어떤 광고 분야의 영업사원은 유치원에 대해 말해야 한다. 학교선생님은 금융에 대해 얘기해야 하며, 은행원은 학교선생님에 대한 얘기를 하게 된다. 판매원은 제품에 대해 얘기를 하고, 연출 전문가는 운송수단에 대해 얘기해야 할 수도 있다.

그들이 머리를 떨구고 체념했을까? 그런 일은 절대 없었다! 그들은 주제에 대해 잘 아는 대가인 양하지 않았다. 그저 자신들이 알고 있는 지식에 맞춰 주제를 풀어나갔을 뿐이다. 처음부터 말을 잘할 수는 없을 것이다.

그렇지만 그들은 일단 자리에서 일어섰고, 말을 했다. 쉽게 풀어나가는 편인 사람도 있었고, 꽤 힘들어 하는 사람도 있었지만, 포기하는 사람은 없었다. 그리고 모두들 자신이 생각했던 것보다 훨씬 잘한다는 사실을 알게 되었다. 참으로 가슴 벅찬 일이었으리라. 그들은 자신들에게 그런 능력이 있다고 믿지 못하던 사실을 발전시켜 나간 것이다.

내 강의실에 있던 사람들이 할 수 있었으니, 의지와 자신감을 가진 사람은 누구나 다할 수 있고 노력하는 만큼 쉬워질 수 있으리라고 믿는다.

사람들이 일어서서 말하도록 훈련시키는 또 다른 방법은 즉석 연설을 활용하는 것이다. 이것은 우리 강좌의 한 가지 두드러진 특징이다. 수강생은 그가 꾸며낼 수 있는 가장 기상천외한 얘기를 해보라는 지시를 받는다. 곧 그는 이렇게 말한다.

"지난번에 제 헬리콥터를 타고 있는데 갑자기 비행접시 편대가 제 쪽으로 날아오는 것이었습니다. 저는 얼른 고도를 낮추었습니다. 그런데 맨 앞에서 날아오던 비행접시에 타고 있던 키 작은 조종사가 공격을 퍼붓는 것이었습니다. 저는……."

이때 벨이 울리면서 그 사람이 말할 시간이 다 지났다는 것을 알린다. 그러면 그 옆에 앉아 있던 사람은 앞 사람의 이야기를 이어받아야만 한다. 강의실에 앉아 있던 사람들이 모두 제몫의 말을 할 때쯤에는, 이야기는 어느 새 화성의 운하나 국회의사당에 가 있을지도 모른다.

준비 없이 말하는 기술을 향상시키는 방법은 훈련 방법으로서 아주 적당하다. 그런 연습을 더 많이 한 사람은 직업적으로나 사회 생활에 있어 '결정적으로' 말을 해야만 하는 실제 상황을 만나게 되면 훌륭하게 해낼 수 있다.

언제라도 연설할 수 있도록
정신적인 준비를 하라

아무 준비도 안 하고 있는데 말을 하라는 주문은, 보통은 그가 잘 알고 있는 주제에 대해서 말을 좀 해보라는 기대를 담고 있다. 여기서 문제는, 말을 해야 한다는 상황을 직시하고 짧은 시간 안에 마음 내키는 대로 어떻게 말해야 하는지 정확하게 결정해야 한다는 것이다.

이런 상황에 익숙해지는 가장 좋은 방법은 정신적으로 무장하는 것이다. 어떤 모임에 나갔을 때, 지금 한 마디 하라는 주문을 받으면 뭐라고 말할 것인가를 계속해서 자신에게 물어보아라. 이때 어떤 주제를 말하는 것이 가장 적절하겠는가? 지금 거론되고 있는 제안에 대해 자신이 찬성인지 반대인지 어떻게 말하면 좋을까?

나로서는 일단 어떤 상황이든 즉석으로 말을 할 수 있는 정신 상태를 유지하라고 충고하겠다.

이때는 무엇보다 생각하는 것이 중요한데, 생각이야말로 세상에서 가장 어려운 것이다. 그러므로 자기 주변의 모든 상황을 꼼꼼히 분석하고 자신을 준비하지 않는 사람은, 절대로 즉석 연설에서 큰 호응을 얻을 수 없다. 비행기 조종사들이 언제라도 일어날 수 있는 문제점에 끊임없이 대처해 가며, 위급 상황이 닥치면 냉철한 자세로 임하도록 자신을 준비하고 있는 것과 같다.

즉석 연설에서 눈부신 능력을 발휘하는 사람들은, 주어지지 않은 주제에 대해서도 끝없이 연습하며 자신을 준비한 결과이다.

그런 연설은 사실 '즉석'이 아니다. 그들은 광범위하게 준비를 해놓은 상태에서 연설을 하는 것이다.

왜냐하면 그런 주제는 이미 알고 있는 내용이므로, 남은 문제는 시간과 상황에 맞게 적절하게 맞추면 되기 때문이다. 즉석에서 말해야 하는 경우는 보통 짧은 시간이 주어지게 마련이다. 당신이 생각하고 있는 소재 중 어떤 면이 그 상황과 맞겠는가를 결정하라.

그리고 준비를 못했다고 미안해할 필요가 없다. 다들 이미 그렇게 알고 있다. 가능한 한 빨리 본론으로 들어가라. 잘 안 된다면, 다음의 조언을 따르는 게 도움이 된다.

바로 실례를 들어라

어째서일까? 세 가지 이유가 있다. 첫째, 다음 문장을 생각하느라 머리를 쥐어짤 필요가 없어진다. 노련한 사람들은 즉각적인 상황에서도 쉽게 이야기를 풀어나간다. 둘째, 말이 줄줄 나오면서 불안하던 초기의 순간은 사라질 것이며, 주장할 문제에 대한 준비 운동을 하는 기회가 된다. 셋째, 단번에 청중의 관심을 얻을 수 있다. 앞에서 지적했듯이, 자신의 경험을 예로 드는 것은 즉각적으로 관심을 끌 수 있는 가장 확실한 방법이다.

말을 시작한 처음 부분에서 청중이 실례를 들으며 인간적인 면에 관심을 갖게 되면, 당신은 그 순간 가장 필요한 자신감을 가질 수 있게 된다. 청중이 주목하는지 아닌지를 연사는 금세 알게 되므로 의사소통은 양방향 작용이다.

청중의 머리 위로 전깃불이 반짝이는 것같이, 당신의 말을 이해하고 있는 것 같고 기대로 눈을 반짝이면, 연사는 최선을 다해서 기대에 부응하고자 한다.

그러므로 연사와 청중 사이에 생기는 친밀한 관계는 진정으로 의사소통이 안 될 때는 이루어질 수가 없다. 그래서 연설을 시작할 때 실례를 먼저 들라고 주장하는 것이고, 특히 즉석에서 몇 마디만 해달라는 부탁을 받았을 때에는 더욱 명심하기를 바란다.

 ## 생기 있고 활발하게 말하라

이미 여러 번 앞에서 되풀이한 얘기지만, 연사가 정열적으로 힘차게 연설을 하면, 신체적으로 나타나는 생동감은 정신 작용에도 좋은 영향을 끼친다.

대화를 주고 받기 위한 모임에서 말을 하는 도중, 불쑥 몸동작을 하기 시작하는 사람을 본 일이 있는가? 그는 곧 말이 유창해지고, 듣는 사람들에게서 열광적인 지지를 받을 것이다. 몸을 활발하게 움직이는 것이 정신에 미치는 영향은 아주 크다. 손을 움직여야 할 때와 머리를 써야 하는 일을 묘사할 때 같은 단어를 사용하기도 한다. 예를 들어, '개념을 잡는다'라든가 '생각을 놓지 않는다'고 말한다. 윌리엄 제임스가 지적한 대로, 육체에 활기를 불어넣으면, 정신도 빠르게 작용할 것이다.

그러므로 내가 여러분에게 하고 싶은 말은, 여러분 자신을 자신의 말 속에 다 집어던지라는 것이다. 곧 즉석 연설가로서 성공을 확신할 수 있을 것이다.

현장의 특징을 이용하라

누군가 당신의 어깨를 두드리며 "잠깐 몇 말씀 해주시겠습니까" 하는 순간이 올 것이다. 혹은 아무런 예고도 없이 올 수도 있다. 사회자가 말하는 것을 느긋하게 즐기고 있는데 별안간 그가 당신 얘기를 하고 있을 수도 있다. 그러고는 당신이 다음 연사로 소개되었다는 것을 당신이 깨닫기도 전에 모두들 당신을 바라보게 된다.

이런 경우가 닥치면 당신은, 스티븐 리콕(Stephen Leacock, 1869. 12. 30~1944. 3. 28 : 캐나다의 유머 작가, 교육자, 강사, 작가. 30권이 넘는 경쾌한 내용의 단편과 수필을 썼다—옮긴이 주)의 유명한 작품에 나오는 정신 나간 기수같이 말에 올라타고 "정신 못 차리고 달리는" 것과 같은 지경이 되는 것이다. 그러나 그럴수록 그 어느 때보다 침착해져야 한다. 사회자에게 몇 마디 건네는 것으로 잠깐 한숨을 돌릴 수도 있다. 그러고는 모임에 대한 얘기를 꺼내는 것이 좋다. 청중은 자기 자신과 자신이 하는 일에 관심이 있다. 그러므로 즉석 연설에 대한 개념은 다음의 세 가지에서 이끌어낼 수 있다.

첫째는 청중 그 자체에 대한 얘기를 하는 것이다. 말을 쉽게 풀어가려면 제발 명심하길 바란다. 청중이 어떤 사람들인지를 얘기하고 그들이 잘한 일을 거론하되, 특히 지역 공동체나 인류를 위해 그들이 잘한 일을 말하라. 분명한 실례를 들어서 이야기해야 한다.

두 번째는 상황에 대한 연설을 하는 것이다. 그 모임이 생겨나게 된 상황에 대해 말하는 것도 분명 좋은 얘깃거리다. 기념일이거나 수상식, 또는 연중 모임이거나 정치적인 모임일 수도 있고, 애국심을 고취하기 위해 모인 집회일 수도 있다.

마지막으로, 당신이 다른 연사들이 연설하는 동안 주의 깊게 들었다면, 다른 연사들이 먼저 했던 말을 확대해서 당신이 특히 관심 있던 부분은 무엇이었는지를 말하는 것이다.

가장 성공적으로 즉석 연설을 하는 길은 그런 경우에 정말 급작스럽게 연설하는 것이다. 그런 연설은 청중과 모임이 벌어지고 있는 상황에 대한 느낌을 표현하게 된다. 그런 연설은 잘 맞는 장갑처럼 상황에 어울린다. 오직 상황에만 맞춤하여 나온 말이기 때문이다.

바로 그 안에 성공의 비결이 있다. 그 연설은 바로 그 순간에 피어나는 것이기 때문이다. 마치 진귀한 장미처럼 그 순간이 지나면 빛을 잃는다. 그렇지만 청중이 즐겼던 느낌은 남아서, 곧 당신은 즉석 연설을 잘하는 사람으로 존경받게 될 것이다.

 즉석 연설을 즉흥적으로 하지 마라

위에 써놓은 말은 서로 다른 점을 함축하고 있다. 장황한 말만 늘어놓아 서로 조리가 맞지 않거나, 설득력도 없는 줄거리를 일관성도 없이 늘어놓는 것은 별 의미가 없다. 당신이 전달하고자 하는 요지에 대한 중심 생각을 바탕으로 개념을 계속 논리적으로 엮어나가야만 한다. 당신이 다양한 실례를 들어 설명하는 것도 바로 이 중심 개념과 연관되어야 한다. 그리고 다시 한 번 말하지만, 당신이 즉석 연설을 열정적으로 하게 되면, 미리 준비하고 말했을 때 미처 느끼지 못했던 활기와 엄청난 효과가 생긴다는 것을 알 수 있다.

이 장에서 제시한 몇 가지를 마음에 새긴다면 당신은 유능한 즉석 연설가가 될 수 있을 것이다. 이 장의 앞부분에서 설명했던 것처럼 우리 강좌에서 쓰는 방법으로 연습하는 것도 좋다.

모임에 나갔을 때 조금은 미리 준비를 할 수 있을 것이고 언제라도 이름이 불릴 수 있다는 사실을 명심하게 될 것이다.

만일 당신이 논평이나 의견을 말해달라는 청을 받을 것 같다고 생각하면, 다른 연사들이 말할 때 정신을 바짝 차리고 있어라. 생각하고 있는 바를 몇 마디 말로 간단히 요약할 수 있도록 준비하라.

마침내 때가 오면, 될 수 있는 한 침착하게 마음속에 있는 말을 하라. 당신은 당신의 견해에 대해 잘 파악하고 있다. 남은 일은 명쾌하게 말하고 자리에 앉는 것뿐이다.

건축과 산업 디자이너인 노먼 벨제디스(Norman Bel-Geddes)는 일어서지 않으면 생각을 말로 표현할 수 없다고 말하곤 했다.

그는 건물이나 전시회와 관련된 복잡한 계획을 동료들에게 말할 때면, 사무실 안을 왔다갔다 걸어다니곤 했다. 그에게는 그게 최선이었다.

그는 오히려 앉아서 이야기하는 법을 배워야만 했고, 물론 잘 해냈다.

우리는 대부분 그 정반대인 경우가 많다. 서서 말하는 것을 배워야만 하는 입장이고, 물론 잘 해낼 수 있는 일이다. 짧은 연설을 하게 될 때, 일단 시작을 어떻게 하느냐가 제일 큰 문제다. 일단 잘 시작했으면 그 다음으로 넘어가고, 또 그 다음으로 차례로 전개해나가면 된다.

이렇게 끊임없이 노력하다 보면 더 쉽게 말을 잘하게 된다는 것을 알 수 있다. 말을 새로 시작할 때마다 당신은 전보다 더욱 잘하게 될 것이다.

그리고 결국에는 사람들 앞에서 일어서서 하는 즉석 연설도, 내 집 거실에 앉아 친구에게 생각나는 대로 말한 것을 좀더 확장한 것에 지나지 않는다는 사실을 깨닫게 될 것이다.

4장
의사전달 기술

Chapter **11**

말하기

4장에 나오는 얘기들은 전체가 주제를 전달하는 데에 초점이 맞춰져 있다. 여기서 다시, 이 책의 1장에서 말하던 바대로 효과적인 연설의 기본 법칙에 역점을 두고 설명했다.

표현력은 자격을 얻은 결과를 말하는 것이고, 그 의미를 청중과 나누겠다는 강한 열망이 있어야 한다. 오직 이 때만이 연설은 자연스럽게 흘러나올 것이다.

믿을 수 있는가? 우리가 세상과 접촉하는 방법은 네 가지가 있으며, 오직 이 네 가지 방법만으로 세상과 접할 수 있다.

사람은 다음과 같은 네 가지 접촉 방법으로 평가되고 등급이 매겨진다. 즉 무엇을 하며, 어떻게 보이며, 뭐라고 말하며, 어떻게 말하는가 하는 것이다. 여기서는 그중 마지막 조건인, 어떻게 말하는가에 대한 이야기를 전개해나가겠다.

처음 대중 연설과정을 가르치기 시작했을 때, 나는 목소리의 울림을 개발하는 방법이라든가, 음역을 넓히는 방법, 유창하게 발음하는 방법을 가르치는 데 많은 시간을 할애했다.

그러나 오래지 않아, 어른들에게 음역을 어떻게 넓혀야 하는지, 유음(流音)을 어떻게 발성해야 하는지를 가르치는 것은 전혀 쓸데없는 짓이라는 걸 알게 되었다. 한 3, 4년간을 투자해서 목소리를 더 좋게 만드는 법을 배우고 싶은 사람에게는 별 문제가 없었다. 그러나 내 수강생들에게는 타고난 목소리를 그대로 잘 활용하는 방법이 필요하다고 깨달았다.

이전에 수강생들에게 '횡경막 호흡'을 가르치는 데 쏟은 시간과 정열을, 그보다 훨씬 중요하다고 느껴지는 내용인, 자기 자신을 드러내는 것을 억제하는 마음과 막연한 거리낌을 없애는 법에 쏟는다면, 훨씬 더 빨리 그리고 오래도록 지속될 놀랄 만한 결과를 볼 수 있으리라 생각했다. 내가 그런 생각을 했다는 것이 정말 기특할 지경이다.

자의식이라는 껍질을 깨라

내가 가르치는 과정 중에는, 필요 이상으로 억제된 긴장감을 느끼는 성인들을 자유롭게 만들기 위한 과목이 여러 개 있다. 나는 정말로 무릎을 꿇고 수강생들에게 애원했다. 껍질을 깨고 밖으로 나와 자신을 찾으면 세상은 그들을 진심으로 반기며 환영할 것이라고 말이다. 내가 생각하기에도 쉬운 일은 아니었지만, 그만큼 가치가 있었다.

포쉬(Foch) 사령관은, 병법이란 개념은 간단하지만 수행과정은 불행히도 엄청 복잡하다고 말했다. 물론 가장 큰 장애물은 딱딱해지는 것이다. 몸만 굳는 것이 아니라 정신도 뻣뻣하게 굳는 것이 문제다. 이것은 사람이 성장하면서 완고해지는 부분의 일부다.

청중 앞에서 자연스러워지기란 쉬운 일이 아니다. 배우들은 그 점을 잘 알고 있다. 한 4세쯤이던 어렸을 때를 돌이켜 보면, 당신은 아마 연단 위에 올라가서도 자연스러운 모습으로 청중에게 얘기할 수 있었을 것이다. 그렇지만 24세가 되고 44세가 되면서 연단에 올라가 말을 꺼내려면 어떤 일이 벌어지는가? 4세 적에 지니고 있던 그

무의식적인 자연스러움이 아직도 있는가? 그럴 수도 있지만, 십중팔구는 뻣뻣하게 굳어서 기계적인 말만 할 것이며 거북이처럼 껍질 속으로 목을 움츠리게 될 것이다.

성인들에게 말하는 법을 가르치고 훈련시킬 때, 그 사람이 가진 고유한 특징에 무엇을 더해주는 것이 문제가 아니다. 이것은 마음의 장애를 제거하여, 누군가에게 얻어맞게 될 때 나타나는 그런 똑같은 자연스러움을 가지고 말하도록 하는 것이 가장 어렵다.

나는 연사들이 말하는 동안 수백 번도 넘게 중간에 말을 자르고 제발 인간처럼 말하라고 간청했다. 수백 날 밤을, 자연스럽게 말하는 법을 수강생들에게 훈련시키느라 파김치가 되도록 기진맥진해서 집으로 돌아가곤 했다. 그 훈련은 그리 간단한 일이 아니다.

나는 수강생들에게 대화체로 말해보라고 주문한다. 때로는 수강생들이 사투리를 쓸 때도 있다. 나는 수강생들에게 이런 극적인 상황을 마음껏 즐기며 말하라고 부추긴다. 막상 해보면, 우스꽝스러운 동작이 나오더라도 수강생들은 아주 즐거워하고, 그렇게 우스운 모습에도 그다지 개의치 않는다. 보고 있던 수강생들은 몇몇 수강생들이 뛰어난 연기력을 갖고 있는 것을 보고 아주 즐거워

한다. 내가 강조하고 싶은 것은, 사람들 앞에서 격식을 훌훌 털어버리면 개인을 상대하거나 어떤 모임을 대하게 되는 실제 상황이 닥치더라도 움츠러들지 않게 된다는 것이다.

불시에 느끼게 된 이 자유는 새장을 벗어난 새가 하늘을 나는 듯한 심정일 것이다. 당신은 사람들이 공연장이나 극장에 모여드는 이유를 알 것이다. 바로 자기들과 같은 인간이 거의 구속받지 않고 행동하는 모습, 거리낌 없이 표현되는 감정을 볼 수 있기 때문이다.

다른 사람을 흉내내려고 하지 마라

우리는 누구나 연설을 재미있게 이끌어나가고, 자신을 거리낌 없이 표현하며, 독특하고 개성적일 뿐 아니라 창조적인 방법으로 자신이 하고 싶은 말을 하는 연사에게 찬사를 보낸다.

1차 세계대전이 끝난 얼마 후, 나는 런던에서 로스 스미스(Ross Smith) 경과 키스 스미스(Keith Smith) 경 형제를 만나게 되었다. 두 형제는 런던에서 호주까지 비행기로 최초 횡단을 한 뒤에 호주 정부로부터 5만 달러의 상금을 받은 참이었다. 두 사람의 모험담은 대영제국 전체를 뒤흔드는 큰 화제가 되었고 그 덕으로 두 사람은 왕이 주는 기사작위를 받게 되었다.

극적인 사진을 잘 찍기로 유명한 헐리(Hurley) 대위는 이 여행에 참가하여 영화를 촬영했다. 그러한 사건을 바탕으로, 나는 두 사람이 비행에 관한 풍성한 얘깃거리를 다른 사람에게 연설하게끔 훈련시켰다. 두 사람은 런던의 필하모닉 홀에서 네 달 동안 하루에 두 번씩, 오후에 한 번, 저녁에 한 번 연설하게 되었다.

두 사람은 생긴 모습이 똑같고, 세상의 반을 비행하는 동안 옆에 나란히 앉아 있었으며, 하는 말도 단어 하나하나까지 거의 똑같았다. 그런데도 두 사람이 말하는 내용은 전혀 같지 않았다.

연설에는 단순히 말 외에도 뭔가 특별한 것이 포함되어야 한다. 바로 묘미가 전달되어야 하는 것이다. 그 묘미는 무엇을 말하느냐가 아니라 어떻게 말하느냐에 관계된 것이다.

위대한 러시아 화가인 브룰로프(Brulloff)가 한번은 제자를 가르치면서 잘못된 것을 바로잡아준 일이 있다. 제자는 수정된 그림을 보고는 놀라 소리쳤다.

"와, 선생님이 아주 조금 다듬으셨을 뿐인데, 완전히 다른 그림이 됐네요."

브룰로프가 대답했다.

"아주 작은 시작에서부터 예술이 시작되는 것이라네."

그림에서나 패더리우스키(Paderewski)가 연주를 할 때처럼 연설도 마찬가지다.

단어를 다룰 때도 똑같은 사실이 적용될 수 있다. 영국 의회에 예로부터 전해내려오는 격언에, 모든 것은 발언자가 말하는 내용이 아니라 그의 태도에 따라 결정된다는 말이 있다. 오래전 영국이 로마에서 멀리 떨어진 식민지였을 때 퀸티리안(Quintillian)이 한 말이다.

"포드 자동차는 다 똑같습니다."

자동차 회사에서 늘 하는 말이다. 그러나 사람은 똑같은 사람이 하나도 없다. 하늘 아래 새로운 삶은 또 다른 새로운 것일 뿐이다. 전과 똑같이 되풀이된 날은 없었고, 앞으로도 없을 것이다.

사람은 자신에 대해 그 점을 잘 생각해봐야 한다. 자신을 다른 사람들과 구별시킬 수 있는 혼자만의 불꽃을 찾아, 자신에게 가치 있는 것으로 개발해야 한다. 사회와

학교는 다림질한 것처럼 그런 특질을 밋밋하게 만들어버리려 할지도 모르겠다. 그들은 우리 모두를 똑같은 틀에 집어넣으려는 경향이 있기 때문이다.

그렇지만 나는 그 불꽃이 사라지게 놔두지 말라고 말하겠다. 당신이 중요한 존재가 될 수 있는 오직 하나의 진정한 권리이기 때문이다.

효과적인 연설에 대해 적용시켜보면 두 배나 더 맞는 말이다. 이 세상에 당신과 같은 인간은 아무도 없다. 사람은 눈 두 개, 코 하나, 그리고 입도 하나다. 그러나 당신과 똑같이 생긴 사람은 눈을 씻고 찾아봐도 없다. 당신의 기질이나 행동 방법, 혹은 마음 씀씀이와 똑같은 사람은 없다. 당신이 당신다운 모습으로 연설할 때 당신과 똑같이 말하고 표현할 수 있는 사람은 거의 없다. 달리 표현하자면, 사람은 누구나 개성을 가지고 있다.

연사로서 이것은 가장 귀중한 자산이다. 자신의 개성을 고수하며 소중히 여기고 계발해라. 그 개성이 바로 연설할 때 정열과 진실을 주는 불꽃이 된다. 개성이야말로 중요성을 주장할 수 있는 오직 한 가지다. 제발 부탁하건대, 자신을 어떤 틀에 집어넣어 자신의 독특함을 잃어버리는 일이 없게 하라.

청중과 대화하라

　수많은 사람들이 말하는 전형적인 방법을 예로 들어 설명하겠다. 한번은 스위스의 알프스에 있는 여름 휴양지 뮈렌(Mürren)에 간 일이 있었다. 나는 런던에 본사가 있는 호텔에 묵었다. 그 호텔은 보통 영국에서 온 두 강사가 돌아가며 매주 손님들에게 강연을 했다.

　그중 한 사람이 유명한 영국 소설가였다. 연설 주제는 '소설의 미래'였다. 소설가는 그 주제를 자기가 고른 것이 아니라고 말했다. 그녀의 요점은 별로 말할 만한 가치를 못 느낀다는 것이었다. 그녀는 메모한 것을 성급히 중얼거렸다. 청중 앞에 서 있으면서도 듣는 사람들한테는 신경을 안 썼고, 심지어 눈길조차 주지 않았으며, 그저 멍하니 청중의 머리 위를 바라보다가 가끔씩 노트를 들여다보는가 하면, 마룻바닥을 내려다보기도 했다. 그녀는 하염없이 공허한 눈길로 멍하니 먼 곳을 바라보며 목소리의 울림도 희미한 가운데 단어를 뱉어냈다.

　전혀 연설이라고 할 수 없었다. 그저 독백이라고 하는 게 나았다. 의사를 소통한다는 기분이 전혀 안 들었다. 좋은 연설에서 최고로 중요한 것이 바로 '의사가 통한다는 기분'이 들어야 하는 것이다. 청중은 연사의 가슴과 마음으로부터 직접 전해지는 의도가 자신들의 가슴과 마음속으로 전달된다는 느낌을 느껴야만 한다.

내가 방금 예로 들었던 것 같은 종류의 연설은 마치 고비 사막같이 물이 없고 황폐하다고 말할 수 있을 것이다. 사실, 그 연설은 살아 있는 사람에게 말했다기보다는 그런 황폐한 대상을 향해 한 말처럼 들렸다.

연설에 대해 터무니없이 쓸데없는 소리를 써놓은 책은 수없이 많다. 그런 책은 연설의 규칙이나 관례 혹은 알쏭달쏭한 표현으로 얼버무려져 있다. 옛날식으로 '낭독'하다가는 때로 웃음거리가 될 수 있다. 어떤 사람이 도서관이나 책방에 가서 '웅변술'이라고 되어 있는 책을 집어 들면 완전 쓸모없는 엉터리가 적혀 있을 것이다.

모든 면에서 상당한 발전을 보았음에도 불구하고, 오늘날 미국의 대부분 지역에서 학생들은 '웅변가들의 웅변술'을 암송해야만 한다. 하지만 그것이야말로 타이어 펌프에 다람쥐 머리 모형을 다는 것처럼 쓸데없고, 깃펜처럼 시대 착오적인 일이다.

20세기 이후로 완전히 새로운 연설법이 등장했다. 시대적 조류를 반영한다는 점에서, 새로운 연설법은 현대적일 뿐 아니라 자동차처럼 유용하고, 전보처럼 직접적이며, 효과적인 광고처럼 능률적이다. 한때 유행했던 말로 기교를 부리는 방법은 현재 시대의 청중을 못 참아내게 만든다.

현대의 청중은, 그 숫자가 업무적인 회의를 하기 위해 15명이 모였건 대형 천막 아래 천 명이 모였건, 연사가 마치 잡담을 나누는 양 직접적으로 말하는 소리를 듣고 싶어한다. 또한 그가 청중 가운데 누군가와 이야기를 나누는 것 같은 평상시의 모습으로, 태도는 같으면서도 좀 더 정열적으로 힘차게 말하는 것을 듣고 싶어한다.

자연스러워 보이기 위해서는, 한 사람에게 말할 때보다는 40명에게 말할 때 훨씬 더 강렬하게 말해야 한다. 그것은 마치 빌딩 꼭대기에 입상을 세울 때 실물보다 큰 크기로 세우는 것은 땅에서 보는 사람들에게 실물과 같아 보이게 하기 위해서인 것과 같은 이치다.

마크 트웨인(Mark Twain, 1835. 11. 30~1910. 4. 21 : 미국의 유머 작가, 소설가, 연사. 『톰 소여의 모험(*The Adventures of Tom Sawyer*)』(1876) 등 청소년 모험담으로 전 세계에 독자를 만들었다―옮긴이 주)이 네바다에 있는 탄광촌에서 연설을 마치자, 한 광산업자가 다가와서 항상 그렇게 자연스런 음성으로 웅변을 하는지 물었다.

청중이 원하는 게 바로 그것이다. "자연스러운 음성으로 말하는 것"을 조금 확대한 것이다.

자연스러움을 조금 확대하는 비결을 터득하는 오직 한 가지 방법은 연습뿐이다. 연습을 하면서, 자신이 뻐딱한 태도로 연설하고 있다는 것을 깨닫는다면, 잠시 멈춰서 마음속으로 자신을 호되게 야단처라.

"이봐! 무슨 일이야? 정신차려! 인간미 있게 굴라고."

그리고 청중 중에서 뒷자리에 앉아 있거나 그중 덜 집중하고 있는 사람을 찾아낼 수 있다면, 마음속으로 그에게 말을 걸듯이 해라. 거기 나와 있는 다른 사람은 다 잊어버려라. 그 사람과 대화를 나누는 것이다. 그가 질문을 했고 당신은 그 답을 아는데, 대답해줄 수 있는 사람은 오직 당신뿐이라고 상상하는 것이다. 만일 그가 일어서서 당신에게 질문을 하게 된다면, 당신은 그에게 대답을 하게 될 것이다.

또한 그런 과정은 곧, 그리고 반드시 당신의 연설을 더 스스럼없고, 더 자연스러우며, 더욱 직접적이게 할 것이다. 그러므로 그런 상황이 벌어졌다고 가상하는 것이다.

실제로 질문을 던지고 당신이 대답을 할 수도 있다. 예를 들어, 연설 중간에 이렇게 물어본다.

"이 말에 대해 어떻게 증명할 수 있느냐고 묻고 싶으실 겁니다. 물론 충분한 증거가 있습니다. 그것은 바로……"

그러고는 질문에 대한 답을 풀어나가는 것이다. 그러면 단조로운 연설의 분위기가 바뀔 것이다. 또한 더욱 직접적이고 유쾌하면서도 스스러움이 없어질 것이다.

상공회의소에서 연설을 하게 되었다 해도 그저 아는 사람에게 얘기하듯 하면 된다. 상공회의소라는 게 결국 아는 사람들이 모인 자리 아닌가? 그 사람들과 개인적으로는 말을 잘했는데 함께 모아놓았다고 달라지겠는가?

이 장의 앞부분에서 어떤 소설가가 연설하던 모습을 언급한 바가 있다. 그 소설가가 연설했던 같은 장소에서, 우리는 며칠 뒤에 올리버 로지(Oliver Lodge) 경이 하는 강연을 즐겁게 듣게 되었다. 그의 강연 주제는 '원자의 세계'였다.

그는 그 주제에 대해 거의 반 세기 동안이나 고찰과 노력을 기울이며 실험과 연구를 계속해왔다. 그는 가슴과 마음, 삶의 일정 부분에 자신이 못 견디게 말하고 싶어하는 무엇인가를 본질적으로 담고 있었다. 그는 자신이 '연설'하는 중이라는 사실도 잊어버린 것 같았다. 그런 것에는 조금도 개의치 않았다.

그는 청중에게 원자에 대해 얘기하느라 몰두해 있었고, 정확하고 쉬우면서도 인상에 남도록 말하고 있었다. 그는 진정으로 우리에게 자신이 보고 느꼈던 것을 알게 해주고 싶어 애쓰고 있었다.

결과는 어떻게 되었을까? 그의 강연은 참으로 훌륭했다. 근사하면서도 힘이 넘쳤던 것이다. 우리는 깊은 인상을 받았다. 그는 비범한 능력을 가진 연사였다. 그렇지만 그는 자신이 그렇다는 사실을 모르고 있었다. 그의 강연을 들은 사람 중에 그를 '대중연설가'라고 생각할 사람은 거의 없을 것이라고 확신한다.

당신이 대중 앞에서 얘기하게 되었을 때 연설을 들은 사람들이 당신이 연설을 연습한 사람이라고 생각하게 된다면, 당신을 가르친 강사는 신뢰할 수 없는 사람이다. 특히 우리 강좌를 가르치는 강사라면 더욱 안 될 일이다. 강사라면 당신이 아주 자연스러운 모습으로 청중에게 말하기를 바라면서도 당신이 '정식으로' 교육받았다는 것을 전혀 눈치채지 못하기를 바란다.

잘 닦인 유리창은 그 자체로 이목을 끄는 게 아니다. 그저 빛이 들어오도록 할 뿐이다. 좋은 연사도 이와 마찬가지다. 그는 듣는 이의 마음을 누그러뜨릴 만큼 자연스러워서, 청중은 그가 말하는 태도를 전혀 신경 쓰지 않고, 오직 그가 전하는 내용만을 의식하게 된다.

연설에 마음을 담아라

진지한 열정과 성실한 모습도 당신에게는 큰 힘이다. 사람이 감정의 영향을 받으면, 참된 자아가 밖으로 나타나게 된다. 빗장을 걷게 되는 것이다. 그보다 감정이 뜨겁게 불타오르게 되면 모든 방해물은 타버리게 된다. 그는 무의식적으로 행동하고 무의식적으로 말하게 된다. 바로 자연스러운 모습이 되는 것이다.

그래서 결국 내용을 전달한다는 점으로 되돌아오면, 이미 여러 번 되풀이해 강조했듯이, 연설에 마음을 담으라는 말로 요약할 수 있다.

딘 브라운(Dean Brown)은 예일 신학대학에서 설교에 대한 강의를 하는 중에 이렇게 말했다.

제 친구가 런던에 있는 교회에 예배를 드리러 갔다가 들었다며 전해준 설교 내용을 잊을 수가 없습니다. 목사님의 이름은 조지 맥도널드(George MacDonald)라고 했습니다. 목사님은 오전 예배 때 히브리서 11장의 말씀을 읽으셨습니다. 성경 봉독이 끝나고 설교 시간이 되자 목사님은 이런 설교를 하셨습니다.

"여러분 모두 이 믿음의 조상들에 대한 말씀을 아실 겁니다. 저는 믿음이 무엇인가에 대한 말씀을 구태여 드리지는 않겠습니다. 이론적으로는 제게 스승뻘 되실 분들이 많으실 테니 말입니다. 다만 여러분이 믿음을 갖도록 도와드리고자 합니다."

그러고는 영원하면서도 눈에 보이지 않는 믿음이라는 존재에 대해, 간단하면서도 너무도 절실하게 설교를 했다는 것입니다. 그리하여 설교를 듣는 사람들은 모두 가슴과 마음에 믿음의 싹을 틔웠습니다.

그의 설교 속에는 그의 진정이 들어 있었고, 순전하고 아름다운 그의 내면 세계에 뿌리를 둔 설교는 듣는 사람들의 마음을 감동시켰던 것입니다.

"그의 설교에는 그의 진정이 들어 있었다."

비밀은 바로 이것이다. 그럼에도 이런 조언이 일반적인 생각이 아니라는 걸 나는 알고 있다. 애매하고 모호하게 들리기 때문이다. 일반인들은 누구나 쉽게 알 수 있는 규칙, 뭔가 명확한 것, 손으로 만질 수 있는 것, 자동차가 나가는 방향처럼 틀림없는 규칙을 원한다.

그것이 청중이 원하는 바이고, 내가 청중에게 전하고 싶은 게 바로 그것이다. 청중에게나 나에게나 그렇게 하는 게 쉽다. 물론 그런 규칙이 없는 것은 아니다. 다만 규칙에는 한 가지 결점이 있다. 규칙만으로는 안 된다는 점이다. 그런 규칙은 연사에게서 자연스러운 자발성과 생명의 정수를 빼앗아버린다. 젊은 시절, 나 역시 그런 규칙에 기력을 낭비한 일이 수없이 많았다. 미국의 19세기 유머 작가인 조쉬 빌링스(Josh Billings)가 "될 법하지도 않은 일을, 아무리 많이 알고 있어봤자 소용없다"라고 했듯이, 그런 것들은 별로 쓸모가 없었다.

에드먼드 버크(Edmund Burke, 18세기 영국의 정치가, 정치사상가—옮긴이 주)는 논리적·양식적인 면은 물론 문장 구성면으로도 상당히 훌륭한 연설문을 썼다. 그러므로 오늘날까지도 미국의 여러 대학에서 그의 연설을 웅변의 전형적인 본보기로 삼아 연구하고 있는 중이다.

그렇지만 연사로서의 버크는 지루하기로 유명했다. 그는 자신의 주옥 같은 연설문을 재미있고 힘이 넘치게 전달하는 능력이 없었다. 그래서 하원에서 그의 별명은 '저녁식사 종소리'였다. 그가 연설하기 위해 일어서면, 다른 의원들은 쿨럭거리거나 몸을 비비 트는가 하면, 아예 잠을 청하기도 했고 심지어 우루루 몰려나가버렸다.

강철 탄환을 맨손으로 아무리 세게 던져도, 상대방의 옷에 흠집 하나 낼 수 없을 것이다. 그렇지만 양초 뒤에 화약을 넣고 던진다면 단단한 판자도 뚫을 수 있다. 강철 탄환 같은 연설에 열정과 흥분이 뒷받침되지 않은 경우에는, 화약을 집어넣은 양초가 훨씬 큰 효과를 낸다는 것은 참 아쉬운 점이다.

 ## 목소리를 힘차고 유연하게 하라

우리가 가진 개념을 청중에게 진심으로 전할 때는 음성이나 동작을 여러 가지 면으로 사용하게 된다.

어깨를 으쓱한다든지, 팔을 내젓는다든지, 눈썹을 찡그리기도 하고, 큰소리를 내기도 하며, 쇳된소리를 내거나 억양을 높게 혹은 낮게 바꾸기도 한다. 때로는 말을 빨리 하기도 하고 청중이 받아쓸 내용이 있을 때는 천천히 발음하기도 한다.

그렇지만 이런 것은 원인이 아니라 결과라는 점을 명심해야 한다. 소위 다양한 표정이나 변화무쌍한 억양이란 것은, 바로 우리의 정신과 감정 상태에 따라 직접 영향을 받는다.

우리가 잘 아는 소재를 선택해서 청중 앞에서 연설할 때 연사 스스로 흥분이 돼야 하는 이유가 그래서 중요하다는 것이다. 그것이 바로 청중과 소재를 같이 나누고 싶다고 간절히 바라야 하는 이유다.

나이가 들어감에 따라 어렸을 때의 자발적이고 자연스러운 모습을 대부분이 잃어가면서, 우리는 육체적으로나 말로 대화할 때에도 어떤 틀에 맞추려고 하는 경향이 있다. 따라서 활발한 몸짓을 사용하기가 주저되고, 일정한 음성으로 말하기 시작한 후에는 목소리를 높이거나 낮추는 일도 거의 없다.

다시 말해서, 참신하고 자발적인 태도로 진정한 대화를 한다는 느낌을 잃게 된 것이다. 우리는 특별히 주의하지 않으면, 너무 느리거나 혹은 너무 빠르게 말하는 습관이 생길 수 있고, 경솔하게 내뱉는 귀에 거슬리는 말투가 되기도 한다.

나는 이 책에서 자연스럽게 말하라고 귀에 딱지가 앉도록 얘기했다. 그러니 혹시 여러분 중에는 경박한 말투나 애초부터 타고난 단조로운 억양을 그냥 넘어가야 하나 보다 생각할지도 모르겠다.

그러나 실은 그와는 반대로, 생각을 표현하고 마음을 모아 표현한다는 의미에서 자연스럽게 말해야 한다고 주장하는 것이다.

또 한편으로는, 좋은 연사란 모름지기 어휘력을 넓히고, 비유적인 표현과 다양한 말씨를 풍성하게 사용하며, 힘 있고도 다양한 표정을 만드는 데 노력을 게을리 하지 않는 사람이다.

목소리 크기와, 억양을 다양하게 조절하는지, 말하는 속도는 어떤지 스스로 평가해보는 것도 좋은 생각이다. 이런 과정은 녹음기를 사용하면 많은 도움이 된다. 아니면, 잘 평가해줄 만한 친구에게 부탁하는 것도 좋겠다. 전문가의 도움을 받을 수만 있다면 더 바랄 나위가 없을 것이다.

그렇지만 명심할 것은, 청중 앞에 서지 않았을 때에 연습해야 한다는 것이다. 실제로 연설하고 있으면서 음성과 동작을 조절하는 기술에 신경을 쓴다면 연설 결과는 참담할 것이다.

일단 연설에 자신을 다 쏟아넣게 되면, 정신적으로나 감정적인 충격을 청중에게 주는 데만 온 정신을 다 쏟아야 한다. 그러면 십중팔구 책에서 배울 수 있는 것보다 훨씬 강렬하고 힘 있는 연설을 할 수 있을 것이다.

5장
효과적인 연설에 도전하기

Chapter **12**

연사 소개, 시상, 수상식

이 장에서는 이 책에서 소개된 원칙과 기법들을 일상적인 말하기, 즉 사교적인 대화에서부터 공식적인 연설에 이르기까지 적용해보겠다.

당신은 지금 막 훈련을 마치고 이제 말을 시작하려 한다고 가정하자. 즉 다른 연사를 소개한다거나 좀더 긴 대화 중의 하나가 될 것이다.

그런 까닭에 소개말 하기와, 긴 대화를 이끌어갈 경우 서론부터 결론까지를 구성하는 과정에 대해 얘기하겠다.

마지막으로, '배운 것을 적용하기'에서는 다시 한 번 이 책의 원칙들이 대중연설을 하는 경우뿐만 아니라 일상적인 대화에서도 유용하다는 점을 강조할 생각이다.

공식석상에서 말하라는 요청을 받을 때는, 다른 연설자를 소개하거나, 정보를 전달한다든가, 재미있는 얘기를 하거나, 다른 사람을 확신시키고 설득하기 위한 긴 연설을 해야 할지도 모른다.

또는 동네에서 하는 모임이나 여성 모임의 회원이 돼서, 모임에 초대받아 온 연설자를 소개하는 일을 맡을 수도 있다. 혹은 학교 사친회나 소비자들을 대상으로 연설할 수 있고, 노동조합 모임이나 기타 정치적인 집회가 생길지도 모른다.

긴 연설을 준비하는 데 필요한 요령은 앞으로 다루기로 하고 여기에서는 다른 사람을 소개하는 짧은 연설을 준비하도록 도와주겠다. 또한 상을 주거나 받을 경우에 요긴하게 쓸 수 있는 몇 가지 요령도 제시하겠다.

생동감 있는 말로 전국 방방곡곡의 청중을 사로잡아온 작가이자 강사인 존 메이슨 브라운(John Mason Brown)은, 어느 날 밤 자신을 청중에게 소개할 사람과 대화를 나누고 있었다.

소개할 사람이 브라운에게 말했다.

"무슨 말을 해야 하나 걱정하지 마십시오. 긴장 푹 놓으세요. 저는 외워서 말하는 건 좋지 않다고 생각합니다. 아니, 준비 자체가 좋지 않습니다. 진짜 매력을 망쳐버리니까 말입니다. 유쾌한 맛을 죽이는 거죠. 저는 그저 상황이 닥쳤을 때, 머리에 떠오르는 영감을 기다려요. 그러면 절대로 낭패를 보지 않습니다."

이 말을 듣고 안심이 된 브라운은 소개자가 자기를 훌륭하게 소개하는 줄 알았다고 그의 책, 『지금은 익숙한 일들(Accustomed As I Am)』에서 당시를 회상하고 있다. 그러나 그 남자가 소개말을 하려고 일어났을 때, 정말 황당한 일이 벌어졌다.

여러분, 잠시 주목해주시겠습니까? 오늘 밤 여러분에게 좋지 않은 소식을 전해드리겠습니다.

우리는 처음에 아이작 F. 마코슨 씨에게 강연을 요청했었습니다. 그런데 그분이 오시지 못했습니다. 몸이 아프시다는군요.(박수)

다음으로 상원의원 브레드리지 씨에게 연설해주십사고 부탁드렸습니다. 헌데 그분은 바쁘시다는 거예요.(박수)

마지막으로 저희는 캔자스시티의 의사 로이드 그로건 씨에게 말씀 좀 해달라고 부탁드렸는데 헛수고만 했습니다.(박수)

그래서 대신에 여기 서 계신 존 메이슨 브라운 씨를 모셨습니다.(조용)

브라운은 이 어처구니 없는 일을 회상하면서 말했다.

"그 망할 영감(靈感)주의자는 그래도 내 이름은 틀리지 않더군요."

물론 이 남자가 영감만으로도 잘 해낼 수 있다고 지나치게 확신하는 바람에 생긴 일이라는 것을 알 수 있다. 만일 일부러 하려고 했어도, 더 이상 엉망으로 만들 수는 없었을 것이다. 그는 자기가 소개해야 하는 연설자와 연사의 연설을 들어야 하는 청중, 양쪽 모두에게 소개자가 가져야 할 의무를 위반한 것이었다. 소개하는 말에는 이 의무가 많지는 않지만, 그래도 아주 중요하다. 그리고 수많은 사회자들이 이 점에서 실패한다는 점이 놀라울 뿐이다.

소개하는 연설의 목적은 화목한 분위기를 만드는 것이다. 그런 소개는 말하는 사람과 청중을 함께 묶어주고, 우호적인 분위기를 만든다. 그리고 양자 간에 서로에 대한 관심이 생겨나게 하는 것이다.

"사회자는 연설하지 마십시오. 당신이 해야 할 일은 그저 연사를 소개하는 것입니다"라고 말하는 사람은 말을 지나치게 아끼는 죄를 짓는 것이다. 사실 소개 연설처럼 하찮게 여겨지는 연설도 달리 없는 것 같다. 그것은 아마도 소개말을 준비하고 전달해야 할 사회자들이 이 일을 그다지 중요하게 생각하지 않기 때문인 것 같다.

소개라는 말은 두 개의 라틴 말, 즉 '안쪽'을 뜻하는 '인트로(intro)'와 '인도하다'라는 뜻을 가진 '두세레 (ducere)'를 합친 말에서 유래하였다. 그러므로 '소개' 라는 말은 화제의 안쪽으로 대상을 유인해서 어떤 이야기가 나올까 흥미를 갖고 귀를 기울이게 해야 한다는 뜻이다. 그것은 연설자가 이 특별한 주제를 논하는 데 적격임을 보여주는 사실로 청중을 데려가야 한다는 말이다.

다른 말로 하자면, 소개는 청중에게 화제를 '팔아야' 하고, 연설자를 '팔아야' 하는 것이다. 그리고 가능한 한 가장 빠른 시간 안에 이 일을 해내는 것이 좋다.

그것이 소개가 해야 할 일이다. 그러나 다들 그렇게 하는가? 열에 아홉은 아니다. 단연코 아니다. 대부분은 소개를 하찮게 끝내고, 너무 미약하며, 변명할 여지없이 불충분하게 말한다. 그래서는 안 된다. 만일 소개하는 사람이 자신이 맡은 임무가 중요하다는 사실을 깨닫고 올바른 방식으로 노력을 한다면, 그는 곧 행사의 책임자나 주인이 되어 달라는 요청도 받을 것이다.

여기에 소개말을 잘하는 데 도움을 주기 위해 몇 가지를 제안하겠다.

철저하게 준비해서 말하라

소개말은 1분을 넘기지 못할 만큼 짧지만, 세심하게 준비해야 한다. 우선, 연사와 관련된 사실을 긁어모아야 한다. 이 사실은 세 가지 항목으로 분류될 수 있다. 말하는 사람의 주제와 그 주제에 대해 말하는 사람의 자격, 그리고 그의 이름이다. 종종 넷째 항목이 될 수 있는 것은 연설자가 선택한 주제가 왜 청중의 특별한 관심사가 되느냐 하는 점이다.

당신이 소개자라면 정확한 연설 제목과 연사가 주제를 어떻게 전개시켜나갈지에 대해 어느 정도 확인을 해야 한다. 주제에 대한 연사의 입장이 잘못 소개된다면, 막상 연설을 해야 하는 연설자로서는 소개말을 반박해야 한다는 사실보다 더 당황스런 일은 없을 것이다.

그러므로 연사의 주제를 확인하고서 그가 말할 내용을 미리 마음대로 추측해서 말하지는 않는다면, 이런 사태는 사전에 막을 수 있다.

그러나 소개자로서 당신의 임무는 주로 연사의 연설 제목을 올바르게 전달하고 청중의 관심 사항과의 연관성을 지적해주는 것이다. 만일 가능하다면, 이런 정보는 연사에게서 직접 듣는 것이 좋다. 만일 제삼자, 예를 들어 프로그램 책임자로부터 전해 들었다면, 글로 써서 사전에 연사에게 점검을 받는 것도 좋은 방법이다.

하지만 소개자가 해야 할 대부분의 준비 사항은 연사의 자격과 관련된 사실들을 알아내는 것이다. 특수한 경우, 만일 말하는 사람이 전국적으로나 지역적으로 널리 알려진 사람이라면, 인명록이나 그와 비슷한 책을 뒤져서라도 정확한 이력을 찾아내야 한다. 지역 차원에서 그 사람이 일하는 회사의 홍보부나 인사과에 물어볼 수도 있고, 어떤 경우에는 친한 친구들이나 가족들에게 전화해서 사실을 확인할 수도 있다.

중요한 것은, 연사의 개인적 사실들을 정확히 알아내는 것이다. 당신이 소개할 연사와 가까운 사람들은 흔쾌히 자료를 제공해주려 할 것이다.

물론, 지나치게 많은 사실을 말하면 듣는 사람이 지루해한다. 상위의 학위를 소개하면 하위의 학위도 수료했음을 암시한다. 연설자를 철학 박사라고 소개했을 때, 그가 학사와 석사 학위를 받았다고 말하는 것은 불필요하다. 마찬가지로, 그가 대학을 졸업하고 지냈던 직책들을 쭉 열거하기보다는 그가 맡았던 가장 최고의, 가장 최근의 직위를 알려주는 것이 좋다. 무엇보다도, 그 사람의 경력 중에서 별로 중요하지 않은 것보다는 가장 눈부신 업적들을 빠뜨리지 말아야 한다.

예를 들어 유명한, 아니 단순히 유명한 정도 이상의 연설자인 에이레의 시인 예이츠(W. B. Yeats)가 소개되는 것을 들은 일이 있었다. 예이츠는 자작시를 낭독하기로 되어 있었다. 3년 전에 그는 작가가 받을 수 있는 최고의 상인 노벨 문학상을 수상한 바 있었다.

나는 노벨상이나 노벨상의 중요성을 알고 있던 청중은 10퍼센트도 안 된다고 확신한다. 사회자는 어떻게 해서라도, 상과 상의 중요성에 대한 언급을 했어야 했다. 분명 널리 알릴 만한 사실이었기 때문이다. 하지만 사회자는 이러한 사실들은 완전히 무시한 채 신화와 그리스 시들에 관해서만 떠벌리고 있었다.

무엇보다도, 연설자의 이름을 확인하고 잘 발음할 수 있도록 해야 한다. 존 메이슨 브라운은 자신이 존 브라운 메이슨, 심지어는 존 스미스 메이슨으로 소개된 적이 있다고 말한다.

'오늘밤 우리 함께(We Have with Us Tonight)'라는 유쾌한 글을 쓴, 유명한 캐나다의 유머작가 스티븐 리콕

(Stephen Leacock)은 자신을 터무니없는 이름으로 소개한 사람에 대해 말하고 있다.

정말 많은 사람들이 리로이드 씨가 오시기를 학수고대하고 있었습니다. 책을 통해서 이미 만난 분이기에 마치 오랜 친구처럼 느껴지는 것 같습니다. 사실 리로이드 씨의 이름이 우리 도시에서 집집마다 일상용어처럼 쓰이고 있다 해도 과장이 아니라고 생각합니다. 저는 이 분을 소개하게 돼서 얼마나 기쁜지 모릅니다.

리로이드 씨를 소개합니다.

조사는 확실히 하기 위해서 하는 것이다. 오로지 확실할 때만이 소개 본연의 목적인 청중의 관심을 고조시키고, 화자의 말을 받아들일 준비를 시키게 되는 것이다. 준비가 부족한 상태로 모임에 오는 사회자는 항상 다음 경우와 같이 애매하고 졸음이 오는 소개밖에 할 수 없다.

이 자리에서 말씀해주실 분은 어느 곳에서든 이 주제에서 권위를 인정받고 계신 분입니다. 우리 모두는 이 주제에 대해 깊은 관심을 갖고 있습니다.

왜냐하면 아주 먼 곳에서 오신 분이시기 때문입니다. 이렇게 소개를 하게 된 저도 대단히 기쁩니다. 그럼 모실까요? 나오세요, 브랑크 씨.

준비를 조금이라도 했다면 위의 소개자처럼 연사와 청중에게 불쾌한 기분을 주는 일은 피할 수 있다.

T-I-S 공식 따르기

소개할 때, 'T-I-S 공식'을 적용한다면 조사를 통해 수집한 사실들을 정리하는 데 요긴하게 쓸 수 있다.

1. T는 화제(Topic)를 뜻한다. 연설자가 이야기할 제목을 정확하게 제시하면서 소개를 시작하라.
2. I는 중요성(Importance)을 뜻한다. 이 단계에서는 주제와 청중의 특별한 관심이라는 두 영역에 다리를 놓는 것이다.
3. S는 연설자(Speaker)를 뜻한다. 연설자의 눈에 띄는 자격들, 특히 주제와 관련시켜 그가 뛰어난 자질

을 갖춘 연설자라는 것을 말해야 한다. 마지막으로 그의 이름을 분명하고 확실하게 제시하라.

이 공식에는 당신의 상상력을 활용할 여지가 많이 있다. 소개하는 말이라고 해서 지나치게 간결하거나 무미건조할 필요는 없다. 여기에 공식적이라는 느낌을 주지 않으면서도 공식을 따른 소개말 한 가지를 보여 주겠다.

이것은 뉴욕 시의 신문 논설위원인 호머 숀(Homer Thorne)이 신문 관계자들이 모인 자리에서 뉴욕 전화회사의 이사인 조지 웰봄(George Wellbaum)을 소개한 말이다.

오늘의 주제는 '전화가 사람을 이롭게 한다'입니다. 제가 생각하기에 사랑이나 경마도박이나 고집 같은 것처럼 세상에서 가장 큰 불가사의는, 여러분들이 전화를 걸 때 생기는 불가사의한 일들인 것 같습니다.

어째서 전화가 잘못 걸리게 되는 걸까요? 왜 이따금씩 자기 마을에서 언덕 너머 다른 마을에 전화를 거는 것보다도 뉴욕에서 시카고까지 거는 전화가 빨리 걸릴 수 있을까요? 오늘 이야기해주실 분은, 전화와 관련된 이런 모든 문제의 답을 알고 계신 분입니다. 20여 년간 전화사업과 관련된 세세한 일들을 잘 진행해오셨고 이 전화사업이라는 분야를 다른 사람들에게 알리는 데 앞장서온 분이십니다. 또한 이 분은 자신의 능력으로 전화회사 중역이라는 직함을 따내신 분입니다.

연사께서는 지금부터 전화회사가 우리들을 위해 어떻게 봉사하고 있는가를 말씀해주실 것입니다. 여러분들이 서비스에 만족하고 계신다면, 이 분을 수호신처럼 생각하십시오. 만약 최근에 전화 때문에 괴로움을 당하신 일이 있다면, 선생을 피고측의 대변인으로 삼으십시오.

신사 숙녀 여러분, 뉴욕 전화회사의 중역이신 조지 웰봄 씨입니다.

이 소개자가 얼마나 재치 있게 청중의 관심을 전화로 이끌었는지 주목해보기 바란다. 그는 질문으로 청중의 호기심을 자극하고 난 후, 청중이 갖는 이러한 의문과 여타의 것들에 연사가 답할 것이라고 소개하고 있다.

나는 이 소개말이 종이에 썼거나 암기한 말은 아닐 거라고 생각한다. 혹시 써서 한 말이라도, 대화적이고 자연스럽게 들린다. 소개말은 결코 암기하지 말아야 한다. 언젠가 코넬리아 오티스 스키너(Cornelia Otis Skinner, 1901. 5. 30~1979. 7. 9 : 미국의 배우, 작가. 풍자적인 재치가 담긴 경쾌한 운문 · 독백시 · 일화 · 단편을 썼으며, 1인극에서는 그녀의 다재다능하고 독특한 연기력이 돋보였다—옮긴이 주)가 어느 저녁 모임에서 사회자에게 소개받았을 때였다. 말을 시작하던 소개자는 그만 암기한 말을 잊어버린 모양이었다. 그러더니 깊은 한숨을 내쉬고는 이렇게 말했다.

"버드(Byrd) 제독은 모시려면 사례비가 너무 비싼 관계로, 오늘은 대신 코넬리아 오티스 스키너 양을 모시겠습니다."

소개는 그 상황에 맞게 자연히 우러난 말 같아야지, 모질거나 혹독하면 안 된다.

위에서 인용한 웰봄 씨의 소개에서 "소개를 하게 돼서 대단히 기쁩니다"라든가 "당신을 소개하게 되어 대단히 영광스럽습니다"와 같은 진부한 표현은 없었다. 연설자를 소개할 때 가장 좋은 방법은 연설자의 이름을 부르며 "소개하겠습니다"라고 말하는 것이다.

일부 사회자들은 너무 길게 말하는 바람에 청중의 반감을 산다. 또는 연설자와 청중에게 자신들의 중요성을 각인시키려는 듯 연설조로 웅변을 토하는 사회자도 있다. 또한 어떤 이들은 이따금씩 '다들 아는 농담'을 늘어놓아 실소를 자아내게 한다든가, 연설자의 직업을 들먹이며 언짢은 우스갯소리를 하는 실수를 하는 사람도 있다. 그러나 모든 실수는 효과적으로 소개하겠다는, 자신의 소임을 다할 마음만 먹는다면 극복할 수 있다.

여기에 T-I-S 공식에 근접하게 소개하면서도 독창적인 소개말의 또 다른 예가 있다. 특히 에드가 L. 쉬나디히(Edgar L. Schnadig)가 저명한 과학교육자요 편집자인 제랄드 벤트(Gerald Wendt)를 소개하면서 공식의 세 가지 요소를 어떻게 적절하게 혼합했는지 주목하기 바란다.

오늘 연설자께서 말씀하실 주제인, '오늘날의 과학'이라는 제목은 참으로 중요한 문제를 담고 있습니다. 저는 그 제목을 듣고 자기 뱃속에 고양이가 들어 있다는 망상으로 시달리던 한 정신병자의 이야기가 생각납니다.

그를 담당한 의사는 마땅히 그의 생각을 바꿀 길이 없어서, 거짓으로 수술을 했습니다. 에테르 마취에서 깨어난 환자는 검은 고양이를 보았습니다. 그리고 이제 걱정하지 말라는 의사의 말에 이렇게 대답했습니다.

"죄송합니다, 선생님. 저를 괴롭히던 고양이는 회색입니다."

이것이 오늘날의 과학입니다. U-235라고 불리는 고양이를 찾으려고 했는데 넵투늄, 플루토늄, 우라늄 233 등별별 종류의 다른 새끼 고양이들이 나온 꼴입니다. 시카고의 겨울처럼, 원소들이 툭툭 불거져 나오고 있습니다. 최초의 핵 과학자인 늙은 연금술사는 임종을 앞두고, 우주의 비밀들을 발견하기 위해서 하루만 더 살게 해달라고 애걸했습니다. 그러나 지금 과학자들은 우주가 결코 꿈조차 꾸지 못했던 비밀들을 밝혀내고 있습니다.

오늘 말씀해주실 분은 지금 현재의 과학과, 앞으로 다가올 미래의 과학에 대해 아시는 분입니다. 선생은 시카고 대학의 화학 교수를 역임하셨고, 펜실베이니아 주립대학의 학장이시며, 오하이오 주 콜럼버스에 있는 베틀레(Bettelle) 산업 연구소 소장이십니다. 정부기관에 재직하신 적도 있고 또한 저작자이시기도 합니다.

선생이 태어난 곳은 아이오와의 데븐포트이며 하버드대학에서 교수로 재직하셨습니다. 또한 군수 공장에서도 연구하신 다재다능한 분으로, 널리 유럽 각국을 여행하고 오신 적도 있습니다.

선생께서는 여러 과학 분야에서도 수많은 교재를 쓰고 편집하셨습니다. 선생께서 쓰신 책 중 가장 유명한 『미래를 위한 과학(*Science for the World of Tomorrow*)』은, 선생이 뉴욕의 〈월즈 페어(World's Fair)〉의 과학 국장으로 계실 때 출간되었습니다. 또한 〈타임〉, 〈라이프〉, 〈포춘〉, 〈마치 오브 타임〉의 편집 고문 역할을 하시면서, 과학 뉴스에 대한 폭넓은 해석으로 두터운 독자들을 확보했습니다. 또한 선생이 쓰신 『원자 시대(*Atomic Age*)』는 1945년, 히로시마에 폭탄이 투하된 후 10일 만에 세상에 나온 책입니다.

선생은 "최선의 것은 아직 나오지 않았다"라는 말을 즐겨 쓰시는데, 사실도 그렇습니다. 이토록 훌륭하신 분을 소개하게 되어 저는 가슴이 뿌듯합니다. 그리고 여러분도 즐거운 마음으로 듣게 되실 겁니다. 〈사이언스 일러스트레이티드〉의 편집국장이신 제럴드 벤트(Gerard Wendt) 박사이십니다.

얼마 전까지는 사회자가 연설자를 소개할 때 극찬하는 것이 일종의 관례였다. 연설자는 사회자가 쏟아 놓는 말의 꽃다발에 파묻히기 일쑤였다. 그렇게 되면 가련한 연설자는 과중한 찬사에 치어 움츠러들 수밖에 없었다.

미주리 주의 캔자스시티에 사는 유명한 유머작가 톰 콜린즈(Tom Collins)는 『사회자를 위한 입문서(*The Toastmaster's Handbook*)』의 저자인 허버트 프로치노우(Herbert Prochnow)에게 이렇게 말했다.

"청중에게 재미있는 연설을 하려고 생각하는 연설자 앞에서 사회자가 '여러분은 곧 배를 잡고 뒹굴 정도로 재밌게 될 것입니다'라고 말한다면 연설자에게는 치명타입니다. 사회자가 윌 로저스(Will Rogers, 1879. 11. 4~1935. 8. 15 : 소박한 재치로 유명한 미국의 유머작가 겸 배우—옮긴이 주)같이 재미있는 사람을 들먹일 때에도, 연설자는 이미 끝장난 것이나 다름없기 때문에 그대로 집으로 가버리는 게 낫습니다."

다른 한편, 연사를 지나치게 과소평가해서도 안 된다. 스티븐 리콕은 아래와 같은 소개를 받고 연설을 해야 했던 때를 회상하고 있다.

오늘은 이번 겨울에 진행할 강연의 첫날입니다. 여러분 모두 아시다시피, 지난해 강의들은 성공적이지 못했습니다. 그러니 연말회계는 적자를 면할 수가 없었습니다.

그래서 올해는 새로운 기분으로 저렴한 연사들을 초대하기로 했습니다. 여러분, 리콕 씨를 소개합니다.

리콕은 그때의 일을 차분하게 털어놓았다.
"저렴한 연사라고 딱지가 붙여진 채, 대중 앞에 끌려나오는 심정이 어떠할지 생각해보십시오."

열정적으로 하라

연설자를 소개할 때, 어떤 태도로 소개하느냐가 소개하는 내용만큼이나 중요하다. 사회자는 연사와 친해지기 위해 노력해야 하며, 입에 발린 찬사보다는 호감 가는 태도를 보이는 게 낫다. 연설자의 이름을 소개할 때, 대미를 장식한다는 기분으로 한다면, 청중은 화자에게 더욱 열광적으로 박수를 칠 것이다. 또한 청중에게서 이런 열렬한 환영을 받으면 연설자도 최선을 다해야겠다는 마음가짐이 된다.

소개의 맨 마지막에 연설자의 이름을 부를 때, '휴식', '분리', '박력' 같은 말들을 기억해두면 좋다. '휴식'은 이름을 부르기 전에 잠깐의 침묵을 두어 기대감을 고조시키라는 뜻이다. '분리'는 성과 이름 사이를 살짝 띄움으로써 청중이 연설자의 이름에 보다 분명한 인상을 받게 하는 것이다. 마지막으로 '박력'은 이름을 생기 있고 힘차게 부르라는 뜻이다.

주의할 점이 한 가지 더 있다. 연설자의 이름을 부를 때, 연설자 쪽을 보지 말고 마지막 음절을 완전히 발음할 때까지 청중을 바라보라. 그리고 마지막에 화자를 바라보라. 좋은 소개말을 하고서 끝을 망치는 사회자들이 많다. 왜냐하면, 연설자의 이름을 부르면서 돌아서는 바람에 청중이 연설자의 이름을 알아들을 수 없기 때문이다.

따뜻한 진심을 보여라

끝으로, 진정한 자세로 임하라. 비난하는 말이나 수준이 떨어지는 우스갯소리는 하지 마라. 비꼬는 식의 소개말은 청중의 오해를 사기가 쉽다. 당신은 최고의 기교와 재치가 요구되는 사교장의 한가운데 서 있으므로 진심으로 충실해야 한다. 당신은 연설자가 어떤 말을 하는지 잘 알고 있을 수도 있지만, 청중은 그렇지 않다. 그리고 당신이 아무 뜻 없이 던진 몇 마디가 얼토당토 않은 뜻으로 받아들여질 수도 있다.

소개말을 철저히 준비하라

"인간의 내면 가장 깊은 곳에 존재하는 갈망은 다른 사람들에게 인정받고자 하는 욕망, 즉 명예라는 사실은 여러 가지 면으로 증명돼 왔다."

작가인 메저리 윌슨(Magery Wilson)은 인간의 보편적인 감정을 이렇게 표현했다. 인간은 모두 별 탈 없이 잘 살고 싶어한다.

또한 우리는 칭찬받고자 하는 소망이 있다. 어떤 사람의 칭찬은 그것이 비록 말뿐이어도(공식 행사에서 주어지는 선물에 불과하더라도) 마술처럼 기분을 들뜨게 한다.

테니스 스타인 알시아 깁슨(Althea Gibson)은 『나는 중요한 사람이 되고 싶었다(*I Wantde To Be Somebody*)』라는 자서전에서, 이 같은 '인간의 마음속 소망'을 매우 적절하게 표현하고 있다.

상을 주기 위한 연설을 할 때, 상 받을 사람이 정말 대단한 사람임을 보증해주어야 한다. 그는 어떤 분야에서 열심히 노력해서 성공한 사람이고, 따라서 명예를 받을 가치가 있는 사람이다. 그 자리에 모인 사람은 그를 축하하기 위해 모인 것이다.

상을 줄 때 할 말은 간단하지만 깊은 생각을 담아야 한다. 명예로운 자리에 익숙한 사람들에게는 많은 경험 중의 한 번이겠지만, 그보다는 다소 운이 없는 사람들에게는 남은 여생 동안에 기쁘게 기억할 수 있는 사건이 될지도 모른다.

그러므로 우리는 상을 주는 연설을 할 때, 단어 선택을 신중하게 해야 한다. 여기에 오랜 시간에 걸쳐 검증된 공식이 있다.

1. 왜 상을 주는지를 구체적으로 말하라. 장기근속을 했다고 주는 상일 수도 있고, 경기에서 우승했다고 주는 상일 수도 있으며, 어떤 위대한 업적을 이루었다고 주는 상일 수도 있다. 이것을 간단히 설명하라.
2. 상을 받는 사람의 삶과 업적 중, 모인 사람들의 관심을 끌 만한 내용을 말하라.

3. 상 받을 사람이 자격이 얼마나 출중한지, 따라서 모인 사람들이 얼마나 진심으로 축하하는지를 말하라.
4. 수상자를 축하해주고, 그의 미래가 발전적이길 모든 사람들이 기원한다는 축복을 전달하라.

이 짧은 축하연설에서 진실보다 더 필요한 것은 없다. 아마도 모든 사람들은 말하지 않아도 이 점을 잘 알고 있을 것이다.

그러므로 당신이 상을 주면서 할 말을 적절히 선택한다면, 수상자뿐만 아니라 당신도 존경받는다. 당신의 동료들도, 이성뿐만 아니라 마음까지도 담아야 하는 일에 당신이 적격이라는 사실을 알고 있는 것이다.

이것이 바로 당신은 일부 축하연설자들처럼 지나치게 과장된 표현을 하는 실수를 저질러서는 안 되는 이유다.

어떤 사람의 장점을 실제보다 과장하기는 아주 쉽다. 수상자가 상을 받을 가치가 충분하다면, 물론 칭찬해야 한다.

하지만 지나치게 칭찬하는 말을 덧붙여서는 안 된다. 과장된 칭찬은 수상자를 불편하게 만들고 더 자세한 내막을 알고 있는 청중을 어리둥절하게 만들 것이다.

또한 상 자체의 중요성을 과장하지도 말아야 한다. 상이 가진 가치를 강조하는 대신에, 그것을 주는 사람들의 호의적인 감정을 강조하는 편이 낫다.

수상 연설을 할 때에는 진실한 감정을 표현하라

상을 받을 때는 상을 줄 때보다 훨씬 짧게 말해야 한다. 물론 내용을 암기해서는 안 된다. 그러나 할 말을 미리 준비하는 게 마음이 편할 것이다. 상을 주는 연설을 듣고 자신이 상을 받게 된 것을 안다면, 영예를 준 것에 감사하는 수상 연설 때문에 당황하지 말아야 한다.

그저 "감사합니다"라거나 "내 생애 최고의 날"이라든가 "내게 일어난 일 중에서 가장 대단한 일"이라고 단순하게 중얼거리는 것은 아주 좋지 않다. 여기에도 상을 줄 때 하는 말과 같은, 과장의 위험이 도사리고 있다.

"가장 위대한 날"과 "가장 훌륭한 것"은 너무 흔하게 듣는 표현이다. 당신이 마음으로 느낀 고마움을 좀더 적절한 말로 더욱 좋게 표현할 수 있다.

여기 몇 가지 형식을 제안하겠다.

1. 정말로 진실한 마음에서 우러난 "감사합니다"라는 말을 청중에게 보내라.
2. 당신을 도와준 사람들, 즉 동료, 사장, 친구, 가족들에게 공로를 돌려라.
3. 상품이나 상이 당신에게 어떤 의미를 갖는지 말하라. 만일 받은 것이 포장되어 있다면, 열어서 보여 줘라. 그것이 얼마나 유용한지, 혹은 훌륭한 장식물이 된다든지 또는 앞으로 어떻게 사용할 것인지를 말하라.
4. 거듭 진실한 감사의 표현으로 마무리한다.

여기에서 우리는 말의 세 가지 특별한 유형에 대해 살펴보았다. 당신은 직장이나 어떤 조직, 또는 클럽의 활동과 관계되어 이 중의 어떤 형태로든 연설을 해야 할 경우가 생길 수 있다.

이런 연설을 하게 될 때에는, 때와 장소에 어울리는 연설을 해야 만족스러운 결과를 얻을 수 있다.

Chapter 13

긴 연설의 구성

일정한 계획 없이 집을 짓기 시작하는 얼빠진 사람은 없다. 자신이 목적하는 바가 무엇인지도 모르고 정말 아무 생각 없이 연설을 한다는 것이 가능한 일일까?

말이란 목적지가 있는 계획된 항해가 되어야 한다. 아무 데로나 가겠다고 출발하는 사람은, 보통 제자리를 못 벗어나는 법이다.

나는 효과적인 연설을 배우는 학생이 있는 장소라면, 전 세계 어느 곳에나 열정으로 불타는 나폴레옹의 편지를 써놓고 싶은 심정이다.

전술이란 치밀하게 계산하고 심사숙고하지 않는 한, 성공할 수 없는 과학이다.

이 말은 전쟁뿐만 아니라 말하기에도 적용시킬 수 있다. 하지만 연설자들은 이것을 깨닫고 있는지, 깨닫고 있다면 늘 그렇게 실행하는지 생각해볼 때, 그렇지 않은 사람이 많은 것 같다. 대개의 연설이 별다른 계획이나 생각 없이 나오고 있다. 실타래처럼 얽힌 생각을 정리하는 데 가장 효과적인 방법은 무엇인가? 곰곰이 생각해보기 전에는 아무 말도 할 수가 없다. 이것은 언제 들어도 새로운 내용이므로, 모든 연사가 자신에게 수없이 되물어야 하는 영원한 문제다. 그러니 절대적으로 확실한 법칙은 있을 수가 없다. 여하간 청중의 행동을 유발시키는 이야기를 할 때 요구되는 세 가지 측면을 지적할 수 있다. 주의 환기의 단계, 본론, 결론이다. 다음은 오랜 시간을 두고 검증된, 각 단계를 전개해나가는 방법이다.

 바로 주목을 끌어라

나는 언젠가 전직 노스웨스턴 대학의 교수였던 린 해럴드 휴그(Lynn Harold Hough) 박사에게, 그의 오랜 경험에 비추어 연설자에게 가장 중요한 것이 무엇이냐고 물어보았다. 잠시 골똘히 생각하더니 그는 "시작하면서 청중을 휘어잡는 것이죠. 즉각적으로 호의적인 관심을 끌 수 있는 말로 말입니다"라고 대답했다.

휴그 박사의 이 말은 설득력 있는 모든 연설의 핵심을 지적하고 있다. 어떻게 청중이 연설자의 첫마디에 곧바로 '귀 기울이게' 할 수 있을까? 이것을 잘 적용한다면, 청중을 시작 단계에서부터 깊이 집중시킬 수 있는 몇 가지 방법을 제시하겠다.

point 1 | 사례를 들면서 이야기를 시작하라

뉴스 분석가, 강사, 동영상 감독으로서 세계적으로 유명한 로웰 토마스는 '아라비아의 로렌스'에 대한 강연을 아래와 같이 시작했다.

> 나는 어느 날 예루살렘의 크리스천 가를 걷고 있다가, 동양의 군주들이 입는 화려한 예복을 입은 남자를 만나게 되었습니다. 그의 허리춤에는, 예언가 모하메드의 후손들만이 착용하던 구부러진 황금 칼이 걸려 있었고…….

그는 이렇게 자신의 경험에서 나온 이야기를 가지고

강연을 시작했다. 이런 식으로 시작한다면 영락없다. 실패할래야 할 수가 없는 것이다. 이야기는 살아 움직이고 전진한다.

우리는 우리 자신을 상황의 일부분으로 여기고 무슨 일이 일어나고 있는지 알고 싶어하기 때문에 자연히 따라가게 된다.

나는 말의 서두를 꺼내는 데 실화를 인용한 이야기보다 더 효과적인 방법은 없다고 생각한다.

내가 여러 번 했던 연설 중의 하나는 다음과 같이 시작한다.

대학을 막 졸업한 어느 날 밤에, 나는 사우스다코타에 있는 휴런(Huran)의 어떤 거리를 걷고 있었습니다. 그리고 어떤 사람이 상자 위에 서서 모여 있는 사람들에게 말하는 것을 보게 되었습니다. 나는 궁금해서 그에게 귀 기울이는 사람들 속에 끼어들어 갔습니다. 사내는 연설을 하고 있었습니다.

"알고 계십니까? 대머리 인디언 남자나 대머리 인디언 여성을 보신 일이 있습니까? 아마 없을 겁니다. 지금 제가 그 이유를 말씀드리려고 합니다."

망설임이 없다. 분위기를 띄우는 말도 없다. 바로 사건 속으로 들어감으로써, 쉽게 청중의 관심을 모을 수가 있는 것이다. 자신이 경험한 이야기로 말을 시작하는 화자는 안전한 기반 위에 서 있다. 단어를 찾기 위해 궁리할 필요가 없고, 할 말을 잊어버릴 일도 없다. 그가 겪는 경험은 그의 인생의 일부분인 소질과 능력을 재창조한다. 결과는 어떨까? 스스로도 안심이 되고 긴장을 풀 수 있기 때문에, 이 이야기라는 방법이야말로 연설자가 청중과 친근하게 될 수 있도록 돕는 가장 좋은 방법이다.

point 2 | 긴장감을 불러일으켜라

다음은 포웰 힐리(Powell Healy)가 필라델피아의 펜(Penn) 체육 클럽에서 연설을 시작했던 방식이다.

82년 전, 런던에서 얇은 책 한 권이 출간되었습니다. 이 이야기는 결국 불후의 명작이 되었고 많은 사람들은 그 책을 '세계에서 가장 위대한 작은 책'이라고 부르게 되었습니다. 그 책이 처음 출간되었을 때, 스트랜드(Strand) 거리나 폴 몰(Pall Mall) 거리에 사는 친구들이 하나같이 만나기만 하면 이렇게 물었습니다.

"그 책 읽었니?"

그러면 늘 같은 대답이 나왔죠.

"물론이지, 훌륭하던데."

그 책은 출판되던 날 1천 권이 팔렸고 2주도 안 되어 1
만 5천 권이 팔렸습니다. 그 후에도 셀 수 없을 만큼 팔렸
고 전 세계의 모든 언어로 번역되었습니다.

몇 년 전에 J. P. 모건(J. P. Morgan)은 상상할 수도 없
는 금액으로 진본 원고를 구매했습니다. 지금 그 원본은
그의 거대한 예술 화랑에서 값비싼 보석들 사이에 잘 보
관되어 있습니다. 이 세상에서 가장 유명한 책은 무엇일
까요? 그것은…….

관심이 생기는가? 더 알고 싶은가? 연설자는 청중의
호기심을 끌었는가? 이런 서두가 당신의 관심을 불러일
으키고, 이야기가 전개됨에 따라 더욱 흥미진진해졌다고
느끼는가? 왜 그럴까? 그것은 그의 이야기가 당신의 호
기심을 불러일으켰을 뿐만 아니라 긴장감을 갖게 했기
때문이다.

호기심! 누가 그것을 이겨낼 수 있겠는가?

당신도 마찬가지일 것이다. 인용문에서 말한 책이 무

엇이며 작가가 누구인지를 어서 알고 싶은가? 그 책은
바로 찰스 디킨스의 『크리스마스 캐럴』이다.

긴장감을 조성하면 청중은 계속 관심을 가질 수밖에
없다.

내가 강의할 때 긴장감을 조성했던 방법은 '걱정을 버
리고 열심히 사는 법'이라는 글에 잘 나와 있다. 나는 이
렇게 말문을 열었다.

"1871년 봄 훗날 세계적으로 유명한 내과의사가 된 젊
은이 윌리엄 오슬러(Willam Osler, 1849. 7. 12~1919.
12. 29 : 캐나다의 의사 겸 의학교수—옮긴이 주)는 한
권의 책을 집어들고 그의 미래에 깊은 영향을 준 21개의
단어를 읽었습니다."

21개의 단어들은 무엇일까? 그 단어는 그의 미래에 어
떠한 영향을 미쳤을까? 청중은 이런 질문에 대한 답을
듣고 싶어한다.

point 3 | 충격적인 사실을 말하라

펜실베이니아 주립 대학의 결혼 상담소 소장인 클리포
드 R. 아담스(Clifford R. Adams)는 〈리더스 다이제스
트〉에 '배우자를 구하는 법'이라는 제목의 글을 쓰면서

놀랄 만한 사실을 바탕으로 서두를 시작했다. 그가 제시한 사실은 읽는 사람을 숨막힐 듯 주목하게 만들었다.

오늘날 젊은이들은 행복한 결혼을 찾기가 쉽지 않을 것 같다. 이혼율이 엄청나게 증가했기 때문이다. 1940년에는 5~6쌍 중 1쌍의 결혼생활이 파경에 부딪혔고, 1946년에는 넷 중의 하나 꼴이다. 그리고 이런 추세가 계속된다면, 50년 뒤에는 그 비율이 두 쌍 중 한 쌍꼴이 될 것이다.

여기에 '주목을 끄는 사실'로 시작하는 연설의 두 가지 예가 있다.

1. 육군성은 핵전쟁이 일어나면 첫날 밤에만 2천만 명의 미국인이 죽을 것이라고 예견하고 있습니다.

2. 몇 년 전에 〈스크립스 하워드(Scripps-Howard)〉 신문사는 소비자들의 소매점에 대한 불만을 밝히기 위해 17만 6천 달러를 들여 설문조사를 했습니다. 이것은 소매판매 문제를 다룬 가장 비싸고, 가장 과학적이며, 가장 철저한 조사였습니다. 설문지는 16개 도시의 5만 4,047가정으로 보내졌습니다. 설문 내용의 하나는 '우리 마을에 있는

상점들에 대한 불만은 무엇인가?'였습니다.

대략 5분의 2가 똑같은 대답을 했는데, 바로 '무례한 점원들'이었습니다.

연설을 충격적인 말로 시작하는 이 방법은, 정신을 자극하기 때문에 청중을 끌어들이는 데 효과적이다. 이러한 일종의 '충격 요법'은 청중의 주의를 연설자의 주제에 집중시키기 위해 뜻밖의 사건을 거론함으로써 관심을 모으는 방법이다.

지금까지 살아오면서 들었던 연설 중에서 가장 효과적으로 호기심을 유발하는 방법을 쓸 줄 알았던 사람은 워싱턴에서 우리 강의를 들었던 메그 셰일(Meg Sheil)이다. 여기 그녀가 말을 시작하는 법을 예로 들겠다.

저는 10년 동안이나 감옥에 있었습니다. 그곳은 일반적인 감옥이 아니라 열등감이라는 벽과 비판에 대한 공포라는 창살을 가진 감옥이었습니다.

이 진정한 삶의 얘기를 좀더 자세히 알고 싶지 않은가? 연설을 시작할 때 충격적인 이야기로 시작하는 사람이 피해야 할 위험이 있다. 바로 지나치게 극적이거나 너무 선정적이면 안 된다는 점이다. 나는 허공에 총을 쏘고서 연설을 시작했던 연설자를 기억한다. 그는 제대로 관심을 모았다. 그러나 또한 청취자의 고막도 터뜨렸다.

서두를 시작할 때는 대화식으로 하라. 준비한 서두가 대화적인지 아닌지를 알기 위한 좋은 방법은 저녁 식사 테이블에서 말해보는 것이다. 만일 당신이 말하는 방식이 식사 시간에 충분히 말이 오갈 만큼 대화적이지 않으면, 아마 청중에게도 충분히 대화적이지 않을 것이다.

하지만, 종종 청중의 관심을 끌려고 시작한 서두가 사실은 연설에서 가장 재미없는 부분이 되는 경우도 있다. 예를 들어, 얼마 전에 이렇게 시작하는 설교를 들은 적이 있다.

"주를 의지하고 자신의 능력을 믿으십시오……."

이 설교가 훈계조가 될 게 뻔하다는 것을 알려주는 시작이 아닌가! 하지만 그 다음 문장에 주목하라. 흥미로워서 심장이 두근거린다.

"내 어머니는 1918년에 졸지에 세 아이를 먹여 살려야 하는 과부가 되었습니다. 돈도 없이……."

왜, 정말 왜, 그 설교자는 과부가 된 어머니가 자식을

셋이나 기르기 위해 아등바등댄 얘기로 서두를 시작하지
않았을까?

만일 청중의 관심을 받기 원한다면 서론부터 시작하지
말라. 이야기의 중심으로 곧바로 뛰어들어라.

프랑크 베트거(Frank Bettger)도 그런 방식을 썼다.
그는 『세일즈에서 성공하는 법(*How I Raised Myself
From Failure to Success in Selling*)』이란 책의 저자이
기도 하다.

베트거는 자신의 첫 문장에서 궁금증을 유발하는 데는
거의 천재다.

나는 그와 함께 연방상업소위원회의 찬조하에 물건을
팔기 위해 미국 전역을 함께 돌며 구두선전을 한 일이 있
었기 때문에 잘 알고 있다.

정말 열정적인 방식으로 말을 시작하던 그에게 나는
항상 감탄했다. 변명조도 아니고, 강의도 아니고, 설교도
아니고, 일반적인 구술도 아니다. 프랑크 베트거는 그의
첫 문장에서 주제의 중심부로 곧바로 뛰어들었다. 그는
열정적으로 시작했다.

"제가 프로야구 선수로 첫 출발을 할 무렵, 인생에서
가장 큰 충격을 받은 일이 있습니다."

이런 서두가 청중에게는 어떤 효과를 주었을까? 나는 그 자리에서 직접 보았기 때문에 잘 알고 있다. 모든 사람이 즉시 그의 말에 집중했다. 하나같이 그가 왜, 그리고 어떻게 충격을 받았는지, 그리고 그가 어떻게 했는지를 듣고 싶어했다.

point 4 | 손을 들게 만들어라

주목을 끌기 위한 방법 중 하나는 질문에 대한 대답으로 손을 들라고 요구하는 것이다. 예를 들어, "피로는 어떻게 예방할까요"라고 질문하면서 이야기를 시작한다.

"여러분께서 손을 들어주시기 바랍니다. 예상한 것보다 훨씬 빨리 피곤해지시는 분은 몇 분인가요?"

한 가지 주의할 일이 있다. 손을 들라고 요구할 때에는 항상 그에 대해 먼저 청중에게 알려야 한다는 것이다. 이야기를 다음과 같이 시작하지 마라.

"여기 계신 분들 중에서 소득세가 인하되어야 한다고 믿는 분들은 얼마나 됩니까? 손들어주세요."

청중에게 손들 준비를 할 여유를 주어야 한다. 예를 들어 이렇게 말하라.

"여러분에게 중요한 질문을 하나 드리겠습니다. 손을

들어 답해주시기 바랍니다. 경품권이 소비자에게 혜택을 준다고 믿는 분은 몇 분이신가요?"

손을 들어 주기를 요구하는 것은 기술적으로 '청중의 참여'라고 말할 수 있는 귀중한 반응을 얻어낼 수 있다. 그 방법을 사용함으로써 당신의 이야기는 이미 일방적인 것이 아니라 청중이 함께 참여하고 있는 것이다.

당신이 '예상한 것보다 훨씬 빨리 피로해지시는 분은 몇 분인가요'라고 물을 때, 모든 사람들은 문제를 자기 기호에 맞춰 자기 자신, 통증, 피로 등에 대해 생각하기 시작한다. 그는 손을 들고는 아마 다른 사람들이 손을 든 것을 보기 위해서 두리번거릴 것이다. 그는 이야기를 듣고 있다는 것을 잊어버린다. 그러고는 웃으며 옆에 앉아 있는 친구에게 고개를 끄덕거릴 것이다.

자연히 냉담한 분위기가 사라지면서 연설자는 편해지고 청중도 너그러워진다.

point 5 | 청중에게 원하는 것을 얻는 방법을 알려준다고 약속하라

청중에게서 주의 깊은 관심을 얻는 데 거의 틀림없는 방법 하나는, 그들이 원하는 것을 얻는 방법을 알려주겠다고 약속하는 것이다. 몇 가지 예를 제시하겠다.

"여러분께 피로 예방법을 말씀드리려고 합니다. 걷는 시간을 하루에 한 시간씩 늘릴 수 있는 방법을 말씀드리겠습니다."

"여러분이 실질적으로 소득을 올릴 수 있는 방법을 말씀드리려 합니다."

"10분 만 제 이야기를 들으시면, 여러분 스스로를 훨씬 매력적으로 만드는 확실한 방법을 알려드리겠습니다."

'약속'하는 방식으로 서두를 시작하는 방법은 청중의 자기 관심에 정면으로 다가설 수 있으므로 확실히 관심을 끌 수 있다.

연설자들은 청중의 살아 있는 관심과 화제를 하나로 묶는 일을 너무나 등한시했다. 관심의 문을 열고 들어가려 하기보다는, 주제를 선택하게 된 과정에 대해 지루하게 늘어놓는다든가 주제를 이해시키는 데 필요한 배경을 따분하게 늘어놓기 때문에 단조로운 서두로 관심의 문을 쾅 닫아버린다.

나는 몇 년 전에 그 자체로는 청중에게 중요한 화제가 될 수 있었던 '정기적인 건강검진의 필요성'이라는 주제에 대해 얘기를 들었던 기억이 난다. 화자는 어떻게 이야기를 시작했을까? 그는 주제가 갖는 매력에 대한 이야기로 능숙하게 서두를 꺼냄으로써 생기 있게 만들었을까? 아니었다.

그는 주제의 유래를 읊는 칙칙한 낭송으로 시작했고 청중은 연사와 주제에 대한 관심을 잃기 시작했다. 연사가 '약속'이라는 기교를 바탕으로 시작했다면 훨씬 더 바람직했을 것이다. 여기 그 예가 있다.

여러분은 앞으로 얼마나 살 수 있다고 예상하십니까? 이에 대해 생명보험회사는 수백만 명의 수명을 조사한 바를 토대로 만들어진 수명 예상 도표를 가지고 예견하고 있습니다.

당신은 80세에서 현재의 당신 나이를 뺀 숫자의 3분의 2 정도를 산다고 예측할 수 있습니다. 그럼 여러분은 이 정도만 살면 충분하다고 생각하십니까? 아닐 겁니다.

우리는 누구나 오래 살고 싶어합니다. 그리고 이 예측이 잘못되었음을 증명하고 싶어합니다. 하지만 어떻게 통계학자들이 말하는, 너무나도 짧은 수명을 연장시킬 수 있을까요? 예, 저는 연장시킬 수 있다고 말하겠습니다. 그리고 그 방법을 말씀드리겠습니다.

만약 이런 식의 강의를 듣고 연사의 말에 집중하게 되었다면, 이렇게 서두를 시작하는 유형이 관심을 끌지 아닐지는 당신이 결정하도록 남겨두겠다.

그는 당신과 당신의 인생에 관해서 이야기하고 있을 뿐 아니라, 당신에게 대단히 중요한 것에 대하여 얘기해 준다고 약속하기 때문에 듣고 싶은 것이다. 위의 서두는 일반적인 사실에 대한 칙칙한 낭송을 하지 않았다. 이와 같은 서두에 넘어오지 않을 청중은 거의 없을 것이다.

point 6 | 전시물을 이용하라

세상에서 가장 쉽게 관심을 끄는 방법은 사람들 앞에 직접 들어서 보여주는 것일 것이다. 거의 모든 사람은, 단순한 사람이건 대단히 복잡한 사람이건 간에, 시각적인 자극에 관심을 갖게 마련이다. 이 방식은 때때로 매우 엄숙한 청중 앞에서도 효과적으로 사용될 수 있다.

예를 들어보면, 우리 강좌를 듣던 필라델피아의 S. S. 엘리스 씨는 엄지와 검지손가락으로 동전을 집어서 높이 쳐들면서 말문을 열었다. 당연히 모든 사람이 그를 쳐다봤다. 그러자 그가 물었다.

"길을 가다가 이런 동전을 발견한 적이 있습니까? 운

좋게 이 동전을 발견한 사람에게는 모모 부동산개발회사가 공짜로 부동산을 준다고 되어 있습니다. 그냥 전화를 걸어서 이 동전을 보여주기만 하면 말입니다."

그리고 엘리스는 그 후에 불로소득을 주겠다고 속이는 부동산업자들의 비윤리적인 관행들을 맹렬히 비난했다.

앞서 거론된 모든 방법들은 다 나름대로 쓸모가 있다. 각각은 분리해서 사용할 수도 있고 조합해서 사용할 수도 있다. 서두를 어떻게 시작하느냐가 청중이 당신과 당신의 메시지를 받아들일지 아닐지를 대부분 결정짓는 중요한 요소임을 기억하라.

청중을 등돌리게 만들지 마라

간절히, 간절히 당부한다. 청중의 관심을 사로잡되 호의적인 관심을 받아야 한다. 내가 호의적인 관심이라고 말한 것을 명심하라.

현명하지 못한 사람은 청중의 기분을 상하게 하는 말을 하거나, 비위가 상하고 동의할 수 없는 말을 하거나, 청중이 등을 돌리게 하는 말로 시작한다.

그럼에도 불구하고 연사들이 다음과 같이 주의를 흐트러뜨리면서 서두를 시작하는 일이 얼마나 많은지 모른다.

point 1 | 사과하면서 시작하지 마라

사과부터 하면서 서두를 시작하는 것은 좋은 출발이 되지 못한다. 연사가 준비를 잘하지 못했다거나 자신은 능력이 부족하다는 등의 말로 청중의 주의를 끌면서 연설을 시작하는 경우가 얼마나 많은가? 연설 준비가 잘 되어 있지 않다면, 청중은 당신이 얘기하지 않아도 알 것이다. 왜 당신이 준비할 가치가 없다고 생각했던 것과, 지난번에 준비한 것이면 충분할 것 같다고 생각한 속내를 드러내서 청중을 무시하는가?

청중은 사과하는 소리보다는 뭔가 배우고 싶고, 재미있는 얘기를 듣고 싶다. 흥미를 느끼고 싶어한다는 것을 기억하라. 첫 문장부터 청중의 관심을 끌어라. 두 번째 문장이 아니고 세 번째 문장도 아니다. 바로 첫 번째부터다.

point 2 | '웃기는' 얘기로 시작하지 마라

말을 시작하는 방법 중 화자들이 선호하는 방법이지만 그다지 권하고 싶지 않은 방법이 있다. 소위 '웃기는' 얘기로 시작하는 것이다. 몇 가지 유감스러운 이유로, 연설을 시작한 지 얼마 안 된 사람들은 농담으로 연설의 분위기를 '밝게' 해야 한다고 생각한다.

그런 연사는 마치 마크 트웨인(Mark Twain)이나 된 것처럼 우스갯소리를 한다. 이런 함정을 조심해야 한다. 종종 '웃기는' 이야기는 재미보다는 애처롭다 못해 고통스러운 상황을 만들기도 한다. 그리고 개중에는 청중들이 대부분 알고 있는 이야기도 있다.

그래도 유머감각을 값진 자산으로 쓰는 연설자도 있다. 무거운 발걸음처럼 장중하고 지나치게 엄숙하게 시작할 필요는 없다. 만일 그 지역의 일이나 그 자리에서 일어난 일 또는 앞의 연설자가 말했던 의견에 관하여 약간의 재치 있는 말을 함으로써 청중을 웃게 만들 만한 능력이 있다면, 어떻게 해서든 그렇게 하라. 상황을 면밀히 관찰해서 뭔가 재미있는 점이 있는지 살펴보고 있다면, 그것을 과장해서 말하라.

그런 식의 유머가 시중에 떠도는 누구누구 시리즈나 장모님이나 털투성이 강아지에 관한 농담보다 훨씬 성공적일 것이다. 왜냐하면 그것은 일단 화제와 관련이 있고, 독창적이기 때문이다.

흥겨운 분위기를 만드는 가장 쉬운 방법은 자신의 이야기를 하는 것이다. 자신을 약간 비하하고 당황스런 상황에 빠져 있는 당신을 묘사하라. 그래야 성공할 확률이 크다. 잭 베니(Jack Benny)는 몇 년 동안 이 방식을 사용했다. 그는 자기 자신을 "재미를 파내는" 최초의 비중 있는 라디오 코미디언이라고 했다. 형편없는 바이올린 연주 실력, 자신의 인색함, 나이 등과 연관하여 자신을 농담의 대상으로 만듦으로써, 인기를 얻었다.

청중은 자신의 결점이나 미진한 부분을 재미있는 방법으로 말하는 연설자에게 정신뿐만 아니라 자신들의 마음도 열어준다. 다른 한편, '점잔 빼는 사람', 혹은 모든 걸 다 알고 있다는 식의 이미지를 가진 연사는 청중을 냉담하게 만들어 참여하지 않게 한다.

주제를 보강하라

청중의 행동을 촉발하기 위한 긴 연설에는 물론 적을수록 좋겠지만 몇 가지 요점이 있다. 하지만 그 모든 요점은 어떤 경우든 보충 자료가 필요한 법이다.

우리는 이미 앞에서 '청중의 행동을 유발하는 짧은 연설'에서는 인생에서 나온 경험, 즉 이야기를 가지고 실례를 들면서 청중에게 우리가 하고자 했던 것, 즉 이야기의 핵심을 유지하는 방법에 대해서 토론했다.

'모든 사람은 이야기를 좋아한다'는 기본적인 요구에 호소하기 때문에 이런 식의 예는 인기가 있다. 사건과 우연적으로 발생한 일은 연설자들이 일반적으로 흔히 사용하는 종류이다.

그러나 그것만이 요점을 보강할 수 있는 유일한 방도는 아니다. 과학적으로 분류된 실례라고 할 수 있는 통계 자료라든가 전문가의 증언이나 분석, 전시 혹은 실연 등의 여러 방법을 사용할 수도 있다.

point 1 | 통계를 사용하라

통계는 어떤 종류의 사례들에 관한 비율을 나타내는 데 사용된다. 특히 한 가지 사례만으로는 얘기할 수 없는 부분에서 통계를 사용하면 명백한 증거가 되기 때문에 강한 인상과 확신을 심어줄 수 있다. 가령 소아마비 백신 프로그램의 효과는 나라 전체에서 수집된 통계로 평가되었다. 어쩌다 예방에 실패한 경우는 법칙을 증명하는 예외적 경우로 보고 오히려 전체적으로는 유용하다는 결과를 증명해주는 셈이었다. 그러므로 이러한 예외적인 사례를 부모에게 설명한다면, 부모들은 아이에게 백신을 맞혀야 한다는 확신을 갖게 되는 것이다. 그러나 통계 자체만으로는 지겨울 수가 있으므로 현명하게 사용해야 한다. 또한 통계를 사용할 때에는 통계를 좀더 분명하고 생생하게 만들 수 있는 언어로 표현해야 한다.

여기에 통계를 친숙한 어떤 것에 비유할 때 어떤 인상을 줄 수 있는지에 관한 사례가 있다. 수동식 전화를 즉시 받지 않는 뉴욕 사람들 때문에 엄청난 시간이 낭비된다는 자신의 견해를 뒷받침하기 위해 한 연설자는 이렇게 말했다.

전화를 100통 연결할 때, 그중 7통은 사람이 대답하기 전에 1분 이상이나 소요됩니다. 이런 방식으로 매일 28만 분이 낭비되고 있습니다. 이렇게 6개월 동안 뉴욕에서 낭비된 시간을 계산한다면, 콜럼버스가 미국을 발견한 이후로 지금까지 지나온 날들과 거의 비슷합니다.

통계에서 단순히 숫자와 양을 취해 내는 것으로는 결

코 강한 인상을 줄 수 없다. 그런 경우에는 실례를 들어 설명해야 한다. 가능하다면, 우리의 경험이라는 자료를 말로 표현하는 것이 효과적이다.

나는 그랜드 쿨리 댐(Grand Coulee Dam : 미국 서부, 캐나다 등지에 대홍수로 생긴 협곡을 이용한 댐―옮긴이 주) 아래로 내려가 거대한 동력실에서 안내자의 설명을 들었던 일을 기억한다. 그는 물 저장 용량의 크기를 평방 수치로 알려줄 수도 있었지만, 그랬다면 별로 감이 잡히지 않았을 것이다. 그 대신 관리인은 물 저장 용량이 보통 만여 명의 관중이 모일 수 있는 미식축구 경기장만큼이나 크다고 말했다. 그리고 덧붙여서 구석마다 여러 개의 테니스장을 만들 만한 공간이 있다고 설명했다.

오래전에, 브루클린 센트럴(Brooklyn Central) YMCA에서 진행한 내 강의에 참가한 한 학생이 지난 한 해 동안에 화재로 파괴된 가구 수를 말했다. 그러고는 불에 탄 건물을 나란히 늘어놓으면, 그 줄이 뉴욕에서 시카고까지 이를 것이라고 덧붙였다. 또한 이러한 화재로 사망한 사람들을 반 마일 간격으로 눕혀 놓는다고 할 때, 그 무시무시한 줄은 다시 시카고에서 브루클린까지 닿을 것이라고 말했다.

나는 그가 제시한 수치는 금방 잊어버렸다. 그러나 몇
년이 지났는데도 맨해튼 아일랜드(Manhattan Island)에
서 일리노이 주의 쿡 컨트리(Cook Country)까지 뻗친
불탄 건물의 늘어선 줄을 떠올릴 수 있다.

point 2 | 전문가의 증언을 인용하라

종종 전문가의 증언을 인용한다면 하고자 하는 말 속
에서 강조하고 싶은 점들을 효과적으로 뒷받침할 수 있
다. 그러나 먼저, 증명을 이용하려면 다음과 같은 질문에
대답하는 것으로 점검을 해야 한다.

1. 인용 자료는 정확한가?
2. 인용하려는 자료는 해당 전문가가 전문적으로 다루
   는 분야에서 취한 것인가? 경제학에서 조 루이스
   (Joe Louis, 1914. 5. 13～1981. 4. 12 : 미국의 권투
   선수―옮긴이 주)를 인용하는 것은 분명 그의 장점
   을 이용하려는 것이 아니라, 그의 이름을 이용하려
   고 하는 것이다.
3. 청중에게 잘 알려지고 존경받는 사람에게서 인용한
   것인가?

4. 인용한 내용이 개인적 관심이나 편견이 아닌 직접
   적인 지식에 기초한 것이라고 확신하는가?

오래전에 브루클린 상공회의소에서 내 강좌를 듣던 수
강생 한 명이 전문화의 필요성을 강조하면서 앤드류 카
네기(Andrew Carnegie, 1835. 11. 25~1919. 8. 11 : 스
코틀랜드 태생 미국의 실업가. 19세기 후반에 미국의 철
강산업을 거대하게 성장시킨 장본인이다. 당대 최고의
자선사업가이자 카네기홀의 건축주—옮긴이 주)의 말을
인용했다.

그는 현명한 선택을 한 것일까? 그렇다. 왜냐하면 연
사가 사업에서의 성공이라는 주제에 대해 말할 자격이
있는 당당한 사람으로 카네기를 골랐고, 또한 카네기는
청중의 존경을 받는 인물이었기 때문이었다. 그 인용은
오늘날에 와서 되풀이해도 조금도 빛이 바래지 않는다.

어떠한 분야에서 빛나는 성공에 이르는 확실한 길은
자신이 그 분야에 정통한 사람이 되는 것이다. 나는 자원
을 분산시키는 정책은 어떤 것이든 신뢰하지 않는다. 내
견해로는 많은 분야에 관심을 갖고서 돈을 버는 데(물론
제조업에서도 마찬가지고) 큰 성공을 한 사람을 거의 본

적이 없다. 성공한 사람들은 한 분야를 선택해서 끈질기게 노력했던 사람들이다.

point 3 | 비유를 인용하라

웹스터 사전에 따르면 비유를 이렇게 정의하고 있다.

두 가지 사물 간의 유사한 관계를 말한다. 단순히 두 물체 자체가 유사한 것을 말하는 것이 아니라, 몇 가지 특징이나 상황, 효력 등이 비슷한 경우에 비유할 수 있다.

비유는 중요한 생각을 뒷받침하는 데 큰 도움이 되는 기법이다. 여기에 지라드 데이비슨(C. Girard Davison)이 내무부 장관의 보좌관으로 있을 때, '전력 증강의 필요성'에 관해 얘기한 내용이 있다. 그가 자신의 견해를 뒷받침하는 비교와 비유를 어떻게 활용했는지 주목하라.

번창한 경제는 계속 전진하지 않으면 결국 추락하게 된다. 그것은 땅 위에 있을 때에는 볼트와 너트의 쓸모없는 결합체인 비행기와 흡사하다.

그러나 창공을 향해 움직일 때, 그것은 자신의 자리를

되찾고 유용한 역할을 하게 된다. 하늘을 나는 상태를 유지하기 위해서 비행기는 계속 전진해야 한다. 그렇지 않으면 내려앉는다. 그리고 되돌아올 수 없다.

여기 또 다른, 웅변 역사상 가장 뛰어나다고 할 수 있는 비유들 중의 하나가 있다. 남북전쟁이라는 중요한 시기에, 링컨은 비유를 통해 자신을 비판하는 사람들에게 이렇게 답변했다.

여러분, 잠시 한 가지 경우를 가정해봅시다. 여러분이 전 재산을 금으로 가지고 있는데, 그 금을 나이아가라 폭포를 밧줄로 횡단하고 있는 브론딘(Blondin : 밧줄을 잘 타기로 유명한 사람)에게 운반해달라고 부탁했다고 가정해봅시다.

그가 횡단하고 있는 동안 여러분은 줄을 흔들까요? 아니면 그에게 "브론딘, 조금 구부려! 조금만 더 빨리 가!"라고 소리치고 있을까요? 그렇지 않을 겁니다. 저는 여러분이 숨도 제대로 못 쉬고 손에 땀을 적신 채 그가 안전하게 건널 때까지 숨도 안 쉬고 지켜보고만 있을 것이라고 확신합니다.

지금 정부도 이와 똑같은 상황입니다. 폭풍의 바다를 가로질러 엄청난 무게를 운반하고 있는 것입니다. 말로 표현할 수 없는 귀중한 보물을 손 안에 쥐고 최선을 다하고 있습니다.

자꾸 흔들어대지 마십시오. 가만히 기다려주시면, 이 난국을 잘 헤쳐 나갈 것입니다.

point 4 | 전시물을 쓰거나 실제 행위로 보여주어라

아이런 파이어맨(Iron Fireman) 사의 경영진들이, 대리점 사장들을 모아놓고 설명회를 할 때의 일이다. 회사로서는 연료가 위에서보다는 아래에서 화로에 주입되어야 한다는 사실을 확실하게 알려줄 어떤 방법이 필요했다. 그래서 그들은 이 단순하지만 효과적인 실연을 하게 된 것이다. 연사는 촛불을 켜고 말한다.

불꽃이 정말 깨끗하게 잘 타고 있지 않습니까? 이 경우에는 실제로 모든 연료가 열로 전환되기 때문에, 연기가 나오지 않습니다.

저희 아이런 파이어맨에서 나오는 화로가 연료를 아래에서 주입하듯이, 촛불은 아래로부터 연료를 먹습니다.

이 양초가 종래의 화로처럼 위에서부터 연료를 넣어야 한다고 가정해봅시다(여기서 연사는 양초를 거꾸로 세웠다). 촛불이 어떻게 사그라지는지 보시기 바랍니다. 연기도 나고 있습니다. 지직거리는 소리까지 나고 있군요. 불완전연소 때문에 불꽃이 빨갛다는 점도 눈여겨보시기 바랍니다. 결국 위에서부터 충분한 연료를 공급받지 못하기 때문에 불꽃은 꺼지고 마는 것입니다.

몇 년 전에 〈유어 라이프(Your Life)〉라는 잡지에 헨리 모튼 로빈슨(Henry Morton Robinson)이 '변호사들은 어떻게 소송에서 이기는가'라는 흥미로운 글을 썼다.

이 글에서 그는 아베 휴머(Abe Hummer)라는 변호사가 손해배상 소송에서 보험회사를 대변하여, 극적인 실제 행위를 이끌어냄으로써 어떻게 승소하였는지를 묘사하고 있다.

원고인 포스트레스웨이트(Postlethwaite)는 엘리베이터에서 떨어져 어깨를 매우 심하게 다쳐서 오른팔을 들 수 없다고 진술했다.

휴머는 매우 진지한 표정으로 위로의 말을 했다. 그러고는 원고를 신뢰하는 듯한 목소리로 말했다.

"포스트레스웨이트 씨, 부상 정도가 얼마나 심한지 팔을 들어 보여주시겠습니까?"

매우 조심스럽게 포스트레스웨이트는 팔을 귀 있는 높이까지 들었다.

"그럼 부상당하기 전에는 얼마나 높이 올릴 수 있었는지 팔을 들어보시기 바랍니다"라고 휴머가 부추겼다. 원고는 머리 위 높이까지 팔을 쭉 뻗어 올리면서 "이만큼요"라고 대답했다. 이 모습을 보고 배심원들이 어떤 판결을 내렸을지는 여러분이 알아서 결론 내리기 바란다.

행위를 유발하는 긴 연설에서 요점은 세 가지, 많아야 네 가지 정도가 될 것이다. 요점만 말하자면 물론 1분이면 완벽하게 끝낼 수 있다. 그러나 요점을 무조건 읊조린다면 청중은 단조롭고 지루하다고 느낄 것이다.

그럼 어떻게 이런 요점을 생생하게 전달할 수 있을까? 바로 근거 자료를 사용하는 것이다. 이것이 당신의 연설을 반짝이게 하고 관심을 끌게 하는 것이다. 근거 자료로는 사례, 비교, 본보기 등을 사용해서 말하고자 하는 바를 분명하고 확실하게 전달할 수 있다. 또한 통계와 증명을 이용해서 진실을 실증할 뿐 아니라 중요 요점을 강조하게 된다.

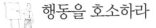 행동을 호소하라

나는 어느 날, 산업자본가이자 박애주의자인 조지 F.
존슨(George F. Johnson)과 몇 분간 담소를 나누게 되
었다. 그는 당시 거대한 회사인 엔디콧 존슨(Endicott-
Johnson Co.) 주식회사의 사장이었다. 더욱 흥미로운
사실은, 그가 청중을 웃기고, 때로는 울리고, 종종 오랫
동안 자신이 한 말을 기억하게 만들 수 있는 연사였다는
사실이다.

그는 개인 사무실이 없었다. 크고 바쁜 공장의 구석에
서 일했다. 그의 태도는 그의 오래된 목재 책상처럼 수수
했다. 그는 일어서서 반갑게 나를 맞이하며 말했다.

"마침 오셨군요. 지금 막 일을 마쳤습니다. 오늘 밤 노
동자들에게 할 이야기의 끝 부분을 정리하느라 몇 자 적
고 있었습니다."

나는 그에게 이렇게 말했다.

"처음부터 끝까지 할 말을 머릿속에 모두 정리해놓았
을 때는 항상 논리정연한 말을 할 수 있어 마음이 놓이더
군요."

"아직 모든 것을 머릿속에 정리하지는 못합니다. 단지

전반적인 생각과 마무리 짓고 싶은 특별한 내용만을 기억하죠."

그는 직업적인 연사가 아니었다. 심금을 울리는 단어나 세련된 구절도 쓰지 않았다. 하지만 성공적인 의사소통의 비밀 중 하나를 경험으로 배운 사람이었다. 그 비밀은, 이야기가 잘 전달되려면 좋은 마무리가 있어야 한다는 것이다. 그는 청중에게 깊은 인상을 주려면, 이야기의 모든 전개가 결론 쪽으로 집약되어야 함을 알고 있는 사람이었다.

마지막은 전략적으로 이야기의 가장 중요한 부분이다. 어떤 이가 마지막으로 하는 말, 마지막 단어들은 연설이 끝났을 때 귓전에 여운으로 남는다. 이것이 가장 오래 기억에 남는 것이다. 존슨 씨와 달리 초보자들은 좀처럼 이 결론의 중요성을 귀하게 여기지 않는다. 그래서 종종 아쉬운 마무리를 남기게 된다.

일반적으로 가장 저지르기 쉬운 실수는 무엇인가? 그중 몇 가지를 살펴보고 처방을 찾아보자.

첫째, 다음과 같이 마무리하는 사람이 있다.

"이 문제에 대해 제가 말해야 할 것은 다했습니다. 마쳐야 할 것 같군요."

이 연사는 항상 어설프게 '감사합니다'라고 하면서 만족스럽게 마무리를 못하는 자신의 무능력을 감추려 한다. 그것은 마무리가 아니다. 그것은 실수다. 거의 용서할 수 없는 아마추어의 냄새가 풍긴다. 만일 당신이 말해야 할 모든 것을 말했다면, 할 말을 다했다거나 그만 끝낸다거나 하는 불필요한 말은 빼고 그냥 자리에 앉으면 된다. 그렇게 해서 '할 말은 다했다'는 결론은, 틀림없이 좋은 여운을 가졌을 청중이 판단하게 놔둬라.

자신이 할 말을 모두 끝낸 연사가 있다. 하지만 그는 멈추는 방법을 모른다. 나는 조시 빌링스(Josh Billings)의 충고, 즉 황소를 잡을 때는 뿔보다는 꼬리를 잡아야만 황소를 가게 내버려두기가 쉬우므로 꼬리를 잡으라고 한 말을 믿는다. 이 연사는 정면에서 황소의 뿔을 잡고 황소와 결판내려는 형국이다. 아무리 열심히 궁리해도, 좀처럼 알맞은 말이 생각나지 않는다. 그래서 결국 원을 그리며, 같은 자리를 맴돌고, 혼잣말을 되풀이하다가 나쁜 인상을 남기는 것이다.

처방은 무엇일까? 마무리는 미리 계획해놓아야 한다. 안 그런가? 청중에게 연설하느라 긴장하고 압박감을 느끼고 있는 상태에서, 끝마무리를 어떻게 할까를 골몰하고 있는 게 바람직한 일일까? 상식적으로 생각할 때 조용히, 안정된 상태에서 미리 마무리를 준비하는 것이 타당하지 않을까?

어떻게 하면 이야기의 마지막을 절정으로 장식할 수 있을까? 여기에 몇 가지 제안이 있다.

point 1 | 요약하라

긴 연설에서 연사는 두루두루 얘기하게 되기 때문에 마지막에는 청취자들이 핵심적인 문제에 다소간 어렴풋해질 수가 있다. 하지만 그것을 깨닫는 연사는 거의 없다. 연사들은 자신이 말한 내용을 머릿속에 정확히 담고 있으므로, 청취자들에게도 똑같이 선명할 것이라는 잘못된 가정을 한다.

하지만 전혀 그렇지 않다. 연사는 보통 꽤 오랜 시간 그 생각을 해왔다. 그러나 그의 주장이 청중에게는 생소할 수도 있다. 말은 마치 한 주먹의 총알처럼 청중에게 내던져진 것과 같다. 어떤 이들은 잘 받아들일지 모르지만 대부분은 혼란해하기 쉽다. 셰익스피어의 말에 따르면, 청중은 "많은 것을 기억하기는 쉽지만 분명한 것은 없다."

어떤 익명의 아일랜드 정치가는 연설에 대해 다음과 같은 처방을 내렸다고 한다.

"우선, 무엇을 말할 것인지 말하라. 그리고 다음 말을 하라. 마지막에 당신이 말한 것을 그들에게 말하라."

'당신이 말한 것을 그들에게 말하라'는 제안은 매우 적절한 충고가 될 수 있다.

여기에 좋은 예를 한 가지 소개하겠다. 시카고 철도를 담당하는 운행관리부장인 연사는 다음과 같이 요약하면서 이야기를 끝냈다.

요약하자면, 이 방어장치는 현재 동부, 서부, 그리고 북부에서 사용해본 결과, 안전성을 매우 높여 사고를 예방하는 것으로 증명되었습니다. 설치비 문제에 있어서도 실제로 1년이면 사고를 예방해서 절약한 금액으로 설치 금액을 상쇄할 수 있습니다.

이 모든 점을 고려해볼 때 우리 남부에서도 이 장치를 즉시 설치해야 한다고 강력히 주장하는 바입니다.

그가 어떤 방법으로 말했는지 감이 오는가? 나머지 얘기를 듣지 않아도 그가 어떻게 말했을지를 볼 수 있고 느낄 수 있다. 그는 실제로 전체 연설에서 그가 강조한 주안점을 몇 개의 문장과 62개의 단어로 요약했다. 그와 같은 요약이 도움이 되지 않겠는가? 만일 도움되겠다고 생각이 들면, 그 기법을 익히기 바란다.

point 2 | 행동을 촉구하라

앞에서 인용한 마무리는 행동을 요구하는 마무리로서도 훌륭한 예가 된다고 하겠다. 연사는 분명 뭔가를 원하고 있다. 그것은 바로 그가 소속한 남부지사에 방어장치가 설치되어야 한다는 것이다. 그는 실천을 촉구하는 근거로 방어장치로 절약할 수 있는 돈과 사고 예방 효과를 들었다. 연사는 실천을 촉구했다. 그의 의견은 철도이사회에 전달되어, 방어장치가 설치되었다.

행위를 유발하기 위한 이야기의 마지막 단계는 지시를 내리고 행동하도록 하는 것이다. 그러므로 행동하도록 요구하라! 마지막 단계이므로 청중에게 동참하라, 기부하라, 투표하라, 글을 써라, 전화하라, 사라, 거부하라, 서명하라, 조사하라, 요청하라, 내지는 연사가 청중에게 행동하기를 원하는 모든 것들을 말해야 한다. 하지만 다음의 주의사항을 지키기 바란다.

어떤 특정한 것을 하라고 말하라. "적십자를 도웁시다"라고 말하지 말라. 너무 일반적이다. 대신에 "이 도시의 스미스 가 125번지에 있는 미국 적십자에 오늘 밤 1달러씩 기부금을 보내세요"라고 말하라.

청중이 가진 능력 안에서 행할 수 있는 일을 요구하라. "주류판매법에 반대 투표하자"라고 말하지 마라. 실현이 불가능하다. 연설하는 그 순간, '주류판매법'을 두고 투표를 하는 것이 아니다. 그러므로 청중에게 금주 모임에 동참하거나 금주를 위해서 투쟁하는 몇몇 조직에 기부하라고 해야 한다. 청중이 당신의 호소를 따르도록 할 수 있는 한, 쉽게 명령해야 한다. "이 법안에 반대 투표하라고 국회의원에게 편지 씁시다"라고 해서는 안 된다. 청중의 99퍼센트는 그렇게 하지 않을 것이다. 관심이 절박하지 않고 귀찮아하기 쉬우며 금세 잊어버릴 수가 있다. 그러므로 행동하기 쉽고 평이한 방법으로 유도해야 한다.

어떻게 해야 할까? 당신이 직접 의원 앞으로 "저희는 의원님께서 법안 74321호에 반대 투표를 해달라는 요지의 서명을 했습니다"라는 편지를 써라. 그리고 필기도구와 서명 용지를 청중에게 돌려라. 혹시 필기도구는 잃어버린다 해도 많은 사람들의 서명을 받을 수 있을 것이다.

Chapter **14**

배운 것을 적용하기

여러 학기 동안 말하기 강좌를 하면서, 나는 종종 학생들이 일상생활에서 이 책에 있는 기법들을 실생활에 어떻게 적용시켰는지 말하는 것을 즐겨 듣곤 한다. 세일즈맨은 판매량을 높였고, 관리자들은 승진했으며, 경영자들은 운영 능력을 향상시켰다는 것이다. 이 모두가 효과적인 말하기 기법을 사용해서 지시도 하고, 문제를 풀었기 때문이었다.

N. 리처드 딜러(N. Richard Diller)는 『오늘의 연설(*Today's Speech*)』에서 다음과 같이 표현하고 있다.

말과 말의 유형, 말의 양, 그리고 말을 할 때의 분위기는 산업의 의사소통 체계에서 살아 있는 혈관과 같은 역할을 할 수 있다.

제너럴 모터스에서 '효과적인 리더십을 위한 데일 카네기 강좌'를 가르치고 있는 R. 프레드 카나데이(R. Fred Canaday)는 같은 잡지에 이렇게 썼다.

제너럴 모터스가 말하기 훈련에 관심을 갖는 기본적인 이유 중의 하나는, 모든 감독관은 어느 정도는 교사와 같다는 인식 때문이다. 왜냐하면 감독관은 예비 사원을 면접하고 입사 초기의 훈련 과정을 거쳐 근무 부서를 결정하고, 승진 가능성을 상의하는 등의 모든 과정에서 끊임없이 설명하고 묘사하고 꾸짖고 전달하고 교육하고 평가할 뿐만 아니라, 자기 부서에서 수많은 주제를 놓고 토론을 해야 한다.

공적인 말하기(토론, 의사 결정, 문제 해결과 정책 수립, 각종 회담들)에 가장 가까운 영역에 언어를 통한 의사소통의 사다리를 걸쳐놓음으로써, 우리는 이 책에서 배운 효과적인 말하기 기술들이 어떻게 일상적인 말하기에 적용될 수 있는가를 다시 확인한다. 여러 사람을 앞에 두고 했던 효과적인 말하기 법칙들은 그대로 회의에 참가하여 회의를 주도하는 데도 적용될 수 있다.

표현할 생각을 정리하고, 그것을 표출할 적절한 단어를 선택하며, 진지함과 열정을 가지고 전달하는 것은 최후의 마지막 단계에서 그 생각의 생명력을 보장할 수 있는 요소이다.

이 모든 요소들은 이 책에서 철저하게 논의되어 왔다. 그러므로 이제 배운 것을 자신이 참여하는 모든 회의에 적용하는 것은 독자들의 몫이다.

아마 당신은 이 책에 지금까지 배웠던 여러 가지 것들을 언제부터 적용해야 할지 어리둥절할지도 모르겠다. 그 질문에 내가 한 마디로 대답한다면, '당장' 하라고 말하겠다.

비록 당분간은 공적으로 얘기할 계획이 없더라도, 이 책에 있는 원칙과 기법들을 일상에서 적용할 수 있다는 것을 알게 될 것이다. 내가 '지금 당장'이라고 말하는 것은 당신이 말하고 있는 자신을 발견하는 바로 다음 상황을 의미한다.

만일 당신이 매일 하는 무수한 말을 스스로 분석한다면, 일상에서 쓰는 말들과 이 책에서 논의된 공식적인 의사소통 유형이 너무도 닮았다는 것을 발견하고는 아마 깜짝 놀랄 것이다.

앞에서 말한 '청중의 행동을 유발하는 짧은 연설'에서
는 여러 사람 앞에서 말할 때 네 가지 일반적인 목적 중
하나를 염두에 두라고 강조했다.

당신은 전혀 예상하지 못한 때에, 청중에게 정보를 주
고, 그들을 환영하고, 당신의 입장이 옳다고 그들에게
확신을 주고, 어떠한 것에 조치를 취하라고 그들을 설득
시킬 일이 생길지도 모를 것이다.

공적인 말하기에서는 말의 내용이나 말하는 태도에서
이 목적을 분명히 전해야만 한다.

일상적인 말하기에서 이러한 목적은 다른 목적과 합쳐
지고 일상의 과정 속에서 끝없이 변하므로, 유동적이라
고 말할 수 있겠다.

당신의 가족, 이웃 혹은 직장 동료들과 잠깐 동안 잡담
에 빠져들었다가, 자기도 모르는 사이에 어떤 상품을 사
라고 권하거나 자녀에게 은행에 용돈을 맡기라고 설득하
고 있을지도 모른다.

이 책에서 서술된 기술들을 일상적인 대화에 응용함으
로써 우리는 자신의 말을 더욱 설득력 있게 만들 수 있
고, 우리의 생각을 보다 능률적으로 전달할 수 있으며,
기술과 사실로써 다른 사람들을 움직일 수 있다.

일상적인 대화는 구체적으로 말하라

이런 기법들 중 하나를 예로 들어 설명하겠다. 상세하게 얘기하라고 호소하며 강조한 '말할 자격 갖추기'의 내용을 떠올리기 바란다. 자신의 생각을 분명하고 일목요연한 방식으로 생생하게 만들어야 한다. 물론 주로 여러 사람 앞에서 말하게 되는 경우가 되겠다.

하지만 일상적인 대화에서도 구체적인 표현을 하는 것이 그만큼 중요하지 않은가? 잠시 당신 주변에서 진짜 호감이 가게 말을 잘하는 사람들을 생각해보라. 그들은 그림처럼 묘사하는 능력을 가졌을 것이고 다양하고 극적이며 구체적 사실을 이야기하고 있을 것이다.

대화 기술을 키우려면 무엇보다 자신감을 가져야 한다. 이 책의 앞부분 세 장에서 제시한 모든 것들은 다른 사람들과 어울리거나 비공식적인 사교 집단 속에서 자신의 의견을 내놓는 데 유용하게 쓸 수 있을 것이다. 일단 조금이라도 자신의 생각을 표시하고 싶다면, 당신은 이야깃거리가 될 만한 것을 자신의 경험에서 찾기 시작할 것이다. 여기서 광장한 일들이 일어난다. 시야가 넓어지고 생활이 새로운 의미를 갖게 된다.

관심의 폭이 다소간 제한되어 있는 주부들은, 말하는 기법을 소규모 모임에 적용하기 시작할 때 어떤 변화가 일어났는지를 알아내는 데 가장 열성적이다. 신시네티의 R. D. 하트(R. D. Hart) 여사는 같은 강좌를 듣는 수강생에게 이렇게 말했다.

"나는 새로운 자신감을 갖고, 나도 사회적으로 역할을 갖고 목소리를 높일 수 있다는 용기를 얻었습니다. 그리고 요즘에 일어나는 사건들에도 관심을 갖게 되었죠. 또한 사교적 모임에서 도망치기보다는 열정적으로 함께 참여하게 되었습니다. 그뿐만 아니라, 모든 대화 모임에 열심히 참여하게 되어 나도 모르는 사이에 온갖 활동에 관심을 갖게 되었습니다."

하트 여사의 감격적인 고백은 교육자인 내게 사실 그다지 새로운 내용은 아니다. 일단 배우려는 욕구와 배운 것을 적용하려는 욕구가 자극을 받으면, 전체 인생을 활기차게 할 수 있는 행동과 상호작용의 톱니바퀴가 돌아가기 시작한다. 계속적인 성공을 경험하게 되면서, 하트 여사의 경우처럼 단지 이 책에서 가르친 원칙 중 하나를 실행한 것만으로도 큰 성취감을 얻을 수 있다.

비록 우리 모두가 선생님은 아니지만, 하루 동안 우리

는 여러 번 다른 사람들에게 정보를 주는 말을 한다. 가령 자식을 훈계하는 부모나, 장미 가지를 치는 새로운 방법을 설명하는 이웃이나, 가장 좋은 관광코스에 대해 의견을 교환하는 여행객들처럼, 우리는 명확하고도 일관된 사고를 바탕으로 생명력과 힘이 있는 표현을 하고 있는 자신을 끊임없이 발견하게 되는 것이다. 3장의 '정보를 주는 연설'에서 살펴본 지식이나 정보를 주는 이야기에 대한 사항은 마찬가지로 이 상황에도 적용될 수 있다.

효과적인 화술을 업무에 이용하라

이제 직업에 영향을 주는 의사전달에 대한 이야기를 하겠다. 판매원, 관리자, 사무원, 부서장, 그룹의 지도자, 선생님, 장관, 간호사, 경영자, 의사, 변호사, 회계사, 그리고 기술자로서, 우리는 모두 특별한 분야의 지식을 설명한다든지 업무적인 지시를 내릴 책임을 맡고 있다. 분명하고 간략한 언어로 이러한 지시를 하는 능력은 종종 우리의 능력을 판단하는 감독관들에게는 평가기준이 될 수도 있다.

빨리 생각하고 재치 있게 말하는 법은 정보나 지식을 전달하는 말에서 요구되는 기법이다. 하지만 이러한 기법을 꼭 공식적인 말하기에만 한정시켜야 하는 것은 아니다. 그것은 우리 모두가 매일 사용할 수 있다.

오늘날 사업과 산업, 정부, 직업 조직 등의 분야에서 최근 화술 교습이 봇물 터지듯 이루어지고 있는 것은 명확한 화술이 더욱 중요해지고 있음을 증명하는 셈이다.

청중 앞에서 연설할 기회를 찾아라

이 책에서 배운 원칙들을 일상적인 말하기에 사용하는 것에 덧붙여, 우연히 큰 결과를 가져올 수도 있으므로 사람들 앞에 나서서 말할 수 있는 기회를 찾아야 한다. 어떻게 찾을 수 있을까?

우선 강연이나 연설을 자주 하는 모임에 가입하는 것이 좋다. 그러나 단지 구경꾼 역할만 하는 소극적인 회원으로 머무르지 마라. 열심히 참여하고 위원회의 일을 도와주는 게 좋다. 이러한 직책은 남에게 부탁할 일이 많다. 프로그램의 사회를 맡아라. 그 공동체에서 연설자를 만날 확률이 가장 큰 자리다. 그리고 분명히 소개말을 하라는 요구를 받을 것이다.

가능하면 빨리, 20분에서 30분짜리 이야기를 할 수 있도록 연습하라. 이 책에 나온 내용을 지침으로 사용하면 좀 수월할 것이다. 클럽이나 모임에 당신이 연설할 준비가 되어 있음을 알려라. 그 마을에서 연사가 필요한 경우가 있으면 당신이 하겠다고 말하라. 기금모금 캠페인은 나서서 연설해줄 연설자를 찾고 있다. 주최자 쪽에서는 말을 준비하는 데 도움이 될 만한 자료를 제공할 것이다. 많은 연사들이 이러한 방식으로 시작했고 그들 중 일부는 대단히 유명해졌다.

예를 들어, 라디오와 텔레비전 스타이자 전국적으로 알려진 연사인 샘 레벤슨(Sam Levensen)을 보자. 그는 뉴욕의 고등학교 선생님이었다. 그는 처음에는 단지 여가 활동으로 그가 가장 잘 알고 있는 것, 가족, 친척, 학생들, 그리고 직업상 특별한 면들에 대해서 짧게 연설을 하기 시작했다.

이 연설들이 도화선이 되면서 곧 많은 모임에서 연설해달라는 청을 받게 되었다. 너무 일이 많아져 본래의 교사직을 수행하기가 어려워졌다. 하지만 이즈음에, 그는 방송 프로그램에 손님으로 나가고 있었다. 그리고 얼마 되지 않아 샘 레벤슨은 자신의 재능을 다 바쳐 연예계 일을 하게 되었다.

끈기를 가져라

프랑스 어, 골프, 혹은 공식적으로 말하기와 같이 어떤 새로운 것을 배울 때 결코 꾸준하게 발전하는 법은 없다. 점차적으로 향상되는 것이 아니다. 마치 파도처럼 급하게 밀려가다가도 순식간에 우뚝 서기도 한다. 그러면 일정 시간 정지하거나 오히려 뒤로 미끄러져서 전에 얻었던 토대마저 조금은 잃을지도 모른다.

이러한 정체와 퇴행의 시기에 대해서 심리학자들은 잘 알고 있다. 그들은 '학습고원'이라고 이름 붙였다. 잘하던 사람들도 이따금씩 이 고원에 발이 묶여 수주일 동안 머무를 수도 있다. 아무리 열심히 노력해도 그 고원을 벗어날 수 없을 것 같을 것이다.

그러면 절망에 싸인 약한 사람들은 포기한다. 하지만 강한 사람들은 계속 부딪친다. 그리고 갑작스럽게, 거의 하룻밤새로 도대체 영문을 모르는 가운데 자신이 대단히 발전했음을 발견한다. 고원에서 비행기처럼 갑자기 떠오른 것이다. 갑자기 말하는 게 자연스러워지고 힘이 솟으며 자신감이 생긴다.

이 책의 다른 부분에서도 언급했듯이, 연설자는 늘 청중을 만나는 처음의 잠깐 동안 약간의 공포와 충격을 느끼고 불안해지는 경우가 있다. 위대한 음악가들도 수많은 대중공연을 했음에도 불구하고 비슷한 감정을 느낀다. 파데뤼스키(Paderewski)는 항상 피아노에 앉기 직전에 소매를 만지작거리고 신경질적으로 안절부절 못한다. 하지만 연주를 시작하자마자, 청중에 대한 모든 두려움은 봄눈 녹듯 사라진다.

우리도 똑같은 경험을 할 수 있다. 만일 끈질기게 참고 견딘다면 시간이 경과하면서 이러한 처음의 두려움을 포함하여 곧 모든 곤란을 이겨낼 수 있을 것이다. 처음의 몇 문장을 말하고 나면, 스스로를 통제할 수가 있을 것이다. 나중에는 말하는 게 즐거워질 수 있다.

한번은 법을 공부하려는 젊은이가 링컨에게 조언을 얻기 위해 편지를 썼던 일이 있었다. 링컨은 이렇게 대답했다.

당신이 법률가가 되겠다고 굳게 결심했다면, 벌써 반 이상 목적을 달성한 것이나 다름없습니다. 성공하겠다는 당신의 결심이 다른 무엇보다 중요하다는 사실을 항상 명심하십시오.

링컨은 잘 알고 있었다. 그 자신이 그런 모든 과정을 겪은 사람이었다. 그는 일생 동안 1년 이상의 학교 교육을 받아보지 못했다. 책은 어땠을까? 그는 자기 집에서 80킬로미터 근방에 있는 책은 모두 걸어가서 빌려 읽었다고 말한 적이 있다. 링컨의 오두막집에는 항상 장작불이 밤새도록 타고 있었다. 때때로 그는 그 불빛에서 책을 읽었다. 오두막의 통나무 사이에는 틈이 벌어져 있었다. 링컨은 종종 거기에 책을 끼워놓고는 아침에 책을 읽을 만큼 환해지자마자, 나뭇잎을 깔아놓은 침대에서 굴러내려와, 눈을 비비고 책을 끄집어내서 다시 탐독했다.

그는 연설을 들으려고 3, 40킬로미터를 걸어갔고, 돌아올 때는 들판이나 나무숲, 젠트리빌(Gentryville)에 있는 존스(Jones)의 상점에 모인 군중들 앞을 지나가며 말하기를 연습했다. 그는 뉴 살렘(New Salem)과 스프링필드(Springfield)에서 문학회와 토론회에 참가해서 시사 문제에 관해 이야기하는 연습을 하기도 했다. 그런데도 유독 여자 앞에서는 수줍어했다. 메리 토드(Mary Todd)에게 구애를 하고서도, 수줍고 부끄러운 데다 입이 안 떨어져서, 그녀가 말하는 것을 들으며 가만히 응접실에 앉아 있곤 했다.

그러나 그는 성실한 연습과 독학으로, 자신을 당대 가장 훌륭한 웅변가였던 상원의원 더글러스(Douglas)에 비견되는 연사로 만들었다. 바로 이 사람이, 게티즈버그와 두 번의 취임 연설에서 인류역사상 최고의 웅변의 경지에 오른 사람이었다.

엄청난 악조건 속에서 처절하게 투쟁적인 삶을 살았다는 점을 생각할 때, 링컨이 "만약에 당신이 법률가가 되기를 굳게 결심한다면, 그것은 이미 반은 이뤄진 것이다"라고 말한 것은 별로 놀랄 일이 아니다.

에이브러햄 링컨의 초상화는 백악관의 대통령 집무실에 걸려 있다.

시어도어 루스벨트 대통령은 이렇게 말했다.

결정할 몇 가지 문제가 있을 때, 그 문제가 복잡하게 엉켜 있고, 권리와 이해들이 갈등을 겪는 문제를 만나면, 나는 링컨을 바라보곤 한다. 그가 내 입장에 있다고 상상하고, 같은 상황이라면 그는 어떻게 했을까를 생각해보기 위해서다. 좀 이상한 소리로 들릴지 모르겠지만, 그 덕에 고민이 좀더 쉽게 해결되는 것 같다.

루스벨트가 썼던 방법을 시도해보면 어떨까? 혹 훌륭한 연설가가 되기 위한 싸움에서 용기를 잃고 모든 투쟁을 포기하고 싶을 때, 자신이 링컨 대통령이었다면 그런 상황에서 어떻게 했을지를 생각해보는 것은 어떨까? 그가 어떻게 행동했나를 아는 당신은, 그가 어떻게 할지를 알 것이다. 링컨은 상원 선거에서 스티븐 더글러스에게 패했을 때, 자신의 추종자들에게 "한 번 아니 백 번 패한 후에도 포기하지 말라"고 다독였다.

 당신에게 돌아올 보상을 확신하라

나는 여러분들이 윌리엄 제임스 교수의 다음 말을 정확하게 기억할 때까지, 매일 아침 식탁에 이 부분을 펼쳐놓았으면 좋겠다.

어떤 분야건 간에 교육의 결과에 대해 근심하는 청소년들이 없기를 바란다. 공부시간을 허투루 보내지 않고 성실하게 열심히 공부하면, 아무 무리 없이 최종 결과에 안착해 있을 것이다. 자신이 어떤 분야를 선택했건 목표에 대한 완전한 확신을 갖고 있다면, 어떤 좋은 아침에 깨어나서는 자기 세대에서 유능한 사람들 중의 한 사람인 자기 자신을 발견할 수 있을 것이다.

저명한 제임스 교수의 말에 의지하여, 나도 한 마디 덧붙이겠다. 당신이 진지하고 꾸준하게 말하기를 연습해 간다면, 어느 아침에 깨어나 당신이 살고 있는 도시와 지역 사회에서 유능한 연사들 중의 한 사람이 된 자신을 발견하게 될지도 모른다는 확신을 가져라.

이 말이 지금 당신에게는 한낱 환상에 불과한 말일지도 모르겠지만, 그것은 일반적인 원칙에 비추어 볼 때 틀림없는 사실이다. 물론 예외는 있다. 혹 비열한 정신이나 인성을 가진 사람이거나, 할 말이 아무것도 없는 사람이라면, 그 고장의 다니엘 웹스터로 발전하지는 않는다. 하지만 원칙적으로 보면, 내 주장은 옳다.

실례를 들어 설명해보겠다. 뉴저지의 전 주지사 스토

크스(Stokes)는 트랜튼(Trenten)에 있는 우리 강좌의 수료식에 참석했다. 그는 그날 밤 들었던 이야기들이 워싱턴에 있는 상원의원실과 대변인실에서 들었던 연설들만큼이나 훌륭했다고 소감을 말했다. 그 연설들은 바로 몇 달 전 대중공포증으로 말문이 막혔던 직장인들이 한 것이었다.

그들은 키케로(Ciceros : 로마의 철학자—옮긴이 주)와 같은 소질을 지녔던 사람이 아니라 미국의 어느 도시에서나 볼 수 있는 평범한 직장인들이었다. 그러나 그들은 어느 날 아침에 깨어보니 그 도시에서, 아마도 전국에서도 가장 유능한 연설가들 속에 서 있는 자신을 발견한 것 같았다.

나는 대중 앞에서 말하는 능력을 갖추려고 노력하는 수많은 사람들을 보았고 주의 깊게 살펴왔다. 성공한 사람들 중 유별나게 총명한 경우는 단지 몇몇 경우에 지나지 않았다. 대부분은 고향 마을에서 흔히 볼 수 있는 평범한 직장인들이었다. 하지만 그들은 꾸준히 연습을 했다. 그러나 좀 특출난 사람들은 실망도 쉽게 하거나 돈을 버는 데 너무 깊이 빠져버리곤 했다. 그러고는 더 이상 발전이 없었다. 하지만 굳세게 버티면서 한 가지 목표만 갖고 노력한 평범한 사람은 결국에는 그 길의 끝에서 정상에 올라섰다.

이것은 인간적이고 자연적인 현상이다. 비슷한 일이 상업이나 전문직업에서도 빈번하게 일어나는 것을 보지 못했는가? 록펠러 경은 사업에서 성공하는 첫 번째 필수 요소는 인내와 보상에 대한 확실한 믿음이라고 말했다. 효과적인 말하기에 있어서 성공의 첫 번째 필수 조건도 이와 마찬가지다.

몇 해 전 여름에, 나는 빌더 카이저라고 불리는 오스트리아의 알프스 산을 오른 적이 있다. 『베다커(*Baedaker*: 독일의 여행 안내서)』에는 등정이 어려운 산이니 아마추어는 꼭 안내자와 같이 가야 한다고 적혀 있었다.

친구와 나는 물론 안내자가 없었고 분명한 아마추어였다. 그러자 어떤 사람이 우리에게 성공할 것으로 생각하느냐고 물었다. "물론"이라고 우리는 대답했다.

"왜 그렇게 생각합니까?"

그의 질문에 나는 이렇게 대답했다.

"안내자 없이도 정상에 오른 사람이 있군요. 그러니 안내자 없이 오를 수도 있다는 말입니다. 또한 나는 실패할 것 같다는 생각은 조금도 하지 않습니다."

그것은 말하기에서부터 에베레스트 산 정복에 이르기까지 공통적으로 응용할 수 있는 심리상태다.

자신이 얼마나 성공할 것인지는 대부분 말하기 전 단계의 생각에 의해서 결정된다. 자신을 완벽하게 조절하면서 다른 사람과 대화를 나누는 당신 자신을 상상해보라.

당신은 자신이 갖고 있는 능력으로 쉽게 해낼 수 있다. 나는 성공한다는 신념을 가져라. 확고하게 믿어라. 그러면 성공을 위한 행동을 하는 일만 남게 된다.

남북전쟁 동안, 듀폰(Dupont) 제독은 찰스턴 항구에 군함을 보내지 말아야 하는 정당한 이유를 여섯 가지 정도 제시했다. 파라거트(Paragut) 제독은 이 보고를 주의 깊게 듣고서 "하지만 당신이 언급하지 않은 다른 이유도 있군요"라고 말했다.

듀폰 제독이 물었다.

"그것이 무엇입니까?"

파라거트 제독은 이렇게 답했다.

"당신은 자신이 해낼 수 있다고 믿지 못하는 거요."

우리 강좌의 훈련을 통해 대부분의 강습생들이 얻은 가장 귀중한 것은 자기 자신에 대한 자신감이 커지고, 성취하고자 하는 자신의 능력에 대해 신뢰하게 되었다는 점이다. 어떤 일을 진행하거나 성취하려고 할 때 자신감 보다 중요한 게 있을까?

에머슨(Emerson)은, 열정 없이 이루어지는 것은 아무 것도 없다고 했다. 이 말은 잘 다듬어진 문학적 구절 이상의 의미가 있다. 바로 성공으로 가는 지도책과 같다.

윌리엄 라이온 펠프스(William Lyon Phelps, 1865. 1. 2~1943. 8. 21 : 미국의 학자, 비평가. 현대문학의 교수법 전파에 많은 기여를 했다. 41년 동안 예일 대학의 영문과 교수로 재직—옮긴이 주)는 예일 대학에서 학생들을 가르쳐온 교수 가운데 가장 사랑받고 가장 인기 높은 교수였을 것이다.

그는 『가르치는 즐거움(*The Excitement of Teaching*)』 에서 "내게 있어서 가르치는 것은 예술이나 직업 그 이상의 의미가 있다. 바로 열정이다. 화가가 그리기를 좋아하는 것처럼, 가수가 노래 부르기를 좋아하는 것처럼, 시인이 글쓰기를 좋아하는 것처럼, 나는 가르치는 것을 사랑한다. 나는 아침에 침대에서 나오기 전에, 학생들을 가르친다는 생각에 강한 희열을 느낀다"라고 썼다.

자신의 직업에 대한 열정으로 가슴이 뜨겁고, 앞으로 할 일에 대한 기대감으로 들떠 있는 선생님이 성공하는 것이 놀라운 일인가? 빌리 펠프스(Billy Phelps)도 학생들에게 큰 영향을 준 선생님이다. 학생들을 가르치면서 사랑과 흥분 그리고 열정을 쏟아 부었기 때문이다.

만일 당신이 효과적으로 말하는 법을 배우려고 열정을 쏟는다면, 당신 앞에 놓인 잡다한 장애물은 사라지게 될 것이다. 이것은 당신의 재능과 힘을 쏟아 동료들과 효과적으로 의사를 소통하겠다는 목표에 자신을 집중시키는 하나의 도전이다. 효과적인 말로 관심을 끌고 다른 사람의 감정을 흔들며, 사람들에게 행동하고 싶은 확신을 갖게 하는 과정을 통해서 자신감과 확신을 가진 침착한 나의 모습이 나오는 것이다.

효과적인 말하기 훈련은 일과 생활의 모든 부분에서 자신감을 갖게 하는 왕도이기 때문에, 자기 표현을 능숙하게 할 수 있으면 다른 일도 역시 능숙하게 해낼 수 있다는 사실을 발견하기 바란다.

데일 카네기 과정을 가르치는 강사들을 위한 운영지침에 이런 말이 있다.

수강생들은 자신이 다른 수강생들의 관심을 끌 수 있고, 선생님의 칭찬을 받을 수 있으며, 동료들의 박수를 받을 수 있다는 것을 깨달을 때, 즉 자신도 할 수 있다는 것을 깨달을 때, 전에는 결코 경험하지 못한 내적인 힘과 용기, 침착함을 느끼게 될 것이다.

결과는 어떻게 될까? 전에는 결코 꿈도 꿀 수 없었던 일들을 시작하고 실행해나가게 될 것이다. 또한 청중에게 이야기하고 싶다는 열망으로 가득 차게 된다. 결국 사업적으로나 직업적으로, 지역사회에서 능동적으로 참여해 지도자가 되는 것이다.

이 책의 앞부분에서 '지도력'이란 말을 수없이 보았을 것이다. 분명하고, 힘차고, 단호한 표현력은 사회에서 지도력 있는 사람이 갖춰야 할 덕목 중의 하나다. 개인적인 면담에서부터 공적인 선언에 이르기까지 지도자들은 이런 표현력을 갖고 말해야 한다.

모쪼록 이 책에서 제시한 내용들을 자신에게 맞게 적절히 적용해서, 가족 간에나 교회에서 혹은 시민모임과 회사 그리고 정치적 모임 등 모든 곳에서 필요한 큰 지도력을 개발하는 데 도움이 되길 바란다.